Hektor Haarkötter, Prof. Dr., ist Studiengangleiter Journalismus und Unternehmenskommunikation an der Hochschule für Medien, Kommunikation und Wirtschaft (HMKW) in Köln sowie geschäftsführender Vorsitzender der Initiative Nachrichtenaufklärung (INA) e. V. Zuvor hat er viele Jahre als Journalist, Filmemacher und Fernsehregisseur gearbeitet. Er ist Autor zahlreicher Fachbücher und anderer Veröffentlichungen. Für seine medialen Arbeiten wurde Haarkötter mit mehreren Preisen ausgezeichnet.

Hektor Haarkötter

Die Kunst der Recherche

UVK Verlagsgesellschaft Konstanz · München

Praktischer Journalismus
Band 98

Onlinequellen sowie weitere Informationen zum Thema des Buches finden Sie auf www.kunstderrecherche.de.

Bibliografische Information der Deutschen Bibliothek
Die Deutsche Bibliothek verzeichnet diese Publikation in der Deutschen Nationalbibliografie; detaillierte bibliografische Daten sind im Internet über http://dnb.ddb.de abrufbar.

ISSN 1617-3570

ISBN 978-3-86764-460-0 (Print)
ISBN 978-3-86496-641-5 (EPUB)
ISBN 978-3-86496-740-5 (EPDF)

© UVK Verlagsgesellschaft mbH, Konstanz und München 2015

Einbandgestaltung: Susanne Fuellhaas, Konstanz
Einbandfoto: © Tom Nulens; Stockphoto LP
Icons: Istockphoto Inc.; Erhan Ergin/Fotolia
Lektorat: Klose Textmanagement, Berlin
Satz: Claudia Wild, Konstanz
Druck: fgb · freiburger graphische betriebe, Freiburg

UVK Verlagsgesellschaft mbH
Schützenstr. 24 · 78462 Konstanz · Deutschland
Tel.: 07531-9053-0 Fax: 07531-9053-98
www.uvk.de

Inhalt

1 Statt eines Vorworts

»Statt eines Vorworts« schreibt ein Autor wie weiland Erich Kästner immer dann, wenn er möchte, dass das Vorwort auch wirklich gelesen wird, das ja bekanntermaßen umstandslos überblättert wird, wenn schnöde »Vorwort« oder »Einleitung« darüber steht. Da sich dieses Buch aber mit neuen Wegen und Methoden der Recherche beschäftigt und Recherchen nach Möglichkeit immer am Anfang beginnen sollten, möchte dieses Vorwort gerne gelesen werden. Bei den anderen Kapiteln verhält sich das durchaus anders: Dieses Buch soll und kann auch als Handbuch verstanden und zum Nachschlagen verwendet werden. Das Vorwort indes soll in knappen Worten klarmachen, wie dieses Buch funktioniert. »Begin at the beginning«, sagt der König in »Alice in Wonderland« zu dem kleinen Mädchen, »and go on till you come to the end: then stop«. Die weise Aussage des Königs könnte auch als grundlegendste Recherchemethodik angesehen werden: Fange am Anfang an und fahre so lange fort, bis du zum Ende kommst: Dann höre auf!

Dieses Buch wendet sich an Berufseinsteiger ebenso wie an Praktiker, die sich über neue Formen der Recherche informieren wollen. Es wendet sich an (angehende) Journalisten ebenso wie an Mitglieder anderer Rechercheberufe und auch Otto und Ottilie Normalverbraucher insofern, als das Recherchieren heute zur universellen Metapher für den digitalen Alltag geworden ist: Ich suche, also bin ich. Es wendet sich nicht so sehr an Fachwissenschaftler, wiewohl ihnen womöglich die Lektüre auch frommen mag, und wenn nicht zum Nutzen, dann wenigstens zum Verriss. Deswegen ist auf die Konsistenz mancher Terminologie nicht so strenger Wert gelegt worden wie auf Verständlichkeit und, wie man neudeutsch sagt, Usability. So wird der Begriff »Information« hier sehr allgemein im umgangssprachlichen Sinne benutzt als Synonym für das, was gewusst und in Erfahrung gebracht werden kann. Ebenso wird das, was in Erfahrung gebracht worden ist, in gewissermaßen gewollter Unschärfe als »Daten« bezeichnet. Es soll aber auf die Erkenntnisse der Kommunikationswissenschaft und der Journalismusforschung zurückgegriffen werden, wenn diese für Methodik und Durchführung von Recherchen hilfreich sein können. Und tatsächlich! Wissenschaft kann, neben viel kryptischer Selbstbespiegelung (die es in jeder Disziplin gibt), auch nutzbar für die Praxis sein.

Neben die Theorie der Recherche soll bewusst auch eine kleine Geschichte der Recherche treten, so wie zwar eine theoriegeleitete Recherchemethodologie vorgestellt wird, die sich aber bewusst als *Story-basierte Methode* versteht. Die Geschichte soll sich wiederum absichtsvoll aus vielen kleinen Geschichten erklären, die vom Text abgesetzt sind. Denn Mnemotechnik und Didaktik lehren, dass das, was in Geschichten gewusst und abgespeichert wird, häufig besonders nachhaltig gewusst und wieder abgerufen werden kann. Wer darum in Lektüre und Studium dieses Buchs etwas flotter vorankommen will, kann diese Einschübe auch auslassen (oder andererseits auch nur diese lesen, wenn es ihm angenehm ist).

Methodisches Recherchieren ist im deutschen Sprachraum maßgeblich von Michael Haller und seinem Buch »Recherchieren« vorangetrieben worden. Doch obwohl dieser Ratgeber nun schon seit 30 Jahren verfügbar ist, zeigen empirische Studien, dass Journalisten bis heute alles andere als methodisch vorgehen, wenn sie sich Themen erschließen, Informationen suchen und Daten sammeln. Das Problem verschärft sich noch dadurch, dass wegen der medientechnischen Entwicklung wertvolle Informationen im Meer der Desinformation unterzugehen drohen und neben die Schwierigkeit der Informationsbeschaffung heute die Notwendigkeit der Evaluation, sprich: Bewertung, tritt. Wer sich aber Quellen und Informationen nicht systematisch und methodisch erschließt, der wird gerade im Zeitalter des *Information Overload* seine liebe Not haben, an die Fleischtöpfe valider und exklusiver Informationen zu gelangen. Genau in diese Töpfe wollen wir aber mit diesem Buch hineinschauen. Darum soll hier nicht nur eine Methodik der Recherche, also das »Wie« journalistischer Informationsgewinnung, dargelegt werden, sondern auch das »Wo«: Wo finde ich konkret Gesprächspartner, Datensätze, Hintergrundinformationen? Wer konkret kann mir dabei helfen (beziehungsweise auf wessen Hilfe kann ich getrost verzichten)? Welches sind die coolen Websites, die abgefahrenen Datensammlungen, die wichtigsten Toolkits? Wo und mit welchen Werkzeugen kann ich aus dem Arbeitswerkzeug Nummer eins für Journalisten, dem Computer, das meiste in Sachen Recherche herausholen?

Gerade dieses »Wo« ist heute in einem Rechercheleitfaden heikel: Einerseits kann der ratsuchende Leser erwarten, dass ihm die wichtigsten Quellen und Ressourcen genannt werden. Andererseits sind diese Ressourcen, soweit es sich, was die Regel sein wird, um Onlineressourcen handelt, auch schnell verändert, umgezogen oder gar veraltet. Beim Umgang mit dem evident wichtigen Bereich der Internetrecherche macht sich die Medienentwicklung in doppeltem Sinne und nicht nur auf hilfreiche Weise bemerkbar. Gerade die Nennung konkreter Webadressen hat bei

8

dem exponentiellen Wachstum des Internets etwas Beliebiges. Dem begegnet dieses Buch auf zweierlei Weise: Zum einen sind gerade die Tipps in diesem Buch (blau hinterlegt) auch als reine Beispiele für eine Recherchemethodik zu verstehen, die insbesondere darüber Auskunft geben wollen, wie sich im Allgemeinen Internetressourcen finden lassen. Auf diese Weise sollte der aufmerksame Leser im Stande sein, sich selbst auf den aktuellen Stand zu bringen. Zum anderen bieten wir mit der Website www.KUNST-DERRECHERCHE.DE einen Findeplatz im Internet an, auf dem sich die je aktuellen Links und Trends wiederfinden. Alle Onlinequellen zu diesem Buch werden dort zu finden sein und sind im Text mit dem ⌁-Symbol gekennzeichnet. Da sich diese Seite auch als Blog versteht, können hier auch kontroverse Themen rund um Recherche, Internet und Journalismus behandelt, vertieft und auf den neuesten Stand gebracht werden. Gleichzeitig freut sich der Verfasser auf Hinweise aufmerksamer Leser und User, um dieses Angebot weiter auszubauen.

Das Buch ist modular aufgebaut und geht dabei vom Allgemeinen zum Besonderen. In den Kapiteln 2 und 3 wird die Bedeutung der Recherche für Journalismus und Alltag in einer eher etwas theoretischen und medienwissenschaftlichen Weise beleuchtet. Eine kurze Geschichte des Recherchejournalismus und ein Vergleich mit anderen Rechercheberufen sollen der Einordnung dienen und die Relevanz methodischen Vorgehens belegen. Die folgenden zwei Kapitel skizzieren eine neue Form der Recherchemethodik, die man als Story-basierte oder hypothesenbasierte Recherche bezeichnen kann. Kapitel 4 ist dabei eher prozessorientiert, beschreibt also den idealtypischen Ablauf einer Recherche, während Kapitel 5 sich ganz der Frage widmet, wie man Quellen findet und sich erschließt. In den folgenden drei Kapiteln stehen Internetrecherchen im Fokus. Kapitel 6 widmet sich vollständig dem mächtigsten und am meisten verbreiteten Recherchewerkzeug, nämlich der Suchmaschine GOOGLE. Kapitel 7 führt Alternativen zum Quasi-Suchmaschinenmonopol GOOGLE vor und zeigt spezielle Recherchewerkzeuge für bestimmte Einsatzgebiete. Kapitel 8 befasst sich mit dem neuen und gerade in Sachen Recherche wichtigen Gebiet des Datenjournalismus. Kapitel 9 gibt einen Überblick über die juristischen Implikationen der Recherche und geht der Frage nach, wieweit Journalisten juristisch zu weit gehen dürfen. Das zehnte und letzte Kapitel beleuchtet die ethische Dimension der Recherche und fragt nach dem Zusammenhang von Recherche, Kunst und journalistischer Qualität. Modular ist dieses Buch insoweit aufgebaut, als jedes Kapitel auch für sich stehen kann und sich, auch einzeln betrachtet, zum Nachschlagen eignet.

Service

Die Service-Elemente innerhalb der einzelnen Kapitel sollen für Überblick sorgen und den Gebrauchswert erhöhen:

- Am Anfang jedes Kapitels sind kurz die Lernziele zusammengefasst.
- In blau unterlegten Info-Kästen gibt es Begriffsklärungen sowie Ausflüge in die Mediengeschichte.
- »Checklisten« bieten Schritt-für-Schritt-Anleitungen und bringen Prozesse auf den praxisrelevanten Punkt.
- »Tipps« geben alltagstaugliche Hinweise und nennen wichtige Internetressourcen und Onlinequellen.
- Am Ende jedes Kapitels gibt es weiterführende »Literaturtipps & Links«.
- »Zu guter Letzt« soll zeigen, dass die Kunst der Recherche wie jede Kunst auch mit einem Augenzwinkern zu tun hat.

Noch ein persönliches Wort vom Verfasser: Ich selbst habe mir, wie viele Journalisten meiner Generation, viele der Tätigkeiten, um die es in diesem Buch geht, selbst oder zusammen mit tollen Kollegen angeeignet. Journalismus war und ist sehr häufig Learning by Doing. Ich hatte das Glück (so empfinde ich es), diesen Beruf noch kurz vor der großen medientechnischen Wende Ende der 1980er-Jahre ergriffen zu haben. Ich habe noch Fahnenkleben und Offsetdruck kennengelernt und den Übergang zum digitalen Desktop-Publishing live miterlebt, ich habe noch langwierige Telefonrecherchen betrieben und bin in Hauptpostämter gerannt, um Telefonbücher aus anderen Städten einzusehen. Später war ich einer der Early Adopter von Bulletin Board Systems, des Usenet und schließlich des World Wide Web. Auch die Videoformate und Schnittsysteme wechselten in dieser Zeit schneller, als der 1. FC Köln in der Bundesliga auf- und wieder absteigen konnte. Neben meiner Tätigkeit als Fernsehjournalist und Filmemacher habe ich immer auch für Computermagazine geschrieben und war darum, was die Entwicklung der digitalen Welt angeht, nach Möglichkeit am Puls der Zeit. Man kann mich wirklich nicht als einen »Nerd« bezeichnen. Aber in Zeiten, in denen es noch nicht für jede Lebenslage eine »App« gab, war die Kunst der Improvisation eine nicht unwesentliche Voraussetzung für die Kunst der Recherche: Ich schraube auch schon mal einen PC auseinander, wenn er nicht genau das tut, was ich möchte (um dann manchmal festzustellen, dass er es nach dem Wiederzusammenschrauben noch weniger tut). Es ist für den normalen Anwender völlig egal, wie ein Gerät von innen aussieht, solange es funktioniert. Wer aber Profi sein will, der muss seinem wichtigsten

Arbeitsgerät auch schon einmal unter die Haube schauen, um etwas genauer zu verstehen, wie es vorgeht. Nur dann kann man nämlich das Möglichste herausholen. Leider ist die Disziplin des *Computational Journalism*, die es in den USA schon zum Rang eines eigenen Unterrichtsfachs an Universitäten und Journalistenschulen gebracht hat, in Deutschland noch unterentwickelt. Auch dieses Buch kann den Bereich Hard- und Software für den journalistischen Einsatz und die Recherche nur am Rande streifen. Auf der Website zum Buch sind aber Links zu interessanten Webressourcen zu finden, die diesen Bereich erschließen helfen.

Schließlich ein Wort zu den Schreibweisen in diesem Buch: In tiefer Überzeugung von der Arbitrarität (also Beliebigkeit) des sprachlichen Zeichens hätte ich gerne Personenangaben im generischen Femininum gehalten, wie es sich ganz langsam im akademischen Bereich einbürgert und wie es in amerikanischen Publikationen schon fast üblich ist. Publikationstechnische Überlegungen und der Wunsch des Verlags haben dazu geführt, dass nun grundsätzlich das generische Maskulinum verwendet wird. Es versteht sich, dass das grammatische Maskulinum nicht mit dem biologischen Geschlecht verwechselt werden soll, zumal gerade der Journalismus sich zu einem sehr weiblichen Beruf entwickelt. »Man« lese also bitte »sie«, wo ein »er« geschrieben steht, gemeint sind ohnehin immer alle (oder jedenfalls alle, die sich angesprochen fühlen).

Der Verfasser dankt für vielfältige Hilfe, Tipps und Verbesserungen Günther Bartsch und Oliver Schröm vom Netzwerk Recherche, dem freien Journalisten Daniel Drepper, Sönke Iwersen vom HANDELSBLATT, Hans-Martin Tillack vom STERN, Martin Welker von der Universität Leipzig besonders für seine maßgebliche Recherchestudie und die Biere bei der Frankfurter Buchmesse, den Rechtsanwälten Christian Solmecke und Dr. Matthias Schote für juristischen Rat, Stefan Rohr von der Süddeutschen Zeitung für die Abdruckgenehmigung eines Musterbriefs, Martin Kotynek für eine ebensolche einer Zeit-Grafik, Luuk Sengers für Omas Apotheke, Marcus Lindemann für Rat und Bild zu GOOGLE Adwords, Heinz Hoppe vom Kölner »Sprechzimmer« als Erstleser und Freund, meinem Bürogenossen Frank Überall für den Schreibtisch gegenüber, Lina Lindner für Nachrecherchen, Günther Hahn für Korrekturen, Katharina Kesper für Hilfen bei der Fertigstellung des Manuskripts und meinem Lektor Rüdiger Steiner für seine Geduld und wunderbare theatralische Abende am Bodensee. Alle Fehler, die sich jetzt noch in diesem Buch finden, nimmt der Verfasser auf die eigene Kappe.

Köln, im März 2015   Hektor Haarkötter

2 Die Kunst der Recherche

Was man in diesem Kapitel lernt

Wie sich journalistische Recherche im Informationszeitalter verändert hat + welche Schwierigkeiten es bei der Definition von Recherche gibt + welche Rechercheberufe sonst noch existieren + was für Typen von Recherche es gibt + was die Methodik journalistischen Recherchierens auszeichnet + und warum Recherchieren eine Kunst ist.

2.1 Recherche in Zeiten des Information Overload

Heute recherchiert jeder. Die Masse an Information, die uns tagtäglich um die Ohren fliegt, macht uns alle zu Informationsjägern: Wann gibt es das nächste Schnäppchen beim Discounter? Wie komme ich am günstigsten von Hamburg nach Kufstein? Wo finde ich Arbeiten über die tibetanische Hegel-Rezeption in den 1930er-Jahren? Eine Masse an Informationen liegt offen da, man muss sie nur zu finden wissen: in den Medien, im Internet, in Datenbanken oder in Foren. Die Revolution der Informations- und Wissensgesellschaft hat den Begriff der Recherche selbst nachhaltig verändert.

Früher gab es auch andere Formen des Wissenserwerbs als das Recherchieren oder, wenn wir es einfacher ausdrücken wollen: das Suchen (franz. rechercher: genau suchen). War man z. B. Experte in seinem Fach, dann hatte man naturgemäß das nötige Wissen über sein Fachgebiet abrufbereit auf Lager (Glaser 1996: 303). Die Wissensbestände einzelner Fachrichtungen waren immer noch so überschaubar, dass man sie sich in den Jahren einer Berufsausbildung oder eines, wenn auch manchmal recht langen, Hochschulstudiums aneignen konnte. Für die tägliche Konversation, das Verständnis einer Nachrichtensendung oder die Partygespräche am Abend war das nötige Wissen mindestens in den voluminösen Bänden eines deswegen auch sogenannten Konversationslexikons unterzubringen. Dieser Zustand hat sich nicht erst, seit der Philosoph und Soziologe Jürgen

Habermas die »neue Unübersichtlichkeit« ausgerufen hat (1985: 139), grundlegend geändert.

Heute hat nicht nur das aktuelle Ausmaß der Wissensbestände, sondern auch ihr ständiges exponentielles Wachstum die Situation fürs Wissensmanagement, aber auch für den Wissenserwerb und damit für die Recherche grundsätzlich auf den Kopf gestellt. »Der Aufstieg der Suche als vorherrschende Form des Auffindens von Information ist Ausdruck eines fundamentalen Wandels in unserer informationellen Umwelt«, schreibt der Computerwissenschaftler Lev Manovich (2010: 221). Der Medienwissenschaftler Geert Lovink sieht uns in einer »Gesellschaft der Suchanfrage« leben (2010: 58). Und der Technikhistoriker David Gugerli sieht schon die ganze »Welt als Datenbank« (2009: 92). Die amerikanischen Forscher Martin Hilbert und Priscila López haben errechnet, wie sich in allerjüngster Zeit die Kapazitäten verändert haben, Informationen durch den Raum zu übermitteln (Kommunikation), durch die Zeit zu übertragen (Speicherung) und zu berechnen (Informatik). Die Kapazität, Informationen durch Telekommunikationsnetze auszutauschen, betrug 1986 eine Summe von 281 Petabyte (das sind 1.000 x 1.000 Gigabyte) und im Jahr 2007 lag dieser Wert bei 65 Exabyte (das sind 1.000 Petabyte). Auch die Berechenbarkeit hat sich in dieser Zeit vertausendfacht. Und die Möglichkeiten, Informationen zu speichern, haben sich im gleichen Zeitraum immerhin verhundertfacht. Anno 2003 war der Punkt erreicht, an dem mehr Informationen in digitaler als in analoger Form vorlagen. Waren im Jahr 1993 erst drei Prozent der weltweiten Informationsspeicherkapazität digital, so waren es 2007 bereits 94 Prozent (Hilbert/López 2011: 60 ff.). Der Internet-Suchmaschinenbetreiber GOOGLE gibt im Jahr 2008 bekannt, dass der Index der Webseiten eine Trillion URL's erreicht habe. Im selben Monat gibt das Internet-Videoportal YOUTUBE preis, dass seine Nutzer in jeder Minute 13 Stunden neues Videomaterial hochladen. Und im November des gleichen Jahres verkündet der Bilderdienst FLICKR, dass er die Zahl von drei Milliarden gespeicherten Bildern passiert hat: Die Anzahl der Fotos, die mittlerweile jede Woche auf diesen Bilderdienst hochgeladen werden, ist höher als die Zahl aller Objekte in allen Museen der Welt (Manovich 2010: 222).

Nun ist die Zunahme von Wissensressourcen in einer Wissens- und Informationsgesellschaft nichts Ungewöhnliches. Der Wissenschaftshistoriker Derek de Solla Price hat schon in den 1970er-Jahren errechnet, dass seit dem Zeitalter der Aufklärung, also seit der Mitte des 17. Jahrhunderts, das menschliche Wissen sich ungefähr alle 15 Jahre verdoppelt hat (de Solla Price 1974: 17). Was neu und ungewöhnlich ist, das ist der Umstand, dass Wissen heute von einem objektiven Tatbestand zu einem relationalen geworden ist: Man besitzt heute keine Kenntnisse mehr, sondern weiß, wo man suchen muss.

Wenn man es denn weiß! Internetsuchmaschinen und darunter vor allem der unangefochtene Marktführer, die kalifornische Firma GOOGLE, sind zur universellen Sigle fürs heutige Wissensmanagement in Wissenschaft und Beruf, in der Freizeit und im Privatleben geworden. Indem historische Wissensbestände ebenso wie die aktuelle Medienproduktion digitalisiert wurden und ins Internet abgewandert sind, ist der Begriff der Recherche nachgerade ein Synonym für »googeln« geworden. Aber wer suchet, der findet noch lange nicht. Die Deutschen stellen zwar täglich mehr als 100 Millionen Suchanfragen an die Suchmaschine GOOGLE (⌃ Schmidt 2008; ⌃ Kroker 2013). Über 80 Prozent der Befragten einer Studie an der Hochschule Pforzheim zeigten sich auch mit den Suchergebnissen von GOOGLE zufrieden. Allerdings wusste ein ähnlich hoher Prozentsatz der GOOGLE-Nutzer häufig gar nicht, wie die Reihenfolge der Suchergebnisse zustande kommt, noch kannten sie Alternativen zu dem Suchmaschinengiganten, geschweige denn dass sie mal eine andere Suchmaschine ausprobiert hätten. Dafür hielten fast 70 Prozent der Befragten häufig Suchergebnisse für irrelevant, selbst wenn sie mit den Suchbegriffen zu tun hatten (⌃ Gaulke 2008: 94). Die Internetnutzer finden zwar, sie finden sich aber nicht zurecht. Andere Experimente haben gezeigt, dass nur 20 Prozent der Nutzer ausgefeiltere Recherchemöglichkeiten wie Suchoperatoren verwendeten, 51 Prozent der Nutzer wussten noch nicht einmal von deren Existenz (Machill u. a. 2008: 233). Wer darüber hinaus sein informationelles Schicksal einem Suchmaschinenbetreiber in die Hände legt, der verliert auch die Beurteilungskriterien dafür, welche womöglich wichtigen Informationen tatsächlich in der virtuellen Welt vorliegen und damit für einen Zugriff über Suchmaschinen zur Verfügung stehen und welche nach wie vor nur in der realen, analogen Welt vorhanden sind.

Was den Begriff der Recherche noch nachhaltig verändert hat, ist nicht nur die Digitalisierung von Wissensressourcen, sondern deren überbordende Fülle. Stichwort: *Information Overload*. Ludwig Wittgenstein konstatierte in seinen »Philosophischen Untersuchungen«: »Ein philosophisches Problem hat die Form: Ich kenne mich nicht aus« (1993: 302). Das Problem haben aber nicht mehr nur Philosophen. Heute kennt sich niemand mehr aus.

Nach dem klassischen Verständnis bestand Recherche darin, solche Informationen aufzuspüren, die andernfalls geheim, nicht-öffentlich und unter Verschluss geblieben wären. »Recherchejournalismus setzt intensive, kritische Methoden ein, um Verborgenes ans Tageslicht zu bringen«, stellt Siegfried Weischenberg fest (1983: 350). Joseph Pulitzer, der legendäre amerikanische Verleger und Stifter des nach ihm benannten Journalistenpreises, wies seine Redakteure an: »Es gibt kein Verbrechen, keinen Kniff, keinen Trick, keinen Schwindel, kein Laster, das nicht von Geheimhaltung lebt. Bringt diese Heimlichkeiten ans Tageslicht, beschreibt sie, macht sie vor allen Augen lächerlich« (zit. nach Adamek/Otto 2008: 43). Natürlich gibt es nach wie vor Informationen, die vor der Öffentlichkeit verheimlicht werden, und es bleibt die Kunst von Journalisten, diese aufzudecken. Daneben tritt aber ein neuartiges Problem, nämlich aus dem Wust des Offensichtlichen das Relevante herauszufischen. Die Datenmassen – Statistiken und Tabellen, Bildarchive und Musikkollektionen, publizistische Angebote und private Blogs – müssen gesichtet und sortiert, gefiltert und bewertet werden. Neben das Problem der Geheimhaltung tritt heute das vielleicht noch virulentere Problem der Auffindbarkeit oder Findability: Die *eine* Information, die wichtig und entscheidend ist, könnte im Meer des Irrelevanten untergehen und nicht zu finden sein.

Recherche ist also heute im Internet eine universelle Tätigkeit, die nicht mehr auf Journalisten und die wenigen anderen Rechercheberufe beschränkt ist. Wenn heute jeder recherchiert, dann haben vermutlich auch viele ähnliche Probleme beim Recherchieren:
• die richtigen, einschlägigen Suchbegriffe zu finden;
• die notwendigen Suchmethoden zu kennen;
• nur die relevanten Suchtreffer aufzuspüren;
• beurteilen zu können, was online auffindbar ist und was nicht;
• auch Offline-Daten zuverlässig zu finden.

Journalistische Recherche muss darüber hinaus heute noch etwas anderes vermögen: Sie muss leistungsstärker und professioneller sein als die Alltagsrecherche, wenn sie sich behaupten will. Wer als Journalist mit Informationsbeschaffung punkten, das heißt ein publizistisches Produkt auf den Markt bringen will, für das Leute bereit sind, weiterhin Geld auszugeben, der muss auch in Sachen Recherche Fertigkeiten beherrschen, die ihn vom Alltags-Internetnutzer unterscheiden. Was hier den Unterschied ausmacht, ist:
• eine methodische Vorgehensweise,
• vertiefte Kenntnisse in digitaler Informationsbeschaffung,
• ein nachvollziehbares Informationsmanagement,

16

- ein persönliches und ein professionelles redaktionelles Umfeld, das Recherchen ermöglicht und voranbringt und
- ein ethisches Verständnis von der gesellschaftlichen Relevanz der Recherche.

Recherchieren kann heute jeder. Wenn Journalisten recherchieren, sollten sie es zu einer Kunst machen.

2.2 Journalistische Recherche

Nach landläufiger Meinung sind Journalisten Leute, die Geschichten recherchieren und dann aufschreiben und veröffentlichen beziehungsweise einen Film oder einen Radiobeitrag darüber produzieren. Die Recherche wäre dann neben dem Verfassen von Artikeln (oder der Produktion von Radio-/TV-Beiträgen) die Kernbeschäftigung im Journalismus. Doch so arbeiten viele Journalisten gar nicht. Sie sind sogenannte Sitzredakteure (zum Begriff vgl. Schneider 1998: 32; zur Sache Haller 2008: 17). In den Nachrichtenredaktionen von Zeitungen und Onlinemagazinen sitzen Redakteure unentwegt am Schreibtisch und tun kaum etwas anderes, als die Texte anderer Leute – freier Mitarbeiter, Korrespondenten, Agenturen, Pressemitteilungen – zu redigieren. In den großen Rundfunkanstalten, vor allem den öffentlich-rechtlichen, sieht es nicht besser aus. Beim WEST-DEUTSCHEN RUNDFUNK KÖLN sind 4.900 Menschen angestellt. Über 90 Prozent des Programms wird aber nicht von diesen produziert, sondern von freien Mitarbeitern. Die festangestellten Redakteure dieser Anstalt sind im überwiegenden Maße nicht mit Recherchen oder dem kreativen Akt der Produktion von Rundfunk- oder Fernsehbeiträgen beschäftigt, sondern mit dem Verwalten von Programm, der Beauftragung freier Mitarbeiter und dem Redigieren von deren Filmen und Radioberichten. Die Kunst der Recherche ist also fürwahr nicht unbedingt die am meisten geschätzte und ausgeübte Tätigkeit von Journalisten. Der Journalismusforscher Martin Welker mutmaßt gar, dass »für viele Journalisten – insbesondere in regionalen und lokalen Medien – Begriff und Vorgang [der Recherche] noch immer eine Blackbox sind« (Welker 2012: 17). Von der »Mangelware Recherche« spricht Sven Preger (Preger 2004). Andererseits hat sich gute Recherche zum Markenzeichen von »Qualitätsmedien« entwickelt. Viele Verlage und Medienunternehmen haben in den letzten Jahren Recherchepools und Investigativabteilungen gegründet und stellen eine erkleckliche Anzahl von Redakteuren frei, die sich nicht um das Kleinklein des journalistischen Tagesgeschäfts kümmern müssen, sondern Zeit für Geschichten, Zeit für Informationsbeschaffung und -organisation, Zeit für Gespräche und Telefonate, für Datenbanken und Networking, sprich: Zeit für Recherche haben. Recherche scheint der Unterschied geworden zu sein, der den Unterschied macht. Das Magazin STERN und die Tageszeitung WAZ, der NORDDEUTSCHE RUNDFUNK und die SÜDDEUTSCHE ZEITUNG, sie alle haben mittlerweile eigens Rechercheabteilungen gegründet.

Tipp: Recherchepools deutscher Redaktionen

Das WAZ-Rechercheteam:
 http://www.derwesten-recherche.org
Der Recherche-Blog der TAGESZEITUNG (taz):
 http://blogs.taz.de/rechercheblog
Das Team Investigative Recherche des STERN:
 http://blogs.stern.de/der-investigativ-blog
Das WELT-Investigativteam:
 http://investigativ.welt.de
Das SÜDDEUTSCHE ZEITUNG-Projekt »Die Recherche«:
 http://www.sueddeutsche.de/thema/Die_Recherche

Das Netzwerk Recherche, erst im Jahr 2001 von einer Journalistengruppe gegründet, hat sich dem Ziel der »Qualitätssteigerung der Medienberichterstattung mittels professioneller Recherche« verschrieben (♆ Netzwerk Recherche 2012). Das Netzwerk ist innerhalb kurzer Zeit zu einer der größten und einflussreichsten Journalistenorganisationen in Europa geworden. Bei den Jahrestagungen in Hamburg kommen regelmäßig hunderte Journalisten aus Deutschland und Europa zusammen, um sich über die neuesten Recherchetrends zu informieren, das Handwerkszeug zu erweitern und allgemein über die gesellschaftliche Relevanz von Recherchejournalismus zu diskutieren. Auch international tut sich etwas in Sachen Recherche. Es gibt Vereinigungen investigativer Reporter in Großbritannien (Centre for Investigative Journalism, CIJ), auf dem Balkan (Balkan Investigative Reporting Network, BIRN), in den arabischsprachigen Ländern (Arab Reporters for Investigative Journalism, ARIJ), auf dem afrikanischen Kontinent (Forum for African Investigative Reporters,

FAIR) und vor allem in den USA, wo die schon 1975 gegründete Organisation IRE (Investigative Reporters and Editors) nicht nur Schulungen abhält und einen renommierten Journalistenpreis vergibt, sondern mit der Unterorganisation National Institute for Computer-Assisted Reporting (NICAR) auch viele Ressourcen für die journalistische Datenanalyse zur Verfügung stellt.

Tipp: Internationale Recherche-Organisationen

- Netzwerk Recherche e. V. (nr):
  http://www.netzwerkrecherche.de
- Das International Consortium of Investigative Journalists (ICIJ) fördert grenzübergreifende Recherchen:
  http://www.icij.org
- Die US-amerikanischen Investigative Reporters and Editors (IRE):
  http://www.ire.org
- Das National Institute for computer-assisted reporting (NICAR):
  http://www.ire.org/nicar
- Das britische The Centre for Investigative Journalism (TCIJ):
  http://www.tcij.org
- Das Swiss Investigative Reporters' Network:
  http://www.swissinvestigation.net/en/home/
- Die holländisch-belgische Vereiniging van Onderzoeksjournalisten (VVOJ):
  http://www.vvoj.nl
- Das Global Investigative Journalism Network (GIJN):
  http://gijn.org

Es existiert ein einfacher Grund, warum investigativer Journalismus nach wie vor seine Berechtigung hat und warum gerade er vielleicht zum Ausweis besonderer journalistischer Qualität dient: Es gibt noch Geheimnisse. Und das ist in westlichen Demokratien, in denen die Staatsaffären prinzipiell auf der öffentlichen Bühne stattzufinden haben, gar nicht selbstverständlich und sorgt zwangsläufig für gesellschaftliches Konfliktpotenzial. Zwar gibt es, wie der Politikwissenschaftler Jörn Knobloch schreibt, »auch legitime Geheimnisse in der Demokratie, die jedoch einer besonderen Rechtfertigung bedürfen« (Knobloch 2011: 5). Sehr häufig – und das belegen gerade von Journalisten aufgedeckte Skandale – dienen Staats-

oder Firmengeheimnisse aber dazu, das öffentliche Recht auf Information einzig aus dem Grund der Vertuschung, des Machterhalts oder der Bereicherung auszuhebeln. Hier setzt investigative Recherche an und gewinnt der Recherchejournalismus seine wichtigste Funktion. »Durch ihn werden Missstände und Machenschaften entlarvt. Er beabsichtigt, den Staat respektive die Gesellschaft zu verbessern«, schreibt die Medienrechtlerin Julia Eichhoff (2010: 1 f.).

Neben solchen, manchmal allzu pathetisch vorgetragenen Bekundungen darf auch nicht aus dem Blick verloren werden, dass journalistisches Recherchieren auch Grenzen kennen muss. Nicht alles, was herausgefunden werden kann, darf auch herausgefunden beziehungsweise publiziert werden. Ebenso heiligt nicht in jedem Fall der Zweck die journalistischen Mittel. Es sind häufig gerade fragwürdige Recherchemethoden, die zum manchmal schlechten Image des Journalistenberufs etwa in der Allensbacher Berufsprestigeskala beitragen (vgl. ⌁ Institut für Demoskopie Allensbach 2013) und ihm den Ruf eingebracht haben, eine »Meute« zu sein (Koelbl 2001).

Buntegate

Im Jahr 2010 kam heraus, dass die Illustrierte BUNTE jahrelang das Privatleben Berliner Spitzenpolitiker hat ausforschen lassen – und das mit Recherchemethoden, die eher an James-Bond-Filme als an saubere journalistische Arbeit denken lassen. CSU-Chef Horst Seehofer, Franz Müntefering von der SPD, Oskar Lafontaine von den Linken und auch EU-Kommissar Günter Verheugen ließ die BUNTE von einer Berliner Fotoagentur mit Namen CMK nachsteigen, und zwar nicht, um politische Fragen zu klären, sondern einzig mit dem Ziel, herauszufinden, mit wem die Betreffenden das Bett teilen. Dabei sollen auch Briefkästen manipuliert und Observationswohnungen angemietet worden sein. Die Überwachungsprotokolle der Firma CMK belegen außerdem nach Recherchen des STERN, dass geplant gewesen sei, eine Kamera zu installieren, die auf das Berliner Wohnzimmer von Oskar Lafontaine gerichtet sein sollte. Hinzu kamen persönliche Observationen im Alltag, auf Reisen und während Flitterwochen. Die Chefredakteurin der BUNTEN, Patricia Riekel, rechtfertigte diese Recherchen mit den Worten: »Zu unserer journalistischen Aufgabe gehört, durch Berichte über Politiker zur Meinungsbildung beizutragen, dazu gehört auch die Aufdeckung von Diskrepanzen zwischen dem gewünschten Image eines Politikers und seinem tatsächlichen Verhalten.« Im Übrigen wahre die BUNTE die Intimsphäre von Politikern. Diese erfasse aber nur den »innersten Bereich«: »Trennung und Scheidung mögen privat sein, aber zur Intimsphäre gehören sie [...] nicht«, so Riekel. Diese Auffassung von Presserecht teilen allerdings nur die wenigsten. Journalismusforscher Michael Haller nennt die Recherchepraktiken von CMK »berufsethisch eindeutig unzulässig«. Während die BUNTE-Chefredakteurin einerseits die Methoden rechtfertigte, lehnte sie andererseits die Verantwortung dafür ab. Sie habe von den Methoden der Firma CMK nichts gewusst – anderslautende Behauptungen ließ der Burda-Verlag, der die BUNTE herausgibt, gerichtlich untersagen. Dass die CMK im Auftrag der BUNTEN handelte, ist wiederum unstrittig: 240.000 Euro hat das Blatt allein im Jahr 2008 an die Agentur bezahlt. Und was die Verantwortung ihrer Chefredaktion angeht, konnte die BUNTE ein Jahr später nicht mehr auf Nichtwissen bauen. Da musste das Blatt nämlich den Politikchef Tobias Lobe als Mitglied der Chefredaktion fristlos entlassen, weil er in ganz ähnlicher Manier wie zuvor CMK Berliner Politikern nachspioniert hat. Dass überhaupt eine Redaktion das Kerngeschäft der Recherche an eine externe Firma auslagert, hat der Medienwissenschaftler Bernhard Pörksen treffend als »Outsourcing der Drecksarbeit« bezeichnet (✇ Tillack 2011: 98; Röhrig u. a. 2010: 44–47; ✇ FFR/DDP 2010; ✇ Raab 2010).

Aber nicht nur die Investigativ-Abteilungen der Medienhäuser und Rundfunkanstalten recherchieren. Auch Verbraucherjournalisten und Lokalreporter, Wirtschaftsredaktionen und Sportressorts, trotz aller Unkenrufe auch die Reise- und Motorjournalisten stecken viel Zeit in Recherche: Die richtigen Zahlen, die besten Tests, die aktuellen Aktienkurse und Firmennachrichten, die korrekten Sportergebnisse, sie alle sind im besten Fall das Ergebnis fleißiger Recherche. Mit all diesen Beispielen ist das Feld der professionellen Rechercheure bei Weitem noch nicht abgedeckt. Denn recherchiert wird auch in vielen anderen Berufen.

2.3   Andere Rechercheberufe

Einer der bekanntesten Rechercheberufe neben dem Journalismus ist vermutlich der des *Polizisten*. Die Kriminalpolizei »recherchiert« allerdings nicht, sie »ermittelt«. Polizeiliche Ermittlungen finden im engen Korsett gesetzlicher Bestimmungen statt. Entgegen dem Bild, das insbesondere

Kriminalromane und -filme von polizeilichen Befugnissen vermitteln, haben Polizisten in der Regel nur Jedermannsrechte, d. h., sie dürfen auch nicht mehr als jeder andere Staatsbürger. Der Polizei stehen allerdings mit der Kriminaltechnik Rechercheinstrumente zur Verfügung, auf die Journalisten und andere Rechercheure in der Regel keinen Zugriff haben (Schwind 2011: 27). Zu den weitergehenden Möglichkeiten, die Polizisten in engen gesetzlichen Grenzen nutzen können, zählen Bild- und Tonaufnahmen, verdeckte Ermittlungen oder der Zugriff auf »informationstechnische Systeme«, also fremde Computer und Festplatten (Branahl 2009: 54).

Abhörskandal

Polizisten dürfen mit richterlicher Genehmigung Telefone abhören. Journalisten dürfen das nicht, tun es aber doch manchmal. Zu einem internationalen Skandal wuchs sich die Abhöraffäre um das britische Boulevardblatt NEWS OF THE WORLD aus. Nach der Entführung und Ermordung der 13-jährigen Milly Dowler verschafften sich Reporter dieser Zeitung illegal Zugang zur Handy-Mailbox des Mädchens, um in Erfahrung zu bringen, mit wem Milly Kontakt hatte und was ihre Eltern zu sagen oder auch nur zu schluchzen hatten. Die Journalisten löschten sogar Nachrichten, um wieder Platz auf der Mailbox zu schaffen, was die Eltern der längst ermordeten Milly im Glauben ließ, ihre Tochter sei noch am Leben. Nachdem Reporter des GUARDIAN diese Abhöraktion aufdeckten, kam nach und nach ans Licht, dass Reporter der NEWS OF THE WORLD Tausende von Telefongesprächen und Mailboxnachrichten abgehört sowie Polizisten bestochen hatten. Nicht nur Politiker, Prominente und Mitglieder der Königsfamilie sowie Bedienstete des Königshauses waren Opfer dieser Attacke, sondern auch Verbrechensopfer, Angehörige gefallener britischer Soldaten und Hinterbliebene von Opfern der Londoner Terroranschläge vom 7. Juli 2005. Das Erdbeben, das diese Enthüllungen auslöste, führte zum Rücktritt des britischen Regierungssprechers Andy Coulson, der in der fraglichen Zeit Herausgeber des Blattes war, zur Verhaftung der Chefredakteurin, zum Selbstmord eines Reporters sowie zur Einstellung der NEWS OF THE WORLD, immerhin eine der ältesten und auflagenstärksten Zeitungen Großbritanniens. Der Skandal ist ein Lehrstück dafür, was Recherche nicht darf, und zwar nicht nur aus rechtlichen, sondern auch aus ethischen Gründen. Hier haben Journalisten aus Gewinnsucht mit den Mitteln illegaler Recherche erheblich in private und intime Lebensbereiche von Menschen eingegriffen. Und dazu sollte Recherche niemals dienen (🖰 Leyendecker/Riehl 2011).

Im *Wirtschaftsleben* wird ebenfalls viel recherchiert: Marktbeobachtungen, Konkurrenzanalysen, Usability-Studien sind Bereiche, in denen auch mit klassischen und modernen Recherchemethoden gearbeitet wird. Spezielle Firmen, die sogenannten Wirtschaftsauskunfteien, haben sich darauf spezialisiert, für Banken und Dienstleister Informationen über Geschäftspartner oder Kunden zu ermitteln. Sie haben sehr große Datenbanken angelegt, mit deren Hilfe sie nicht nur auf die Wirtschaftskraft einzelner Personen oder Firmen schließen können, sondern auch auf die ganzer Stadtteile oder Bevölkerungsgruppen. Die Schufa Holding AG (früher: Schutzgemeinschaft für allgemeine Kreditsicherung e. V.) ist die bekannteste dieser Auskunfteien: Wer etwa einen Kredit aufnehmen will, kommt nicht umhin, der Bank das Recht auf eine »Schufa-Auskunft« einzuräumen. Auch die Creditreform AG oder die Schober Information Group GmbH sind solche Auskunfteien. Öffentlich und auch journalistisch stehen sie immer wieder in der Kritik, weil ihre Datensammelwut sehr intransparent ist, aber erhebliche Auswirkungen auf den Alltag von Otto Normalverbraucher haben kann. Die Firma Informa bekam im Jahr 2007 den »Big Brother Award« verliehen. Ein Zitat aus der Laudatio zeigt, mit welch umfangreichen Mitteln in diesem Bereich Recherchen betrieben werden:

»Die Informa schöpft für ihre Berechnungen aus einem umfangreichen Datenpool: soziodemographische Daten, Regional- und Statistikdaten, Markt- und Konsumdaten, Gebäudedaten der Schober Einzelhausbewertung, Daten der adressvermietenden Unternehmen (bekanntes Beispiel: Versandhäuser) über ihre Kunden und deren Kaufverhalten, Daten von externen Informationsanbietern, die als Auskunftei- oder als Marketingdaten angeboten werden[,] sowie sogenannte Lifestyle-Daten« (🖑 Tangens 2007).

Auch *Wissenschaftler* recherchieren. Gerade sie. Im Englischen wird z. B. sprachlich gar kein Unterschied gemacht zwischen der Tätigkeit von Forschern und der von Journalisten: Das Wort »research« bezeichnet beide Tätigkeiten (Welker 2012: 140 f.). Die Methoden wissenschaftlicher Recherche hängen eng mit den Gebräuchen der Forschungsprozesse der jeweiligen Disziplinen zusammen und können sich darum massiv voneinander unterscheiden: Der Forschungsprozess eines Chemikers sieht anders aus als der eines Historikers, ein Mediziner recherchiert anders als ein Soziologe (Koch 2012: 45; Ellwein 2002: 15). Einiges haben sie aber doch zumeist gemein: Am Anfang jedes Forschungsprozesses steht die Literaturrecherche. Wissenschaftler tun zu Beginn der Arbeit das Gleiche, was auch

Journalisten tun sollen: Sie lesen nach, was zu ihrem Thema schon veröffentlicht wurde. Das hat mehrere Gründe: Zum einen kann man sich Arbeit sparen, die andere schon gemacht haben; zum anderen kann man auf Vorarbeiten aufbauen und sie für das eigene Projekt nutzen. Was man nicht tun sollte, was aber leider immer wieder im Journalismus vorkommt, ist, die Texte anderer ungeprüft und, noch schlimmer: ungefragt zu übernehmen. Auch in der Wissenschaft kommt dies vor und hat in den vergangenen Jahren zu einigen Skandalen geführt, weil deutsche Spitzenpolitiker in ihren Doktorarbeiten schlicht und über Gebühr abgeschrieben hatten. Dass es ans Licht kam, war wiederum Ergebnis moderner Recherchemethoden, nämlich der Datenanalysen der Betreiber von Internetplattformen wie GUTTENPLAG oder VRONIPLAG.

Tipp: Churnalism Tracker

Auch Journalisten, die plagiieren, soll auf die Schliche gekommen werden: Der »Churnalism Tracker« ist ein Onlineprogramm, das journalistische Texte mit Pressemitteilungen, WIKIPEDIA-Artikeln und anderen Quellen vergleicht. Das Kunstwort »churnalism« wurde im Jahr 2008 vom BBC-Reporter Waseem Zakir erfunden. »to churn« heißt wörtlich »rühren«. Der »churnalism« ist folglich einer, der nur altes Material wieder aufrührt oder aufwärmt.
http://www.churnalism.com

Wissenschaft und Journalismus unterscheiden sich auch in Sachen Recherche voneinander in unterschiedlichen Ansprüchen an Exaktheit, Korrektheit und Wahrheitsanspruch. Die Wissenschaft sucht nach Beweisen, wo es dem Journalismus eher um Evidenz, Plausibilität und Aktualität zu tun ist. Allerdings gibt es auch große Überschneidungen zwischen den Berufen. Die Methoden der empirischen Sozialforschung, insbesondere die Befragung, die Inhaltsanalyse und das Experiment, sind Arbeitsformen, die durchaus auch der Journalismus nutzt.

Es gibt Stimmen, und dazu zählen vor allem die Vertreter des *Data Driven Journalism* (DDJ), die fordern, der Journalismus müsse sich in seinen (Recherche-) Methoden den Sozialwissenschaften angleichen. Was seit einigen Jahren auch im deutschsprachigen Mediensystem als *Datenjournalismus* bezeichnet wird, ist schon etwas älter und hat seine Wurzeln in den 1960er-Jahren. Damals arbeitete ein Reporter namens Philip Meyer bei der DETROIT FREE PRESS bereits mit Computern. Rassenunru-

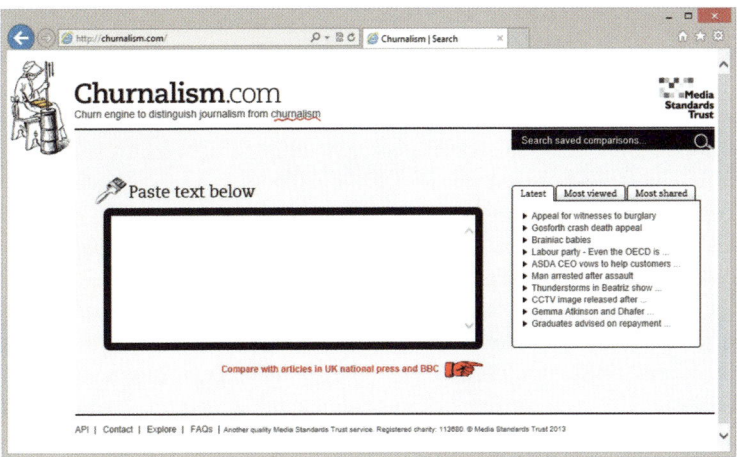

Churnalism Tracker

hen erschütterten in dieser Zeit die Großstädte in den USA. Auch in Detroit kam es zu Aufständen. Zeitungskommentatoren mutmaßten, es handle sich bei den Aufständischen um besonders unterprivilegierte Jugendliche, die nichts zu verlieren hätten. Philip Meyer recherchierte demografische Daten über die an den Aufständen Beteiligten und analysierte sie mit dem Computer. Sein überraschendes Ergebnis: Schulabgänger, High-School-Schüler und College-Studenten hielten sich bei den Unruhen ziemlich die Waage (Meyer 2002: 14). Meyer, der später noch für einige andere amerikanische Zeitungen Computeranalysen durchführte und dadurch immer wieder investigativ auf »Stories« stieß, war auch der erste, der bereits 1972 ein Lehrbuch über *Computer Assisted Reporting* schrieb: »Precision Journalism. A Reporter's Introduction to Social Science Methods«. Darin forderte er, wie der Untertitel des Buches schon ankündigt, dass der Journalismus sich methodisch den Sozialwissenschaften anzunähern habe:

»Der neue Präzisionsjournalismus ist wissenschaftlicher Journalismus. […] Das bedeutet, Journalismus soll durchgeführt werden wie eine Wissenschaft, er muss wissenschaftliche Methoden adaptieren, wissenschaftliche Objektivität und Wissenschaftsideale, und zwar in der gesamten Breite der Massenkommunikation« (Meyer 2002: 5; Übers. H. H.).

25

Der Computer ist heute das Arbeitsgerät Nummer eins für Journalisten wie für alle anderen Rechercheberufe. Die Entwicklung nahm ihren Anfang in den 1970er-Jahren, als die Verlage vom Bleisatz zum Fotosatz wechselten und aus den Redaktionsschreibtischen Bildschirmarbeitsplätze wurden. Die Nachrichtenagenturen DPA und AP führten schon 1973 elektronische Redaktionssysteme ein (Wilke 2004: 87). Als der Präsident des Bundesverbandes Deutscher Zeitungsverleger, Johannes Binkowski, im Verbandsblatt DIE ZEITUNG wegen dieser Elektronisierung die Frage stellte, ob der Redakteur künftig ein »Redaktroniker« sei, war das dem Nachrichtenmagazin DER SPIEGEL noch eine satirische Meldung in seiner Satirespalte »Hohlspiegel« wert (🖰 Spiegel 1977). Mit der Einführung des Desktop Publishing 1984 und des ersten grafikfähigen Internetbrowsers »Mosaic« 1993 war die Entwicklung unumkehrbar. Nur die Veteranen des Journalismus wie der ehemalige ZDF-Journalist Wolf von Lojewski sehen durch die Computerisierung den Journalismus bedroht. Heute müssten Journalisten ständig twittern oder über Handy und Internet erreichbar sein, so dass es theoretisch sein könne, »dass der Journalist irgendwann keine Zeit mehr hat, seinen Platz am Computer zu verlassen«, bedauerte der Moderator (🖰 von Lojewski 2012). Tatsache ist, dass sich Journalismus und insbesondere Recherche ganz überwiegend am Computer abspielt und eine vertiefte Kenntnis der wesentlichen Operationen und Möglichkeiten unabdingbar ist.

2.4   Kleine Typologie der Recherche

Wer ein gewisses historisches Interesse dafür hat, wie Recherche früher war, der muss nur den Hollywood-Film »All the President's Men« (dt.: »Die Unbestechlichen«) mit Robert Redford und Dustin Hoffman ansehen. Es ist die Verfilmung des Watergate-Skandals, in dessen Verlauf die beiden amerikanischen Reporter Bob Woodward und Carl Bernstein von der WASHINGTON POST den US-Präsidenten Richard Nixon zu Fall brachten.

Dieses Paradebeispiel für investigativen Journalismus zeichnet sich vor allem durch eines aus: Die beiden Journalisten kamen fast vollständig ohne moderne Informationstechnologie aus. Ihre Arbeitsgeräte waren Telefon und Schreibmaschine, alle erdenklichen Formen von Notizzetteln und -büchern mitsamt dazugehörigem Schreibgerät. So war der Beruf des Recherchejournalisten bis weit in die 1990er-Jahre hinein geprägt: Auf dem Schreibtisch waren ein Telefon, eine Schreibmaschine, später ein

Bob Woodward und Carl Bernstein von der WASHINGTON POST enthüllten 1974 den Watergate-Skandal.

Computer, der vornehmlich für Textverarbeitung, später auch für Desktop Publishing genutzt wurde, in deutschen Redaktionen das »Taschenbuch des öffentlichen Lebens (Oeckl)« sowie nach Möglichkeit eine größere Anzahl an Telefonbüchern und Branchenverzeichnissen.

Watergate-Skandal

Ein Waterkantgate gab es, ein Kohlgate, sogar ein Nippelgate hat es schon gegeben: Wenn Journalisten heute von Skandalen berichten, dann hängen sie als Nachsilbe gerne ein -gate an. Das geht auf die Watergate-Affäre zurück, die Mutter aller Skandale, wenn man so will. Was war geschehen? Während des US-amerikanischen Präsidentschaftswahlkampfs 1972 drangen fünf Einbrecher in die Zentrale der Demokratischen Partei im Watergate-Gebäudekomplex ein und versuchten dort, Wanzen zu installieren und Dokumente zu fotografieren. Die Auftraggeber stammten aus der unmittelbaren Umgebung von Präsident Richard Nixon. Das deckten in einer Serie von Publikationen in der WASHINGTON POST die beiden jungen Reporter Carl Bernstein und Bob Woodward auf. In diesem Zusammenhang wurden noch eine ganze Reihe von Amtsmissbräuchen und illegale Parteispenden aufgedeckt, was letztlich am 9. August 1974 zum Rücktritt Nixons führte. Es handelt sich also eigentlich nicht um nur einen Skandal, sondern ein ganzes Bündel von Affären, zu denen auch die Behinderung der Justiz, die Vertuschung der Hintergründe des Watergate-Einbruchs sowie Steuerhinterziehung zählten. Die beiden POST-Reporter hatten eine geheime Quelle, einen sogenannten Whistleblower, der das Pseudonym »Deep Throat« führte und sie fortwährend mit geheimen Informationen versorgte. Erst im Jahr 2005 deckte das Magazin VANITY FAIR auf, dass es sich bei »Deep Throat« um den ehemaligen Vizedirektor des FBI Mark Felt handelte (Woodward 2005: 221). Der investigative Journalismus erlebte durch die Arbeit von Bernstein und Woodward neuen Aufwind, viele kritische Journalisten auch in Europa eiferten den Kollegen von der WASHINGTON POST nach. Es gab allerdings auch Stimmen, die die Behauptung, Bernstein und Woodward hätten Watergate »aufgeklärt«, für stark übertrieben hielten (🕮 Epstein 1974).

Der Unterschied zwischen dem klassischen und dem heutigen Recherchejournalismus ist aber nicht nur einer, der im Wandel der Schreib- und Speichermaterialien begründet ist. Es ist vielmehr ein qualitativer: Reporter wie Bernstein und Woodward sammelten so viele Informationen wie möglich. Heute sammelt man eher so wenig wie möglich, aber dafür so gute Informationen wie nötig. Bernd Blöbaum bezeichnet die journalistische Recherche recht allgemein als eine »Arbeitstechnik zur eigenständigen Sammlung von Informationen« und folgert, dass »Recherchieren immer eine aktive Tätigkeit von Journalisten« sei (Blöbaum 1992: 35). Das ist in dieser Allgemeinheit nicht ganz unrichtig, legt aber nahe, Recherchieren sei eine Art fleißiger Hamstertätigkeit, bei der man alle Nüsse einsammelt, deren man habhaft werden kann. Das wäre aber kein sehr planmäßiges oder methodisches Vorgehen und würde in Zeiten des Information Overload zu ungünstig aufgeblähten Hamsterbacken führen, ohne zu einem Ergebnis zu kommen. Ulrich Pätzold hat denn auch in seine Recherche-Definition Trennlinien eingezogen und bestimmt die Recherche als das

> »Suchen, Sammeln und Dokumentieren konkret vorfindbarer, auf eingegrenzte Themen bezogener Fakten, Sachverhalte und Prozesse mit dem Ziel, das recherchierte Material in geordneter Form – z. B. in Nachrichten, Berichten, Analysen – darzustellen« (Pätzold 1982: 275).

Die Eingrenzung wird bei Pätzold aber ausdrücklich auf die Recherchethemen bezogen und nicht auf die Menge des zu recherchierenden Materials. Hier wie dort wird ein universeller Anspruch der Recherche formuliert, prinzipiell *alles* zum Rechercheobjekt nehmen zu können und grundsätzlich *jedes* Material in die Ergebnissammlung aufzunehmen. Auch Michael Hallers Definition spricht der Recherche prinzipiell den Zugriff auf die ganze Welt zu:

> »Das Recherchieren ist im engeren Sinne ein Verfahren zur Beschaffung und Beurteilung von Aussagen über reales Geschehen, die ohne dieses Verfahren nicht preisgegeben, also nicht publik würden. Im weiteren Sinne ist es ein Verfahren zur Rekonstruktion erfahrbarer, d. h. sinnlich wahrgenommener Wirklichkeit mit den Mitteln der Sprache« (Haller 2008: 246).

Der zweite Teil der Haller'schen Definition deutet darauf hin, dass der Verfasser sich der eine Zeitlang in der Kommunikationswissenschaft und Journalistik modisch bemühten erkenntnistheoretischen und erkenntniskritischen Schule des Konstruktivismus verpflichtet fühlt (Haller 1994: 277). Ohne deren Lehren hier diskutieren zu wollen, ist doch fraglich, ob die »Rekonstruktion sinnlich wahrgenommener Wirklichkeit« wirklich die Hauptaufgabe oder überhaupt eine Aufgabe des Journalismus ist. In jedem Fall würde diese Einschränkung viele journalistische Themenfelder und damit auch Betätigungsfelder journalistischer Recherche von vornherein ausblenden, z. B. im Feuilleton, das sich vor allem mit geistigen und nicht mit »sinnlich wahrnehmbaren« Produkten beschäftigt. Auch eine zweite Einschränkung Hallers ist nicht leicht nachzuvollziehen: Die Behauptung, Recherche würde solche und nur solche Tatsachen ans Licht bringen, die »ohne dieses Verfahren nicht preisgegeben, also nicht publik würden«, gilt erst mal nur für investigative Recherchen. Es sind solche Formulierungen, die ein Indiz bilden für die auch in der Journalistik und Kommunikationswissenschaft beliebte Gleichsetzung von Journalismus mit politischer Berichterstattung. Auch das blendet aber unnötigerweise viele Berichtgebiete und Ressorts aus, in denen Recherche ebenfalls eine enorme Bedeutung hat, deren Problem aber nicht so sehr die Aufdeckung von Geheimnissen, sondern die Auswertung und Filterung offen zu Tage liegender Daten ist. Wichtiger wäre eine definitorische Einschränkung im Bereich des Suchfelds. Denn eine professionelle und zielgerichtete journalistische Recherche wird nicht einfach überall nach allem suchen oder planlos stochern, kramen oder surfen, sondern von Anbeginn an den

Fokus der Recherche thematisch verengen und auf das publizistische Ziel hin weiter einkreisen.

Die Schwierigkeiten, die *eine* zustimmungsfähige Definition für den Begriff der Recherche zu finden, mögen auch darin begründet sein, dass das Recherchieren nicht eine einzige Tätigkeit, sondern der Sammelbegriff für eine Vielzahl von Tätigkeiten und Verfahren ist, die nicht leicht über einen Kamm zu scheren sind. Der Kommunikationswissenschaftler Ulrich Saxer macht darüber hinaus eine interessante Feststellung, indem er kritisch nach dem Zusammenhang von journalistischer Recherche und Qualitätskontrollen fragt:

> »Die Frage muß zumindest gestellt werden, ob im Zeitalter der proliferierenden Informationssysteme die Befreiung eines von ihnen von Qualitätskontrollen diesem wirklich langfristig das Überleben garantiert. Wenn jede Schreibe sich Journalismus nennen und als solcher in Aktion treten darf, dann wird die Diskussion auch einmal darüber anheben müssen, wie dieses Informationssystem gegenüber anderen Informationssystemen zu bestehen vermag, die strengeren institutionellen Normen bei ihrer Tätigkeit genügen müssen, insbesondere in der Recherche« (Saxer 1976: 225).

Als Konkurrenzsysteme, die in Sachen qualitativ hochwertiger Recherche dem Journalismus womöglich den Rang ablaufen könnten, sieht Saxer vor allem die Wissenschaft, die zunehmende Zahl von Informationsdiensten und die Werbung. Heute müsste man vermutlich automatisierte und rein computerbasierte Rechercheinstrumente, wie sie beispielsweise im Börsenhandel Verwendung finden, dazu rechnen (Haas 1999: 286). Die Frage wäre also nicht nur nach dem Wesen der Recherche an sich zu stellen, sondern nach einer Definition der »guten« Recherche und ihrer Abgrenzung zu misslungenen und gescheiterten Recherchen (Leyendecker 2012: 9). Und daran schließt sich die, womöglich schon philosophische Frage an, ob nur mit diesen »guten« Recherchen ein »guter«, sprich: qualitativ hochwertiger Journalismus möglich ist. Martin Welker geht davon aus, dass »Recherche zu den wichtigsten Qualitätssicherungsinstrumenten im Journalismus gehört« (Welker 2012: 39). Allerdings verweist Klaus Arnold darauf, wie schwierig es ist, Recherchequalität zu messen (Arnold 2008: 503).

Wenn also eine eindeutige Recherchedefinition nicht möglich ist, kann man sich dem Gegenstand definitorisch immer noch auf die Weise nähern, die in der Wissenschaftstheorie als Familienähnlichkeit oder Cluster Definition bezeichnet wird (Wittgenstein 1993: § 67). Man sehe sich also verschiedene Typen von Recherchen an und vergleiche, was sie gemeinsam haben könnten. Benötigt wird also eine Typologie der Recherche. Man kann grundsätzlich verschiedene Typen von Recherchen unterscheiden nach

- dem *Suchfeld,* also den verschiedenen Informationsträgern, nach denen recherchiert werden soll;
- dem *Suchort,* also dem Bereich, innerhalb dessen recherchiert werden soll;
- dem *Verfahren,* also der Handlungsart, mittels derer recherchiert werden soll oder
- der *Funktion,* welche die Recherche ausübt.

Plan ausgedrückt, stehen hinter dieser Typologie die Fragen: Was suche ich? Wo suche ich? Wie suche ich? Und warum suche ich? Ohne Anspruch auf Vollständigkeit zu erheben, kann man verschiedene Typen von Recherchen zur Übersicht so darstellen (siehe folgende Seite).

Zu jedem einzelnen Punkt dieser Typologie ließe sich eine Menge schreiben und vermutlich auch streiten. Da es an dieser Stelle erst einmal nur um eine grobe Übersicht geht, wollen wir es bei einigen Anmerkungen belassen.

- *Suchfeld:* Grundsätzlich kann man nach Aufzeichnungen aller Art, nach menschlichen Informationsquellen oder nach visuellen Informationen suchen. Dokumente und Daten werden in dem Schema unterschieden, obwohl logischerweise Datensätze den Rechercheur heute auch als Dokument irgendeines Typs erreicht. Der Unterschied ist, dass statistisches Datenmaterial heute in der Regel in einer Form gebraucht wird, die direkte Weiterverarbeitung möglich macht, was bei Dokumenten anderen Typs nicht unbedingt der Fall ist.
- *Suchort:* Hier steht die Onlinesuche an erster Stelle, weil zumeist damit begonnen wird. Die klassische Literaturrecherche soll davon unterschieden werden, weil nach wie vor große Informationsmengen nicht digital vorliegen. Ansonsten soll die Reihenfolge keine Gewichtung darstellen. Insbesondere der eigene Augenschein sowie das persönliche Gespräch sind Recherchequellen allererster Güte.
- *Verfahren:* Dieser Typologie eignet ein gewisses zeitliches Moment. Sinnigerweise steht in der Regel die Vor-Recherche am Anfang der Erschließung eines neuen Themas. Daran schließen sich Basis-, Überprüfungs- und Erweiterungsrecherche an. Was diese Recherchetypen im Einzelnen leisten und wie sie funktionieren, wird den größeren Teil des weiteren Verlaufs dieses Buches ausmachen. Die Test-Recherche

Suchfeld (Was)		Suchort (Wo)	
Dokumenten-Recherche	analoge oder digitale Aufzeichnungen (auch Musik und Sound)	Online-Recherche	Informationen digitaler Art im Netz, in Datenbanken oder Bulletin-Boards
Daten-Recherche	Zahlen und Statistiken aller Art	Literatur-Recherche	klassische Buch- und Bibliotheksrecherche
Personen-Recherche	natürliche Personen als O-Ton-Geber oder Informanten	personale Recherche	Informationsgeber sind natürliche Personen
Bild-Recherche	Location Scouting	Vor-Ort-Recherche	eigener Augenschein

Verfahren (Wie)		Funktion (Warum)	
Vor-Recherche	Themenfindung, Themenplanung	Informations-Funktion	Chronistenpflicht und Relevanz
Basis-Recherche	grundsätzliche Informationsgewinnung	Orientierungs-Funktion	soziale Integration und Partizipation
Erweiterungs-Recherche	Vervollständigung und Ausweitung	Unterhaltungs-Funktion	Entspannung und Erholung
Überprüfungs-Recherche	Fact-Checking	Kontroll-Funktion	Aufdecken von Fehlverhalten, Ethik und Sittengesetz
Test-Recherche	journalistische Experimente		

Typologie der Recherche

liegt dazu etwas quer, ist aber ein im Verbraucherjournalismus häufig gebrauchtes Verfahren, um durch Experimente zur Informationsgewinnung beizutragen.

• *Funktion:* Die hier aufgestellten Funktionsweisen der Recherche korrespondieren naturgemäß mit den Funktionszuschreibungen des Journalismus allgemein (vgl. z. B. Beck 2010: 94 ff.). Denn wenn die qualitativ hochwertige oder jedenfalls handwerklich gut ausgeführte Recherche die notwendige Bedingung für Qualitätsjournalismus ist, dann müssen die gesellschaftlichen Funktionen beider auch in einer Abhängigkeit voneinander stehen. Entsprechend sollte auch die Unterhaltung als Funktion der Recherche gesehen werden. Unterhaltung ist, wie Ursula Dehm in ihrer Dissertation festgestellt hat, kein Gegensatz zu Information, sondern vielmehr komplementär: »Information ist für sie [die Rezipienten] kein Gegensatz zu Unterhaltung, und beides schließt sich nicht aus« (Dehm 1984: 223). Vielleicht ist es auch gerade diese Funktion, nämlich auch solche Informationen zu recherchieren, die vornehmlich dem Plaisir des Publikums dienen, die speziell die journalistische Recherche von anderen Gewerken der Informationsbeschaffung (z. B. der Wissenschaft) unterscheidet.

Eine Theorie der Recherche steht in engem Zusammenhang mit anderen Denkgebäuden innerhalb der Journalismusforschung. Ansätze wie die Agenda-Setting-Theorie (McCombs 2004: 36) oder die Nachrichtenwert-Theorie (Galtung/Ruge 1965: 64) definieren ja nichts anderes als das, was Journalisten zu recherchieren haben. Die Recherche ist also kein dem *Agenda Setting* vorgängiges Phänomen, sondern funktional von ihm abhängig. Und die Frage, wonach ich recherchiere, ist naturgemäß aufs Engste mit meinen Thesen darüber verbunden, welchen Themen ich überhaupt einen Nachrichtenwert zuspreche: »Nachdenken über Relevanz ist gemeinhin der erste Schritt einer systematischen Recherche« (Welker 2012: 120). Die Auseinandersetzung mit der Recherche kann also, über den berufspraktischen Sinn hinaus, auch theoretisch nützlich sein. Denn die Recherche kann als Scharnier zwischen unterschiedlichen Theorieansätzen innerhalb der Journalismusforschung dienen.

Wem es allerdings zuvörderst um die praktische Anwendung der Recherche im Berufsalltag geht, der wird weniger an einer Theorie oder Typologie als vielmehr an einer Methodik interessiert sein. Grundsätzlich lässt sich natürlich auch ohne jede Methodik recherchieren, und wir alle tun das im Alltag ständig: Wir suchen nach den verschwundenen Socken in der Waschmaschine, nach der Lesebrille im Wohnzimmer, nach dem verlegten Autoschlüssel, der verschwundenen Miniatur, der verlorenen Zeit oder dem winzigen gelben Zettel, auf dem wir die Telefonnummer notiert haben, die unser Leben verändern wird. Unmethodisches Suchen bringt allerdings ein gravierendes Problem mit sich: Es kostet viel Zeit und Energie und ist häufig fruchtlos. Im professionellen Einsatz können wir uns darum eine solche Recherchestrategie gar nicht leisten. Wir brauchen Effizienz und Erfolgskontrolle in der Recherche, sprich: Wir brauchen eine Recherchemethode.

2.5 Methodisches Recherchieren

Dass journalistisches Recherchieren ohne eine klare Methodik nicht funktioniert, hat schon der Journalismusforscher Siegfried Weischenberg gesehen. Für ihn steht die Recherchemethodik in engem Zusammenhang mit der kritischen Funktion des Journalisten:

> »Journalisten sollen die vom System Politik gesetzten Informationsgrenzen überschreiten, sie sollen kritische und nachprüfbare Recherchemethoden beherrschen lernen, um Zustände und Prozesse erkennen zu können. Vorbild ist dabei u. a. das Methodenarsenal der (Sozial-) Wissenschaft« (Weischenberg 1983: 353 f.).

Was ist denn die Methode journalistischen Recherchierens, die sich von den Recherchemethoden anderer Rechercheberufe abhebt? Das zu fragen, bedeutet, nach den systematischen Unterschieden des Journalistenberufs von anderen Rechercheberufen zu fragen.

Der Kriminalpolizist hat die Prävention und Sanktion von Straftaten zur Aufgabe. Der Wissenschaftler strebt nach letzten Wahrheiten. Der Ökonom will den Bedingungen und Begleiterscheinungen von Gewinnmaximierung auf den Grund gehen. Was will der Journalist? Der Journalist will Geschichten erzählen. Diese Annahme, von erfahrenen Journalisten schon seit langem geteilt und mitgeteilt, setzt sich allmählich auch in der Journalistik und Kommunikationswissenschaft durch. *Storytelling* nennt man das auf neudeutsch. Im ersten Redaktionsstatut des Nachrichtenmagazins DER SPIEGEL von 1949 ist bereits zu lesen:

> »Die Form, in der Der Spiegel seinen Nachrichtengehalt an den Leser heranträgt, ist die Story […] Nichts interessiert den Menschen so sehr wie der Mensch. Deshalb sollten alle Spiegel-Geschichten einen hohen menschlichen Bezug haben« (zit. n. Le Grand 1994: 243).

Es gibt, zumal in Deutschland, noch Vorbehalte gegen das Geschichtenerzählen im Journalismus. Harte Fakten, so könnte man dieses Vorurteil paraphrasieren, packe man doch nicht in läppische Geschichten. Der Kommunikationswissenschaftler Werner Früh fragt beispielsweise kritisch, »ob das Narrationskonzept überhaupt mit den Aufgaben des Nachrichtenjournalismus kompatibel ist« (Früh 2014: 63). Kern dieses Vorurteils ist eine Verwechslung, nämlich des Erzählerischen (man sagt auch: Narrativen) mit dem Fiktionalen. Aber natürlich gibt es nicht nur fiktionale Geschichten (wie Romane, Märchen, Novellen etc.), sondern auch faktuale Geschichten, also solche, die von Tatsachen und wirklichen Geschehnissen erzählen (Martínez/Scheffel 1999: 9). Was fiktionale und faktuale Erzählungen gemeinsam haben, sind die Regeln oder die Strukturen des Erzählens. Der geschichtenerzählende Journalist muss das stets im Hinterkopf haben, da sich sonst Geschichten wirklich »vergaloppieren« können, zumal, wie der Erzählforscher Dietrich Weber schreibt, immer auch die Regel gilt, selbst »Erzählliteratur besteht nicht nur aus Erzählung« (Weber 1998: 79). Matías Martínez unterscheidet nicht-narrative journalistische Darstellungsformen von den narrativen Formen. Zur ersten Klasse zählt er Essay, Feature, Kommentar, Glosse, Kulturkritik, Polemik und Interview. Zur zweiten, narrativen Klasse zählt er Nachricht, Bericht und Reportage (Martínez 2009: 180). Diese Zweiteilung ist zu diskutieren, schließlich ist schon vorhanden nicht recht einsehbar, warum nicht auch beispielsweise im Feature oder in einem Interview Geschichten erzählt werden sollten. Die Kommunikationswissenschaftlerinnen Elisabeth Klaus und Margret Lünenborg machen sich ebenfalls für das journalistische Geschichtenerzählen stark, sie schießen dabei aber über das Ziel hinaus: Indem sie in kritischer Perspektive Faktendarstellung und Wirklichkeitsbezug des Journalismus auf der einen Seite und Unterhaltungsfunktion und Fiktionalität auf der anderen Seite kontrastieren, scheinen sie das Erzählerische am Journalismus einseitig aufs Fiktionale einzuschwören: »Journalismus selektiert und präsentiert Fakten, die unterhalten, und er liefert Fiktionen, die Wirklichkeiten schaffen« (Klaus/Lünenborg 2002: 101). Allerdings ist Journalismus nicht nur deswegen unterhaltsam, weil er erzählerisch Fiktionen präsentiert. Im Gegenteil erfüllt Journalismus gerade in der Art und Weise, wie er Faktisches erzählt, seine Unterhaltungsfunktion. Die Frage, wie viel Fiktion daneben im Journalismus enthalten ist, ist kommunikationswissenschaftlich noch gar nicht recht untersucht worden, obwohl es sich sicherlich um eines der spannenderen und intrikateren Probleme der Journalismusforschung handeln würde.

Die amerikanische Journalismusforschung hat in jüngerer Zeit den Begriff des »narrative journalism« geprägt und definiert ihn als »the genre that takes the techniques of fiction and applies them to nonfiction«

(⌐ Nieman Foundation 2013). Gemeint ist damit aber in einer engeren Perspektive eine ganz spezielle Spielart journalistischer Darstellungsweise, die auch als »literary journalism« (Sims 2007), »creative nonfiction« (Gutkind 2005) oder als »new new journalism« bezeichnet wird (Boynton 2005). In einer weiteren Perspektive spricht die französische Medienwissenschaft von »récit médiatique« (Lits 1997: 36), während Françoise Revaz, Raphaël Baroni und Stéphanie Pahud den »narratives« in der Tagespresse nachgegangen sind (Revaz 1997: 19; Revaz u. a. 2007: 59; vgl. auch Vanoost 2013: 77).

Fakten und Geschichten können also recht gut zusammenpassen. Und die Strukturen des Erzählens haben einen positiven Einfluss auf die journalistische Recherche: »Mit Storytelling strukturieren Journalisten das Chaos der Information« (Lampert/Wespe 2011: 9).

Zum ersten Mal für die Kunst der Recherche fruchtbar gemacht hat das Storytelling ein Team um den in Frankreich lebenden amerikanischen Journalisten Mark Lee Hunter. Im Auftrag der Abteilung »Communication and Information« bei der UNESCO haben Hunter und seine Kollegen einen in fünf Sprachen publizierten methodischen Führer für diese Form der Recherche verfasst (⌐ Hunter u. a. 2011). In ihrer Begründung für diese innovative Methodik schreiben sie:

> »Die Mehrheit der Lehrbücher über investigativen Journalismus widmet der Frage großen Raum, wo Informationen zu finden sind. Sie gehen davon aus, dass, sobald ein Reporter die gesuchte Information gefunden hat, er auch in der Lage ist, eine ordentliche Geschichte daraus zu machen. Wir teilen diese Annahme nicht. Wir denken nicht, dass das einzige Thema das Auffinden von Informationen sei. Stattdessen glauben wir, dass das Herzstück das Geschichtenerzählen ist« (⌐ Hunter u. a. 2011: 1; Übers. H. H.).

Story-basiertes Recherchieren bedeutet, genau die Informationen zu finden, die man benötigt, um seine Geschichte erzählen zu können. Die Regeln des Storytelling helfen also schon auf eine ganz praktische Art und Weise dabei, im Information Overload nicht unterzugehen: Alle Daten, die für meine Geschichte nicht relevant sind, können von vornherein außen vor gelassen werden. Aus dieser Annahme können wir schon annäherungsweise eine Definition des Begriffs journalistischer Information geben: Journalistische Informationen sind solche Daten, die man in Geschichten brauchen kann. Man könnte auch sagen, Informationen stellen eine Verknüpfung oder Link zwischen der Geschichte und den Daten her. Die Auswahl der Daten, die wir zu Informationen machen wollen, hängt aber nicht nur von den narrativen Strukturen ab. Es spielen selbstverständlich auch herkömmliche journalistische Auswahlkriterien wie Relevanz, Interesse, Ressort oder lokale Nähe eine wichtige Rolle. Das Kriterium der Verwertbarkeit in einer Story steht eher quer zu den anderen Auswahlkriterien: Von all den Daten, die gesellschaftlich relevant, fürs Publikum interessant, zu unserem Ressort gehörig und in unsere Lebenswelt passend sind, wählen wir in der Recherche gerade die aus, mit denen sich eine journalistische Story erzählen lässt.

Wir können an dieser Stelle einen Begriff von Recherche formulieren, der vielleicht auch nicht die letztgültige Definition darstellt, aber als Arbeitshypothese durch dieses Buch leiten soll:

Recherche

Recherche ist eine Sammelbezeichnung für eine Vielzahl zielgerichteter Tätigkeiten in sehr unterschiedlichen Berufen sowie im Alltag, deren Durchführung in der Suche, Auswertung, Filterung und Organisation von Wissensressourcen und Daten besteht. Die professionelle journalistische Recherche ist darüber hinaus ein methodisches Vorgehen, das zum Ziel hat, so viele und nur so viele Daten und Fakten zusammenzutragen, um eine schlüssige, relevante und informative Geschichte erzählen zu können.

2.6   Recherchieren als Kunst

Ist Recherchieren eine Kunst? Das hängt natürlich beträchtlich davon ab, was man unter dem Begriff »Kunst« versteht und welchen Rang man dem Journalismus dabei zumisst. Wenn man neben Beethovens »Neunter« und Picassos »Guernica« nicht viel gelten lässt (und schon beim Picasso sind sich ja die Gemüter nicht einig), dann wird man journalistische Recherche wohl eher für eine spröde Tätigkeit halten. Hat man einen etwas weiteren Kunst- und Kulturbegriff, kann man kaum umhin, den Journalismus zur Sphäre der Populärkultur zu zählen. Ja, der Bedarf nach Journalismus, so konstatierte der Kommuniationswissenschaftler Wolfgang R. Langenbucher bereits in den 1980er-Jahren, ergebe sich überhaupt nur, »wenn man bestimmte der von den Medien […] vermittelten journalistischen Produkte als eigenständige kulturelle Leistungen interpretiert, ähnlich wie

Kunst, Musik und Literatur« (Langenbucher 1985: 203). Auch Rudi Renger scheint es eine nützliche Formel, »Journalismus als kulturellen Diskurs zu definieren« (Renger 2006: 269).

Im antiken Griechenland lautete das Wort für Kunst »techné«. Von diesem altgriechischen Wort leitet sich sowohl die Kunst als auch unser Begriff Technik ab. Denn die Griechen unterschieden noch nicht zwischen Kunst und Handwerk. Dass wir heute manchmal Kunst und Technik gar als Gegensätze sehen, könnte also ein historisches Missverständnis sein. Gerade herausragende technische Fertigkeiten können zu besonders kunstvollen Produkten oder Produktionen führen. So sprechen wir auch von der Technik des Klavierspiels, ohne in Abrede zu stellen, dass es sich um Kunst handelt. Warum also nicht auch dem Journalismus zubilligen, dass er nicht nur eine Fertigkeit, sondern auch eine Kunstform ist? Journalismus ist, um mit dem Journalismusforscher Stephan Ruß-Mohl zu sprechen, »nicht nur, wie es in der Zunft so häufig und auch ein wenig gedankenlos behauptet wird, Handwerk, sondern primär Kopfwerk und mitunter sogar Kunstwerk« (Ruß-Mohl 1994: 95). Zwar wurde in den vergangenen Jahren die zunehmende Entertainisierung des Journalismus beklagt und durchaus kritisch mit Wortschöpfungen wie »Infotainment« (Postman 1985), »Emotainment« (Jogschies 2001) oder »Politainment« (Dörner 2001) belegt. Aber dem könnte man, etwa mit dem Kommunikationsforscher John McManus entgegenhalten, dass das Unterhaltsame vielleicht gerade einen besonderen Wert des Journalismus ausmacht, den »entertainment value«, der nicht gegen, sondern neben dem »orientation value« stehen kann (McManus 1994: 122). Diesen Unterhaltungswert erhält der Journalismus gerade dadurch, dass er ein ästhetisches Produkt ist, eines, das kulturellen und künstlerischen Werturteilen offensteht. Journalismus als Kunstwerk bedeutet, dass der Journalist über die reine Faktenvermittlung hinaus noch etwas mehr zu bieten hat. Und dieses »Mehr« besteht, unter anderem, im Geschichtenerzählen, im Storytelling. Die reine Faktenvermittlung könnte nämlich auch durch Protokollsätze, also die pure und schlichte Wiedergabe von Sinnesdaten, vor sich gehen. Der Journalist ist aber kein Protokollant: Er macht aus den Daten Magazin-Storys und Reportagen, Kritiken und Kommentare. Und was auf den Journalismus zutrifft, das muss auch auf seine Basistechnik, die Recherche, zutreffen. Recherchieren als Kunst bedeutet, im Bewusstsein der ästhetischen Produktion all die Daten zu beschaffen, zu bewerten und zu organisieren, die für die kunstvolle Schaffung des journalistischen Werks vonnöten sind.

Aber über diese Funktion hinaus kann Recherche auch im eigenen Licht gesehen und bewertet werden. Wer einmal wirklich in einer tiefen, schwierigen und widerständigen Recherche gesteckt hat, der weiß: Es gibt eine Faszination des Investigativen, es gibt eine Schönheit der Nachforschung, es gibt eine Eleganz in der Form der Fragestellung, es gibt kunstvolle Hypothesen und es gibt Beweisführungen, die so bestechend sind, dass man nicht anders kann, als ihnen einen auch ästhetischen Wert zuzusprechen. Ist Recherchieren eine Kunst? Selbstverständlich.

Literatur & Links

Der »Klassiker« der methodisch-orientierten Recherchebücher:
Michael Haller (2008): *Recherchieren*. 7. Aufl. Konstanz.

Die Methode der Story-basierten Recherche, wird dargestellt in:
Mark Lee Hunter u. a. (2011): *Story-Based Inquiry. A manual for investigative journalists.*
Quelle: http://www.Storybasedinquiry.com/wp-content/uploads/2014/07/The-SBI-Manual.pdf

Eher wissenschaftlich, aber sehr aktuell und mit vielen empirischen Daten zur journalistischen Recherche:
Martin Welker (2012): *Journalistische Recherche als kommunikatives Handeln*. Baden-Baden.

Das Netzwerk Recherche e. V. bietet eine stattliche Zahl aktueller Broschüren zu Recherchethemen, entweder gegen Unkostenbeitrag oder kostenlos zum Download im Internet:
http://www.netzwerkrecherche.de/Publikationen

Einen kompakten Überblick bietet:
Volker Lilienthal (2014): *Recherchieren*. Konstanz

Zu guter Letzt

Seit dem Watergate-Skandal werden alle Arten von Affären, die von Journalisten aufgedeckt werden, gerne mit dem Suffix »-gate« belegt. Eine beeindruckende Anzahl von solchen -gates hat die englischsprachige WIKIPEDIA gesammelt. Und die Zahl der Verweise, Links und Fundstellen ist nicht minder beeindruckend. Zu finden unter folgender Adresse:

http://en.wikipedia.org/wiki/List_of_scandals_with_%22-gate%22_suffix

3 Recherchegeschichte(n)

Was man in diesem Kapitel lernt

+ Wie der investigative Journalismus erfunden wurde + warum Journalisten manchmal Schmierfinken sein müssen + was die Recherche mit der Wahl der Darstellungsform zu tun hat + welche Skandale Journalisten aufdecken + welches Ansehen Recherchen in der deutschen Presse haben + und wie die Digitalisierung neue Recherchemethoden hervorgebracht hat.

3.1 Von der Kolportage zu den »Nestbeschmutzern«

Der Journalismus fühlte sich ursprünglich nicht der Recherche verpflichtet. Die »Zeytungen«, die seit Anfang des 17. Jahrhunderts europaweit Verbreitung fanden, waren voll von Kolportagen und sehr subjektiv geprägten Darstellungsformen. Théophrast Renaudot, der Gründer des französischen Blatts LA GAZETTE, gab das 1631 unumwunden zu:

> »Die *Geschichte* ist der Bericht von den Dingen, wie sie geschehen sind; die GAZETTE nur das Gerücht, das davon umläuft. Die *Geschichte* ist verpflichtet, immer die Wahrheit zu sagen. Die GAZETTE tut schon genug, wenn sie sich enthält zu lügen« (zit. n. Urs 1954: 16; Hervorhebungen im Original).

Die aufdeckende Recherche als an der sozialen Wirklichkeit orientierte journalistische Untersuchungsform hat ihre Initialzündung im 19. Jahrhundert und entbrennt an der sozialen Frage. Gleichzeitig steht das Aufkommen journalistischer Recherchemethoden in engem Zusammenhang mit der Entwicklung der Pressefreiheit. Während in Großbritannien mit dem »Licensing Act« schon 1695 die Vorzensur abgeschafft wird, bekommt die Pressefreiheit in Deutschland erst 1874 Gesetzesrang.

So war es in England der Journalist William Thomas Stead, der als einer der Ahnherren des *Investigative Reporting* gilt. Stead war Chefredakteur der in London erscheinenden PALL MALL GAZETTE. Im Jahr 1885 veröffentlichte er eine Artikelserie unter dem Titel »The Maiden Tribute of Modern Babylon« (dt.: »Der Beitrag von Jungfrauen zum modernen Babylon«), die auch als »Eliza Armstrong Case« Journalismusgeschichte geschrieben hat. Darin weist er der britischen Oberschicht Kinderprostitution und Menschenhandel nach. Stead schlüpft bei seiner Undercover-Recherche selbst in die Rolle eines reichen Freiers. In einem Londoner Arbeiterviertel kauft er der mittellosen und alkoholkranken Elizabeth Armstrong für fünf Pfund Sterling deren Tocher Eliza ab, vorgeblich als »Haushälterin für einen älteren Mann«, was aber nur der Code-Ausdruck für Sexsklaverei war. Dass die Mutter über die unehrenhaften Absichten des »Käufers« im Bilde war, sprach auch aus dem Umstand, dass die 13-jährige Eliza zuerst zu einer Hebamme gebracht wurde, um ihre Jungfräulichkeit zu attestieren, und dann in einem Bordell mit Chloroform betäubt wurde, um in diesem Zustand ihren »Käufer« zu erwarten. Die Zeitungsveröffentlichung war ein so sensationeller Erfolg, dass Bürger die Büros der PALL MALL GAZETTE stürmten, um noch eine Ausgabe zu ergattern, und gebrauchte Ausgaben für das Zwölffache ihres Preises verkauft worden sein sollen (Stead 1885; Robinson 2013). Stead war mit seinen Methoden der Erste, der den Begriff *New Journalism* für sich verbuchen durfte. Offensiv vertrat er eine neue Funktion des recherchierenden Journalismus, die er »government by journalism« nannte: So wie das britische Unterhaus die Macht vom Oberhaus übernommen hätte, so solle künftig der Journalismus mehr politische Macht erhalten, da er näher am Volkswillen dran sei, als die Abgeordneten in einer repräsentativen Demokratie es sein könnten (Stead 1886). Noch in einer anderen Hinsicht ist Stead der Vorläufer für viele investigative Journalisten: Für seine Babylon-Artikelserie musste er wegen Menschenraubs und Zuhälterei für drei Monate ins Gefängnis, weil er für das (fingierte) Geschäft nicht die Erlaubnis von Elizas Vater eingeholt hatte!

In den USA begann die Reform des Journalismus hin zu investigativen Recherchen, die gesellschaftliche Wirkung zeigen sollten, Ende des 19. Jahrhunderts. Als *Muckrakers*, zu Deutsch: Schmierfinken oder Nestbeschmutzer, bezeichnete man eine Reihe von Journalisten, die nicht mehr so sehr Ereignisse, sondern vielmehr die Verhältnisse als solche zum Gegenstand ihrer Nachforschungen machten. Das Einwanderungsland Amerika war vielleicht noch mehr als Großbritannien von krassen sozialen Gegensätzen geprägt. Korruption und Vetternwirtschaft auf der einen und das soziale Elend auf der anderen Seite forderten den kritischen journalistischen Blick geradezu heraus. Gleichzeitig hatten sich die ökonomischen Bedingungen für den Journalismus verändert. Drucktechnische Innovationen wie Rotationsdruck und Satzmaschinen sowie Verbesserungen des US-Postsystems führten zu einem starken Reichweitenanstieg und damit einhergehend höheren Auflagen amerikanischer Zeitungen. Die Verlage konnten es sich nun finanziell leisten, Redakteure eine Zeitlang für investigative Recherchen freizustellen, und sie taten es sehr effektiv. Julius Chambers von der NEW YORK TRIBUNE wird als der erste Muckraker angesehen. Mithilfe einiger Freunde und des Lokalchefs seiner Zeitung schleuste er sich in das Bloomingdale Asyl, eine Nervenheilanstalt unter der Ägide des New York Hospital, ein, um über die Misshandlung von Insassen zu berichten. Eine Reihe weiterer Journalisten hat sich als Muckraker einen Namen gemacht.

Berühmte Muckraker

Ray Stannard Baker – er schrieb 1903 in MCCLURE'S MAGAZINE eine Reportage über Streikbrecher in Kohleminen, die keinerlei Ausbildung für die schwierige Arbeit unter Tage hatten.

David Graham Phillips – er veröffentlichte 1906 im COSMOPOLITAN eine Artikelserie über Bestechungen im US-Senat.

Ida Tarell – sie recherchierte über vier Jahre lang die manipulativen Geschäftspraktiken von Rockefellers Standard Oil Company und veröffentlichte ihre Ergebnisse 1902 in MCCLURE'S.

Samuel Hopkins Adams – er deckte 1902 den Betrug mit wirkungslosen Medikamenten auf, die für horrende Preise an Gutgläubige verkauft wurden.

Die Bezeichnung Muckrakers für diese Form von Journalismus stammte von keinem geringeren als dem US-Präsidenten Theodore Roosevelt. Der wählte diese Bezeichnung in Anspielung auf John Bunyans Werk »The Pilgrim's Progress«. Darin ist der »man with the muckrake« (der Mann mit der Mistgabel) besonders gottgefällig, weil er täglich die niedere Arbeit des Stallausmistens übernimmt. Roosevelt war übrigens auch der erste Präsident, der regelmäßig Pressekonferenzen abhielt und Muckrakers zu Interviews empfing, um auf diese Weise die Berichterstattung über sich selbst positiv zu beeinflussen. Im Branchenjargon wurde statt des negativ klingenden Muckraker auch der positiver klingende Begriff *Public Service Journalism* verwendet. Mit der geballten Macht der vierten Gewalt bildeten die

Muckrakers auch eine Bewegung, das *Muckraking Movement*, das auf der Grundlage seiner Recherchen vielerlei Gesetzesänderungen bewirkte, so den »Pure Food and Drug Act« von 1906, das Verbot der Kinderarbeit 1916 oder das Ende des Ölmonopols (Cook 1972: 131; Martin 2008: 50).

Die Muckrakers waren nicht einfach nur beseelte Gutmenschen. Ziel ihrer investigativen Recherchen war neben gesellschaftlichen Veränderungen vor allem auch die Auflagensteigerung ihrer Publikationen. Das erreichten sie gerade auch durch eine hochemotionale Schreibe und einen sensationsheischenden Stil. Ihre Presseprodukte stehen darum eher in der Tradition der Yellow Press oder Boulevardpresse und ihr *Personal Journalism* war eher das Gegenteil des *Objective Journalism*. Verleger wie Joseph Pulitzer oder William Randolph Hearst, der das reale Vorbild für Orson Welles' »Citizen Kane« war, bauten mit ihrer Hilfe ihre Presseimperien auf.

Upton Sinclair

Upton Sinclair ist vor allem als Autor sozialkritischer Romane berühmt geworden. Ursprünglich zählte aber auch er zu den Muckrakers. Sieben Wochen lang arbeitete er im Jahr 1904 als Lohnsklave in einer Chicagoer Fleischfabrik, um die unhaltbaren sozialen und hygienischen Zustände bei der Lebensmittelproduktion nachzuweisen. Arbeiter mit Tuberkulose schleppten sich trotz ihrer Krankheit an den Arbeitsplatz und husteten ins Fleisch. Aufgrund der harten Akkordbedingungen verrichteten die Arbeiter auch ihre Notdurft ins Fleisch. Ja, es sollen sogar Arbeiter in Bottichen ertrunken und daraufhin mit eingedost worden sein. Nur für diese letzte Behauptung blieb Sinclair einen Beweis schuldig. Sinclairs Story mit dem Titel »The Jungle« erschien zuerst als Fortsetzungsgeschichte in der sozialistischen Zeitschrift APPEAL TO REASON und kurz darauf als Buch. Die Publikation löste einen ungeheuren Skandal aus und führte umgehend zu einem Umsatzeinbruch bei Fleischkonserven. Eine deutsche Übersetzung erschien bereits 1906 unter dem Titel »Der Sumpf« (heute: »Der Dschungel«). Die darin geschilderten Zustände kamen den Herausgebern aber offenbar so unglaublich vor, dass sie dem Band einen Separatdruck mit der Überschrift »Ist der ›Sumpf‹ wahr?« mit auf den Weg gaben. Mit der Wirkung seines Werks war Sinclair freilich nicht zufrieden, denn es wurde zwar ein neues Lebensmittelgesetz erlassen, an der sozialen Lage der Schlachthofarbeiter änderte sich aber nichts. Sinclair resümierte: »Ich zielte auf das Herz der Öffentlichkeit, aber ich traf nur den Magen« (Arthur 2006: 83).

3.2   Story-basierter Recherchejournalismus

Die amerikanischen Muckraker zeigen, dass sozialwissenschaftliche Recherchemethoden sich sehr fruchtbar im Journalismus einsetzen lassen. In Deutschland steht für den engen Zusammenhang der Entstehung sozialwissenschaftlicher und journalistischer Recherchemethoden auch das frühe Werk von Karl Marx und Friedrich Engels. Während der Fabrikbesitzersohn Engels 1845 ein wissenschaftliches Werk über »Die Lage der arbeitenden Klasse in England« verfasst (mit dem Untertitel: »Nach eigner Anschauung und authentischen Quellen«), veröffentlicht Karl Marx als Redakteur der RHEINISCHEN ZEITUNG eine Artikelserie über das Gewohnheitsrecht armer Leute, in den Wäldern des Rheinlands Bruchholz aufsammeln zu dürfen, was ihnen auf einmal vom Rheinischen Landtag als »Waldfrevel« gesetzlich verboten werden sollte (»Debatten über das Holzdiebstahlsgesetz«, 1842). In Österreich war es Max Winter, der für seine »Sozialreportagen« Undercover-Recherchen unternahm und sich beispielsweise für eine Reportage über Haftbedingungen als Obdachloser verkleidet ins Gefängnis werfen ließ. Im »Fall Hofrichter« deckte er 1910 Missstände in der Militärjustiz auf, so dass diese aufgrund der Veröffentlichung reformiert werden musste (Haas 2006).

Der Prager Journalist Egon Erwin Kisch formte gar als »rasender Reporter« (so ursprünglich der Titel eines seiner Reportagebände) das Bild des rastlos recherchierenden Journalisten, der weltweit unterwegs und dem

Max Winter verkleidet als Obdachloser

45

nichts Menschliches fremd ist. Eine seiner journalistisch bedeutendsten Geschichten war aber keine Reisereportage, sondern ein Lehrstück des investigativen Journalismus, bei dem Kisch nach dem Freitod des K.-u.-k.-Oberst Riedl die Vertuschung eines der größten Spionagefälle Österreichs aufdeckte. In Deutschland trieb der Journalist Léo Lania die Methode der verdeckten Recherche auf die Spitze. Getarnt als italienischer Faschist schleuste er sich 1923 in die Redaktion des VÖLKISCHEN BEOBACHTERS ein, des Parteiorgans der NSDAP, und verbrachte zehn Tage an der Seite von Adolf Hitler. Seine Erlebnisse und Erkenntnisse veröffentlichte er in dem Buch »Die Totengräber Deutschlands« und erregte damit international Aufsehen. Eine weitere Recherche über die heimliche Wiederaufrüstung Deutschlands (»Gewehre auf Reisen«, 1924) hätte ihm beinahe Gefängnishaft eingebracht, wenn nicht der Reichstag in dem nach ihm benannten »Lex Lania« Journalisten den gleichen Schutz von Berufsgeheimnissen zugesprochen hätte wie Rechtsanwälten, Ärzten oder Geistlichen – eine Regelung, die bis heute Bestand hat.

Tipp: Investigative Reporter

Eine Website mit einer großen Zahl von Originaltexten des ersten investigativen Reporters William Thomas Stead:
http://www.attackingthedevil.co.uk/steadworks

Internetseite mit Texten von und über Max Winter, den Wiener Undercover-Reporter:
http://www.max-winter.org

Texte des Journalisten Klaus Haupt über Egon Erwin Kisch mit vielen biografischen Informationen:
http://www.egon-erwin-kisch.de

Spätestens mit Ausbruch des Ersten Weltkriegs ging in Amerika die Zeit der Muckrakers zu Ende: *Foreign Affairs* waren auf einmal interessanter als *Domestic Affairs*. Hinzu kam, dass schon seit 1910 die Auflagen der großen Presseorgane erstmalig in der amerikanischen Geschichte sanken und der hitzige Medienmarkt sich etwas beruhigte. Zu dieser Beruhigung passte, dass man vom *Personal Journalism* zum *Objective Journalism* wechselte. Mit dieser Richtungsentscheidung wollten seriöse Blätter sich auch bewusst von der immer krawalligeren Sensationspresse absetzen (Protess 1992: 42 f.).

Die so entstandene Leerstelle füllte wiederum zuerst in Großbritannien und in den USA spätestens seit den 1920er-Jahren die *Fact Story*. Diese hatte schon Mitte des 19. Jahrhunderts die britische Wirtschaftszeitschrift THE ECONOMIST entwickelt: bewusst unparteiisch verfasste Artikel nach dem berühmt gewordenen Schema der »umgekehrten Pyramide« (Pöttker 2003: 414 ff.). Der Kern jeder Geschichte sollte in Kurzform am Anfang stehen und dann sollte der Bericht vom Wichtigeren zum Unwichtigeren fortschreiten. Außerdem hatten die Fact Storys in der Regel keine Autorenkennzeichnung mehr. Dies signalisierte nicht nur die Abkehr vom persönlichen, subjektiven Journalismus hin zu journalistischer Objektivität, sondern sprach auch für eine neue Arbeitsteilung in den Redaktionen, die auch durch die Beschleunigung journalistischer Berichterstattung bedingt war. Die Vor-Ort-Recherchen übernahm von nun an der *Reporter*, der seine Rechercheergebnisse in Form eines Rechercheberichts beim *Editor*, dem Desk-Journalisten in der Redaktion, ablieferte. Dieser war für das *Fact-Checking* verantwortlich, prüfte die Quellen, hinterfragte die Glaubwürdigkeit und achtete auf die Plausibilität der Story. Das Verschwinden der Autorenkürzel spricht aber nicht nur für diese Arbeitsteilung nach dem Reporter-Editor-Prinzip, sondern auch für zunehmend kollaborative Arbeitsweisen: Journalismus wurde Teamwork. Ein Ausdruck dieser Teamarbeit war der Aufstieg der Depeschendienste, die zu großen Presseagenturen anwuchsen. Sie übernahmen die oft mühsame Recherchearbeit und lieferten den einzelnen Zeitungsredaktionen neben kurzen Nachrichten auch ganze Eigenberichte mitsamt Hintergrundrecherche.

Stilbildend für die neue Form des objektiven, der Faktentreue verpflichteten Journalismus war das 1923 von Briton Hadden und Henry R. Luce gegründete TIME MAGAZINE. Das Magazin sollte kurz und knapp die wichtigsten Informationen und Hintergründe vermitteln und prägte durch diesen Anspruch auch einen eigenen, etwas atemlosen und häufig parodierten Sprachstil. Nach den Vorstellungen der beiden Gründer sollte das Blatt von vielbeschäftigten Berufstätigen in einer Stunde durchzulesen sein, daher auch der Titel des Magazins, der dem Slogan folgte: »Take time – it's brief« (»Nimm dir die Zeit, es geht schnell«; zit. n. Brinkley 2010: 99).

Die Fact Story brachte zwei gravierende Probleme mit sich: Zum einen führte das Insistieren auf Faktentreue und neutrale, wertfreie Berichterstattung zu wenig lebensnahen und damit auch wenig lesefreundlichen Texten. Sinn- und Handlungszusammenhänge mussten darunter leiden: »Also wurde das komplexe Geschehen auf das Tatsachengerüst reduziert und mit ein paar Quotes als ›human touch‹ verschraubt« (Haller 2008: 28). Zum

Time Magazine 1923

anderen spielte die offensiv zur Schau gestellte Objektivität der Fact Story dem Leser vor, mit ihrer Darstellung direkten Zugriff auf das reale Geschehen zu haben, obwohl die Texte (wie alle artifiziellen Werke) schon durch Erzählkontext, Fokussierung und Erzählzeit eine eigene Erzählung schaffen, die eigenen Gesetzen folgen und schon darum die Wirklichkeit auf Distanz halten. Um also dem Leser einerseits Storys zu präsentieren, die lebendiger und vielleicht auch bunter sind, und andererseits die Qualitäten der Texte als Erzählungen nicht länger zu verschleiern, wurde die Fact Story weiterentwickelt zur *Newsmagazine Story*. Sie folgt dezidiert einer artifiziellen Erzähldramaturgie, die mit authentischen Szenen, realen Personen und echten Ereignissen die Fakten aufschlüsselt und zugleich Interpretationen für das Erzählte anbietet. Es ist dieser Stil, der Schule gemacht hat und letztlich den Erzählstil von NEWSWEEK und PROFIL, dem italienischen L'ESPRESSO oder dem französischen LE POINT prägt, auch wenn in der Zwischenzeit das Inventar an Erzählformen und Darstellungsmöglichkeiten noch deutlich erweitert wurde. Der Übergang von der Fact Story zur Newsmagazine Story bedingte auch neue Rechercheformen. Da der neue Erzählstil neue Elemente enthielt, musste sich die journalistische Nachforschung auch eher darauf konzentrieren: Protagonisten, die etwas zu erzählen hatten; spannende Ereignisse; und womöglich Experten, die bei der Interpretation und Einordnung der Story halfen.

Prägend war dieser Stil vor allem auch in der Entwicklung des deutschen Recherchejournalismus. Bis in die Weimarer Zeit war die deutsche Publizistik stark meinungs- und parteiengeprägt. Zensur und Gleichschaltung in der NS-Zeit haben dann den meisten deutschen Traditionsblättern den Garaus gemacht. Diejenigen Organe, die gleichgeschaltet das »Dritte

Reich« überlebten, wurden nach dem Zweiten Weltkrieg von den Alliierten kassiert. Nur in sehr wenigen gesellschaftlichen Bereichen kann man im Nachkriegsdeutschland von einer wirklichen »Stunde null« sprechen. In Rundfunk und Presse allerdings hat es eine solche, mit wenigen Abstrichen, durchaus gegeben. Junge Blattmacher wie Rudolf Augstein oder auch Axel Cäsar Springer nahmen sich – da sich innerdeutsche Vorbilder aus der Geschichte verboten – den britischen und US-amerikanischen Recherchejournalismus zum Vorbild für ihre Zeitungs- und Magazinneugründungen, während junge Journalisten wie Hanns-Joachim Friedrichs, Gerd Ruge oder Peter von Zahn im Rundfunk und im gerade erst entstehenden Fernsehen sich die BBC als die »Mutter aller Rundfunkanstalten« zum Vorbild nahmen.

Die Gründungen des Nachrichtenmagazins DER SPIEGEL 1947 und der Illustrierten STERN 1948, jeweils in Hannover unter Lizenz der britischen Militärregierung, waren Wegmarken in der Entwicklung eines eigenen Recherchejournalismus in Westdeutschland. Neben dem investigativen Anspruch hat DER SPIEGEL auch in Sachen Überprüfungsrecherche Maßstäbe gesetzt. Im 1949 erlassenen Redaktionsstatut heißt es unmissverständlich:

> »Alle im Spiegel verarbeiteten und verzeichneten Nachrichten, Informationen, Tatsachen müssen unbedingt zutreffen. Jede Nachricht und jede Tatsache ist vor der Weitergabe an die Redaktion peinlichst genau nachzuprüfen. Quellen sind in jedem Fall informativ mitzuteilen. In Zweifelsfällen ist eher auf eine Information zu verzichten, als die Gefahr einer falschen Berichterstattung zu laufen« (zit. n. Brawand 1987: 225).

Aufgrund dieser Selbstverpflichtung unterhält DER SPIEGEL bis heute eine eigene Dokumentationsabteilung mit über 70 Redakteuren, die nichts anderes als Überprüfungsrecherchen anstellen (Haarkötter 2013: 15). Die Abteilung gilt weltweit als die größte ihrer Art (⌁ Silverman 2010).

Spiegel-Affäre

Am Abend des 26. Oktober 1962 dringen Polizeieinheiten ins Hamburger Pressehaus ein, durchsuchen die SPIEGEL-Redaktionsräume und wollen einige Redakteure sogar verhaften. Stein des Anstoßes ist ein Anfang Oktober '62 veröffentlichter Artikel mit dem Titel »Bedingt abwehrbereit«, der das Bundeswehr-Verteidigungskonzept in Frage stellte. Der Autor des

Artikels, Conrad Ahlers, wird gar auf Geheiß des Bundesverteidigungsministers Franz Josef Strauß in Spanien vom faschistischen Franco-Regime festgenommen. Auch SPIEGEL-Herausgeber Rudolf Augstein landet im Gefängnis. Der deutsche Bundeskanzler, Konrad Adenauer, verkündet im Bundestag: »Wir haben einen Abgrund an Landesverrat im Lande.« Doch von Landesverrat kann keine Rede sein. Ahlers hatte sich bei seinen Recherchen allein auf frei zugängliche Quellen gestützt: »Wer das Militärwesen und die Militärpolitik regelmäßig verfolgt, der erfährt in der Tat kaum Neues« (⌖ Bönisch/Wiegrefe 2012: 67). So stellt auch der Bundesgerichtshof im abschließenden Urteil vom 13. Mai 1965 fest, dass keinerlei Beweise dafür vorlägen, dass DER SPIEGEL Staatsgeheimnisse veröffentlicht hätte. Dafür ist die Öffentlichkeit alarmiert: Statt der staatlichen Sicherheit sieht sie die Pressefreiheit bedroht. Studenten protestieren und setzen sich für Grundrechte und Demokratie ein. Die SPIEGEL-Affäre wird darum auch als eine der Initialzündungen der herannahenden Studentenbewegung gesehen. Während der Redaktionsbesetzung stellen die anderen Blätter aus dem Hamburger Pressehaus, DIE ZEIT, STERN, BERLINER MORGENPOST und auch der Springerverlag, Räumlichkeiten zur Verfügung, damit das Nachrichtenmagazin weiter erscheinen kann. Es kommt zu einer veritablen Regierungskrise, in deren Folge Franz Josef Strauß als Minister zurücktreten muss. In der SPIEGEL-Affäre treffen sich zwei Kontrahenten, Augstein und Strauß, die sich in gegenseitiger Antipathie verbunden sind und sich gegenseitig ausschalten wollen. Es treffen aber auch zwei Weltanschauungen aufeinander: Hier ein restauratives, obrigkeitsstaatliches Denken mit ausgeprägtem Machtbewusstsein und dort ein neues bürgerliches Bewusstsein, das für die Wahrung der Demokratie und Bürgerrechte auf die Straße geht (Doerry/Janssen 2013).

Die Illustrierte STERN bot allerdings auch das Paradebeispiel dafür, was bei Recherchen alles schiefgehen kann. Die angeblichen *Hitler-Tagebücher*, mit deren Veröffentlichung das Blatt am 28. April 1983 nach dreijähriger Recherche begann, entpuppten sich bereits am sechsten Mai als plumpe Fälschung. Den STERN kostete das damals 9,3 Millionen D-Mark und einen Gutteil seiner Reputation (Bissinger 1984).

Auch für das deutsche Fernsehen, das an Weihnachten 1952 mit der Ausstrahlung der ersten TAGESSCHAU-Ausgabe beginnt, gewinnt der ursprünglich angloamerikanische Recherchejournalismus an Bedeutung. Peter von Zahn wird der erste deutsche Auslandskorrespondent und recherchiert von 1951 bis 1960 in den Vereinigten Staaten. 1961 gründet Zahn die Windrose Film- und Fernsehproduktions GmbH und ein freies Korrespondentennetz, mit dem er die erfolgreiche Sendung »Die Reporter der Windrose« produzierte. Später ging daraus die Sendung »Weltspiegel« hervor. Im gleichen Jahr wurde im NDR das Politmagazin »Panorama« gegründet, das älteste Magazin seiner Art im deutschen Fernsehen. Es schloss sich schon im Titel einer gleichheißenden BBC-Sendung an. Die Fernsehjournalisten der »Panorama«-Redaktion deckten im Laufe der mehr als 50-jährigen Geschichte dieser Sendung eine ganze Reihe von Skandalen auf. Am folgenreichsten war wohl ein Beitrag von Stefan Aust, dem späteren SPIEGEL-Chefredakteur, der die Verstrickungen des damaligen baden-württembergischen Ministerpräsidenten Hans Filbinger als Marinestabsrichter ins NS-Regime dokumentierte und zum Rücktritt Filbingers führte. 1965 gründete der WDR ein eigenes Politmagazin, »Monitor«, das sich ebenfalls ganz dem investigativen Journalismus verschrieben hat. 1968 folgte der SENDER FREIES BERLIN (heute RADIO BERLIN-BRANDENBURG) mit der Sendung »Kontraste«.

Recherchen sind aber nicht nur ein wichtiger Teil des Politjournalismus. Auch andere Bereiche und Ressorts kommen nicht ohne Recherche aus. Als Beispiel sei hier der Verbraucherjournalismus genannt, der ganz eigene Methoden der Informationsgewinnung entwickelt hat. So gründeten der Redakteur der FRANKFURTER RUNDSCHAU, Hans A. Nikel, und Erich Bärmeier von der SÜDDEUTSCHEN ZEITUNG 1951 den »Preisbeobachter«. Wenn man so will, war er der Vorläufer all der populären Preisvergleichsportale, die es heute im Internet gibt und hinter denen häufig auch eine enorme Rechercheleistung steckt. Der SPIEGEL-Redakteur Waldemar Schweitzer erweckte 1961 die Zeitschrift DM zum Leben, die sich vor allem durch neuartige Produkttests einen Namen machte. Für diese Tests wurde 1962 ein eigenes Testzentrum gebaut. Im Jahr 1966 wurde auf Betreiben der Bundesregierung die STIFTUNG WARENTEST gegründet, die die Magazine TEST und FINANZTEST herausbringt. Ganz neu war die Idee der Produkttests nicht: Tests ganz eigener Art, nämlich Autotests, führte schon seit 1949 der ehemalige Rennfahrer Paul Pietsch durch, der in Stuttgart das Fachblatt AUTO MOTOR UND SPORT gegründet hatte (Haarkötter/Runge 2015). Und Waldemar Schweitzer konnte sich für DM das britische Magazin WHICH? oder die amerikanischen CONSUMER REPORTS zum Vorbild nehmen. Man kann an dieser Stelle diskutieren, ob Produkttests eine eigene Kategorie journalistischer Recherche oder nicht eher ein Medienereignis darstellen. Schließlich inszenieren die Redaktionen die Tests selbst, über die sie anschließend berichten. Vielleicht sollte man

Jahr	Skandal	Thema	Medium
1962	Fibag-Affäre	Fa. Fibag soll mit politischer Unterstützung Tausende Wohnungen für US-Soldaten bauen	DER SPIEGEL
1966	Lockheed-Skandal	fehlkonstruierte Militär-Düsenjets lösen tödliche Unfälle aus	DER SPIEGEL
1975	Lauschaffäre Traube	Verfassungsschutz verwanzt Atomforscher	DER SPIEGEL
1982	Flick-Affäre	illegale Parteispenden	DER SPIEGEL
1987	Nematodenskandal	fangfrische Fische sind mit Würmern verseucht	MONITOR (ARD)
1987	Barschel-Affäre	Schmutzkampagne im schleswig-holsteinischen Wahlkampf	DER SPIEGEL/STERN
1993	Amigo-Affäre	Bestechung von CSU-Politikern	SÜDDEUTSCHE/ AUGSBURGER ALLGEMEINE
2002	Bonusmeilen-Affäre	Politiker nutzen Gratis-Meilen privat	BILD
2003	Schill-Skandal	Hamburger Innensenator soll gekokst haben	PANORAMA (ARD)
2005	Marienhof-Skandal	ARD-Serie hat Schleichwerbung gemacht	EVANGELISCHER PRESSEDIENST
2008	Überwachungs-Affäre	Deutsche Telekom hat Aufsichtsräte, Betriebsräte und Journalisten ausspioniert	DER SPIEGEL
2008	Lidl-Affäre	Mitarbeiter werden vom Discounter per Kamera überwacht	STERN
2011	Wulff-Affäre	Bundespräsident stolpert über Kredite und Geschenke	BILD
2012	Zielvereinbarungs-Affäre	Höhe der Sportförderung soll von der Zahl der gewonnen olympischen Medaillen abhängen	WAZ

Skandale, die durch journalistische Recherchen aufgedeckt wurden diese Spielart der Informationsgewinnung nicht der aufdeckenden Recherche, sondern dem Fact-Checking zurechnen, geht es doch um die Überprüfung von Herstellerangaben und Werbeslogans in Sachen Produkteigenschaften und Haltbarkeit.

Mit der neuen Freiheit der Darstellungsformen, die mit den 1960er-Jahren kamen, entwickelten sich auch freiere Rechercheformen. Vertreter des amerikanischen New Journalism, der vor allem ein literarischer Journalismus war, entwickelten eigene Methoden, um zu Ergebnissen zu kommen. Der Romancier Truman Capote geht bei den Recherchen für seinen »nicht fiktionalen Roman« »In Cold Blood« einem Mord auf den Grund. Auf die Spitze treibt die teilnehmende Recherche der Gonzo-Journalismus, der ganz auf die subjektive Sicht des Reporters setzt. Der Gonzo-Journalist Hunter S. Thompson kreuzt ein Jahr mit den Hells Angels durch Amerika oder besucht, vollgepumpt mit Drogen, einen Polizeikongress in Las Vegas. Seine Beobachtungen werden zu Selbstbeobachtungen, verpackt in eine luzide Sprache, die in jeder Hinsicht die Grenzen des Journalismus auslotet. Was diese und andere Beispiele aus dem amerikanischen New Journalism vielleicht zeigen, ist, dass Rechercheformen und -methodik auch von den Darstellungsweisen abhängen können und die Frage, welchen Recherchetyp man wählt, auch von der Frage beeinflusst wird, welche Geschichte man erzählen will.

Verbesserungen in der Kamera- und in der Drucktechnik führten dazu, dass der Fotojournalismus eine immer größere Bedeutung erlangte und entsprechend Bildrecherchen an Wichtigkeit zunahmen. Fotoreportagen etwa aus dem Vietnamkrieg haben massiv zur Anti-Kriegs-Stimmung in den Industrienationen beigetragen, einige Aufnahmen wurden nachgerade Ikonen. Und das, obwohl Inhaltsanalysen gezeigt haben, dass nur sieben Prozent der Pressebilder aus dem Vietnamkrieg Kampf- und Tötungsszenen zum Inhalt hatten. Der überwiegende Teil zeigte erwartungsgemäß militärische Pressekonferenzen (Dominikowski 2004: 73).

3.3 Neue Recherchewege

Die neuen Freiheiten der Recherche konnten freilich auch missbraucht werden. Recherchemethoden eigener Art hat die Boulevardpresse und hier insbesondere die BILD entwickelt. Es sind vor allem auch diese Methoden und ein allgemein eher laxer Umgang mit der Wahrheit, der dieses Boulevardblatt in der Öffentlichkeit in Verruf gebracht hat und dazu führt, dass etwa zwischen 1997 und 2011 fast ein Viertel aller Rügen des Deutschen Presserats an die BILD-Redaktion ging (⌂ Stegers 2011). Zu den Verstößen gegen den Pressekodex, deren systematische Regelmäßigkeit als Ausprägung einer eigenen Recherchemethodik angesehen werden kann, zählen Missachtung des Opferschutzes, Verletzung von Persönlichkeitsrechten, Verstoß gegen die journalistische Sorgfaltspflicht oder gar Hausfriedensbruch und andere justiziable Delikte. Die besonderen Recherchemethoden der Boulevardpresse erklären sich zum Teil auch aus dem Umstand, dass es sich um reine Verkaufszeitungen handelt. BILD, EXPRESS oder MÜNCHNER ABENDZEITUNG kann man nicht abonnieren, sondern nur am Kiosk kaufen. Daher rührt ja der Name Boulevard, es gibt diese Blätter nur im Straßenverkauf, also auf dem »Boulevard«. Das ist der Grund für den besonderen Sensationalismus dieser Spielart des Journalismus. Jeden Tag muss aufs Neue ein starker Kaufanreiz geboten werden, beispielsweise durch emotionalisierende Schlagzeilen auf der Titelseite oder durch besonders markante Fotos. Darum hat der Boulevardjournalismus auch eine besondere Form der Fotorecherche entwickelt: das sogenannte Witwenschütteln. Damit ist die besondere Art gemeint, wie Boulevardjournalisten Fotos der Opfer von Unfällen, Morden oder Amokläufen besorgen. Zum Teil findet diese Art der Bildbeschaffung nicht mehr an der Haustür, sondern in den sozialen Netzwerken statt, wo Menschen zuhauf private Fotos öffentlich zugänglich gemacht haben. Nach dem Amoklauf von Winnenden sollen freilich nicht nur die Redakteure der BILD, sondern auch die von SPIEGEL, STERN oder FOCUS großflächig die sozialen Netze von FACEBOOK über STUDIVZ bis KWICK abgegrast haben, um an Fotos der jugendlichen Opfer zu kommen (⌂ Winterbauer 2009).

Dass die Methoden der BILD ans Licht kamen, ist einem Journalisten zu verdanken, der wiederum mit seinem Typ von Undercover-Recherche stilbildend wurde, nämlich Günter Wallraff.

Undercover-Recherchen von Günter Wallraff

In skandinavischen Wörterbüchern soll der Begriff »wallraffing« für das Aufdecken von Missständen durch verdeckt arbeitende Journalisten stehen (⌂ Leyendecker 2010). Günter Wallraff arbeitete unter dem Tarnnamen Hans Esser dreieinhalb Monate in der Hannoveraner BILD-Redaktion und schrieb anschließend über diese Zeit einen aufsehenerregenden Bestseller: »Der Aufmacher. Der Mann, der bei BILD Hans Esser war« (Wallraff 1977). Das war aber nicht Wallraffs erster Einsatz in Verkleidung, für die er vielleicht als Kölner besondere Begabung besitzt: Schon in den 1960er-Jahren veröffentlichte er seine Industriereportagen, für die er mit falscher Identität beispielsweise in einem Stahlwerk von Thyssen arbeitete. Sein Selbstverständnis formulierte Wallraff so: »[M]an muss sich verkleiden, um die Gesellschaft zu demaskieren, muss täuschen und sich verstellen, um die Wahrheit herauszufinden«, heißt es im Vorwort zu »Ganz unten«, einer Reportage, für die er in die Rolle des Türken Ali geschlüpft ist und die bis heute seinen größten Publikumserfolg darstellt (Wallraff 1985: 12). Wallraff musste für seine journalistischen Arbeiten zum Teil erhebliche juristische Schwierigkeiten hinnehmen: »Der Aufmacher« konnte bis in jüngste Zeit nur mit geschwärzten Textstellen erscheinen, Wallraff wurde vom Bundesnachrichtendienst überwacht, sein Telefon abgehört.

Das französischstämmige Wort »Recherche« ist ein »false friend«, also ein Fremdwort, das es so in der Ursprungssprache gar nicht gibt. In Frankreich würde man zu recherchierenden Journalisten eher »des journalists d'investigation« sagen, so wie im Englischen eher »investigative reporting« für den Recherchejournalismus üblich ist (Welker 2012: 143; ✑ Redelfs 1996: 32). Wenn ein Begriff auf so fremdtümelnde Weise ins Deutsche eingemeindet wird, hat es häufig damit zu tun, dass der entsprechende Begriffshintergrund nicht recht heimisch ist. Diese These scheint sich zu bestätigen, wenn man sich das Rollenverständnis deutscher Journalisten in Sachen Recherche näher ansieht. Die Zustimmung zu Recherchemethoden, wie sie im investigativen Journalismus üblich sind, ist unter deutschen Journalisten auch im Vergleich zu amerikanischen Kollegen nicht nur sehr niedrig, sondern hat offenbar sogar noch abgenommen. Das haben die Journalismusforscher Siegfried Weischenberg, Maja Malik und Armin Scholl bei Befragungen in den 1990er-Jahren und im Jahr 2005 herausgefunden. Vorbild waren Befragungen, die David Weaver und Cleveland Wilhoit schon seit den 1980er Jahren unter US-amerikanischen Journalisten regelmäßig durchgeführt hatten.

Sven Preger moniert denn auch, dass eine Recherchekultur sich in Deutschland gar nicht gebildet habe: »Auch heute ist das Bewusstsein, dass die Medien eine Kontrollinstanz darstellen, kaum ausgeprägt und wird selbst unter Presserechtlern kontrovers diskutiert« (Preger 2007: 55). Amerikanische Journalisten dagegen sehen ihre Aufgabe vornehmlich darin, Regierungsaussagen zu überprüfen und als »watchdog« auf Missstände

Recherchemethode (Angaben in % der Befragten)	USA 2002	D 1993	D 2005	Δ (Abnahme)
Leuten für vertrauliche Informationen Geld bezahlen	17	19	6	−13
Sich als Mitarbeiter ausgeben, um an Informationen zu gelangen	54	22	11	−11
Sich als eine andere Person ausgeben	14	19	8	−11
Eine andere Meinung oder Einstellung vorgeben, um Informanten Vertrauen einzuflößen	–	20	11	−9
Versteckte Kameras oder Mikrophone benutzen	60	9	5	−4
Unwillige Informanten unter Druck setzen	52	2	1	−1
Informanten Verschwiegenheit zusagen, diese aber nicht einhalten	–	2	1	−1
Private Unterlagen von jemandem ohne dessen Zustimmung verwenden	42	2	1	−1

Journalistisches Rollenverständnis zu Recherchemethoden (nach Weischenberg/Malik/Scholl 2006a: 356; Haller 2008: 44; Welker 2012: 80)

hinzuweisen (Weaver u. a. 2007: 139 f.; Welker 2012: 83). Wo deutsche Journalisten auf die Frage, ob Unterhaltung und Entspannung zu ihren Aufgaben zähle, mit 47 beziehungsweise 37 Prozent zustimmen, bejahen dies in den USA nur 11 Prozent der Befragten (⌖ Meier 2007: 212).

Die Digitalisierung der Lebenswelt hat auch neue Recherchemethoden hervorgebracht. Der Datenjournalismus versucht, mit Computerhilfe Informationen durch Datenauswertungen zu erhalten und entwickelt dafür zum Teil auch neue Darstellungsformen. Vorreiter ist hier der britische GUARDIAN. Die Enthüllungsplattform WIKILEAKS hat mit der Veröffentlichung brisanter Unterlagen wie »Afghan War Diary« und den »Iraq War Logs« zur Aufdeckung einer ganzen Reihe von Skandalen beigetragen. Über den Status von WIKILEAKS und die Frage, ob es sich bei der Plattform um ein journalistisches Projekt handelt, wird intensiv diskutiert (⌖ Naughton 2010; ⊕ Klopp 2009; ⊕ Schmidt 2007). Tatsache ist, dass WIKILEAKS weltweit zahlreiche journalistische Veröffentlichungen angeregt hat und bei einigen Leaks dezidiert mit Presseorganen kooperiert hat, z. B. mit der NEW YORK TIMES, THE GUARDIAN, DER SPIEGEL, L'ESPRESSO und dem NDR. Hier wird eine neue Recherchemethodik deswegen hervorgebracht, weil die schiere Informationsfülle klassische Zugänge nicht mehr erlaubt: Die mehr als 76.000 Dokumente der »Afghan War Diaries« oder die mehr als 250.000 »US embassy cables« versperren sich einem hermeneutischen Zugang – kein Mensch und kein Journalist können diese Massen noch lesen. Hier kann nur noch statistisch, mit Computerauswertungen und den entsprechenden Programmen, gearbeitet werden.

Der bisher aufsehenerregendste Fall einer datenjournalistischen Recherche war im Jahr 2013 der »Offshore-Leak«. In internationaler Zusammenarbeit haben Journalisten aus 46 Ländern Daten aus Steueroasen analysiert. Es ging um Steuerhinterziehung, Waffenhandel und die Gründung von Scheinfirmen durch Politiker, Prominente und große Firmen. In Deutschland waren Rechercheure des NDR und der SÜDDEUTSCHEN ZEITUNG an dem Scoop beteiligt. Grundlage der Recherche waren Datenbestände der Weltmarktführer für die Gründung von Trusts in Offshore-Finanzplätzen, die über einen anonymen Informanten, einen sogenannten Whistleblower, an das International Consortium of Investigative Journalists (ICIJ) geleitet wurden, das die internationale Recherchekooperation einleitete (⊕ Ryle u. a. 2013).

Recherchejournalismus ist offensichtlich nicht »out« – trotz der vielbeschworenen Zeitungskrise, die vielleicht ja gerade keine Journalismuskrise und erst recht keine Recherchekrise sein muss. Im Gegenteil könnten die neuen Darstellungsformen des Onlinejournalismus auch in Zukunft noch zu weiteren, ganz neuen Recherchemethoden führen. Allerdings: Wenn einerseits Onlineredakteure vermelden, dass ihnen bei dem ungeheuren Publikationsdruck die Zeit für Hintergrundrecherchen fehlt, und wenn andererseits Blogger mit ihrer dezidiert meinungsbetonten Schreibe Recherche durch Kommentar oder Emotion ersetzen, dann gibt es im Onlinejournalismus auf jeden Fall noch Nachholbedarf. Denn eines ist schon fast eine analytische Wahrheit: Neue Geschichten findet man auch im Onlinezeitalter ausschließlich durch Recherche.

Literatur & Links

Eine Geschichte des Journalismus ist nach wie vor ein Desiderat. Theoretische wie historische Einblicke in die US-amerikanische Recherchetradition gibt:

Manfred Redelfs (1996): *Investigative Reporting in den USA. Strukturen eines Journalismus der Machtkontrolle.* Opladen.

Welche Rolle der Journalismus für die politische Meinungsbildung in der Bundesrepublik Deutschland spielte, kann man ganz gut an ihrer Skandalgeschichte nachvollziehen:
Thomas Ramge (2003): *Die großen Polit-Skandale: Eine andere Geschichte der Bundesrepublik.* Hamburg.

Die Webseite »Europäische Geschichte Online« (EGO) bietet einen guten historischen Abriss der Journalismusgeschichte von Jürgen Wilke:
http://www.ieg-ego.eu/de/threads/europaeische-medien/journalismus

Sehr schön gemacht und illustriert ist diese Website zur amerikanischen Pressegeschichte im 20. Jahrhundert:
http://history.journalism.ku.edu/1990/1990.shtml

Zu guter Letzt

Wer ein journalistisches »Lehrbuch« sucht, das mit einem Augenzwinkern geschrieben wurde, greife zu »Journalismus für Dummies« von Henriette Löwisch. Darin werden auch Fragen beantwortet wie »weshalb Washingtons Korrespondenten immer so dunkle Augenringe haben« oder »welche Ausreden sich Pressesprecher ausdenken, um Journalisten abzuwimmeln« (Weinheim 2008).

4 Die Methode: Story-basierte Recherche

Was man in diesem Kapitel lernt

Wie Storys durch die Recherche führen + warum man sich vor Hyperpersonalisierungen hüten sollte + wie man ein Thema findet + wie man am Schreibtisch und vor Ort recherchiert + wie man eine Hypothese aufstellt + warum man Recherchen erweitert + warum man zwischen Ursachen und Gründen unterscheiden sollte + wie man Fakten checkt.

4.1 Was ist eine Geschichte?

»Ich bin stets ein Freund gewesen von Geschichten/gut erzählt«, schrieb Gotthold Ephraim Lessing in seinem Drama »Nathan der Weise« (III, 7). Lessing wusste Bescheid, denn er war nicht nur als Dichter und Dramenschreiber ein ausgewiesener Geschichtenerzähler, er zählte auch zu den Protojournalisten der deutschen Pressegeschichte, der regelmäßig für die BERLINISCHE PRIVILEGIERTE ZEITUNG schrieb, die sich später in VOSSISCHE ZEITUNG umbenannte und zu einer der einflussreichsten Periodika Deutschlands wurde (⌂ Augstein 2010). Journalismus und Geschichtenerzählen schließen sich nicht aus, sondern hängen auf wesentliche Art voneinander ab. Was aber ist eine Geschichte?

Es heißt ja immer, Geschichten finde man auf der Straße. Wollen wir hoffen, dass dem nicht so ist. Die reelle Gefahr bestünde, dass wir sie mit Füßen treten, überrollen und überrennen, im Straßendreck zurücklassen und übersehen. Nein, die allermeisten Geschichten spielen auf Augenhöhe. Man muss die Augen aufmachen und einen bestimmten Blick entwickeln: den Journalistenblick oder Rechercheblick. Es ist die Perspektive desjenigen, der aus einer Tatsache in der Welt eine Geschichte machen will.

Story-basiert recherchieren bedeutet, nach den und nur den Elementen zu suchen, die im Journalismus für eine Story nötig sind. Wer also effektiv recherchieren will, muss sich im Klaren darüber sein, was eine Story, was eine Geschichte ist. Es gibt viele verschiedene Arten von Geschichten, und es gibt noch mehr Weisen, sie zu erzählen. Auf der alleruntersten Ebene können wir aber doch die meisten Typen von Geschichten auf den einen, gemeinsamen Nenner bringen:

Geschichten erzählen von Konflikten zwischen Personen im zeitlichen Ablauf.

So simpel diese Aussage klingt, so viel steckt dahinter, wenn man sich die Kernbegriffe näher ansieht:

- Das Erzählen kann auf die unterschiedlichen Arten, in den verschiedenen Darstellungsformen, in diversen Medien und auf mannigfachen Kanälen geschehen. Jede Erzählform und jeder Kanal hat seine eigenen Anforderungen und bedingt darum auch unterschiedliche Formen von Recherche. Der Journalist, der die Seite-3-Geschichte recherchiert, arbeitet anders als der Fernsehjournalist, der zum gleichen Thema einen TV-Magazinbeitrag erstellen will. Zum Beispiel spielt bei der Recherche des Fernsehkollegen die Motivrecherche eine ganz andere Rolle als für den Vertreter der schreibenden Zunft.
- Bewusst steht hier der Begriff Person und nicht Mensch. Die in der Rechtsprechung geltende Unterscheidung zwischen natürlichen Personen und juristischen Personen spielt auch im Journalismus eine wichtige Rolle: Konflikte spielen sich eben nicht nur zwischen Menschen (also natürlichen Personen) ab, sondern auch und vor allem zwischen Menschen auf der einen und Institutionen, Organisationen und Firmen (also juristischen Personen) auf der anderen Seite ab sowie auch zwischen juristischen Personen untereinander. Die Anwohner, die sich gegen ein Kraftwerk in ihrer Nachbarschaft zusammenschließen; die Bürger, die gegen rechtsextreme Parteien auf die Straße gehen; die Geschädigten, die den Pharmakonzern wegen verheimlichter Nebenwirkungen verklagen: Sie alle stehen für Geschichten, in denen Menschen gegen Institutionen, also natürliche gegen juristische Personen ankämpfen.
- Der Konflikt zwischen Personen ist das zentrale Moment der Geschichte. Wo es keinen Konflikt oder, wie es in der Erzählforschung heißt: Antagonismus gibt, da gibt es schlicht nichts zu erzählen.
- Geschichten spielen immer in der Zeit, sie haben also immer die Form: »Etwas war vorher so und hinterher anders«. Die Frage nach der Reihenfolge von Ereignissen ist darum eine der zentralen bei der journalistischen Recherche (McKee 2011: 340).

Wichtig ist beim Geschichtenerzählen, Konflikt und Thematik nicht zu verwechseln! Wenn zwei Koalitionsparteien sich in der Regierung in die

Haare bekommen, dann mag der Konflikt sich um Krankenkassenbeiträge, militärische Auslandseinsätze oder den Speiseplan der Parlamentskantine drehen, die Thematik aber sind die divergierenden Politikstile und -programmatiken zwischen den beteiligten Parteien. Und bei dem ursprünglich in der TV-Gerichtsshow Richterin Barbara Salesch dargestellten Konflikt um einen Maschendrahtzaun, der später durch einen Song des TV-Entertainers Stefan Raab zu Berühmtheit gelangte, war die Thematik nicht etwa ein korrosionsgeschütztes Drahtgeflecht zur Abgrenzung von Grundstücken, sondern vielmehr kleinbürgerliche Nachbarschaftsverhältnisse.

Im Rahmen einer Methodologie der Story-basierten Recherche scheint es sinnvoll, sich die Bauprinzipien einer jeden Geschichte klarzumachen. Schließlich könnte der idealtypische Aufbau einer Geschichte auch schon eine Folie für den idealen Ablauf einer Recherche bilden.

In der Erzählforschung, die heutzutage vor allem auch in der Filmwissenschaft sehr ausgeprägt reformuliert wird, hat es sich etabliert, von einem dreistufigen Modell einer jeden Erzählung auszugehen, egal ob es sich um ein Drama, einen Spielfilm, ein Märchen oder eben eine journalistische Geschichte handelt. Die Dreiteilung, auf der auch das Drei-Akt-Schema der meisten Theaterstücke basiert, geht schon auf den ersten Erzählforscher der europäischen Kulturgeschichte, den griechischen Philosophen Aristoteles, zurück. Der hatte in seinem kleinen Buch mit dem Titel »Poetik« (von dem sich auch unser Wort für Poesie herleitet) festgestellt, dass alle Dramen drei Teile haben, nämlich Anfang, Mitte und Ende, und dass diese drei Teile notwendig miteinander verbunden sind (Aristoteles 1982: 25 = 1450b 25–31). So simpel diese Einteilung im ersten Moment klingen mag, so plausibel ist die Definition doch, wenn man ein bisschen darum nachdenkt. Denn in der Lebenswelt haben Geschehnisse mitnichten immer einen klar definierten Anfang oder gar ein schlüssiges Ende. Während das Leben immer weiter dahinrollt, was der deutsche Philosoph Friedrich Nietzsche die »ewige Wiederkunft des Gleichen« nannte (Nietzsche 1997: 465), setzt der Geschichtenerzähler markante Punkte und Zäsuren, verknüpft Erzählelemente miteinander und führt sie zu einem Abschluss. Und der Zusammenhang zwischen den einzelnen Elementen einer Story ist auch kein zufälliger, sondern, wie schon der griechische Philosoph feststellte, ein notwendiger: Eine Erzählung muss schlüssig und folgerichtig sein, und es gehören auch nur solche Handlungselemente in die Erzählung, die sich schlüssig auf vorhergehende Elemente beziehen und die Story ihrem unaufhaltsamen Ende entgegentreiben (Haarkötter 2007b: 38 ff.).

In der Dramentheorie wird dieser dreistufige Aufbau gerne als Dreieck oder Pyramide dargestellt. Mit dieser geometrischen Form soll zum Ausdruck gebracht werden, wie sich die Erzählhandlung langsam bis zu ihrem Höhe- und Scheitelpunkt entwickelt, um sich dann umzukehren und ihrem unvermeidbaren Ende entgegenzufallen. Der Schriftsteller und Dramentheoretiker Gustav Freytag hat dieses 3er-Schema noch um zwei weitere Elemente erweitert, indem er auch die aufsteigende und die absteigende Linie funktional definiert hat, und auf diese Weise ist das berühmte 5-aktige Dramenschema entstanden (Thomas 2014: 145):

III. Wendepunkt

II. »Schürzung des Knotens«

IV: »Fallende Handlung«

I. Exposition

V. Katastrophe

5-aktiges Dramenschema nach Gustav Freytag (1863: 100)

Das Ende wird als »Katastrophe« ausgezeichnet, weil Freytag sich eben vornehmlich mit der Tragödie auseinandergesetzt hat, die am Ende selten gut ausgeht. Wie ein Drama ist im Grunde auch die Kunst der Recherche aufgebaut, weil Recherchen ihre eigene Dramatik haben: Den ersten Akt stellt die Vorrecherche mit der Themenfindung dar. Im zweiten Akt finden die Basisrecherche und die Hypothesenbildung statt. Der dritte Akt erlebt die Erweiterungsrecherche als den eigentlichen Höhepunkt des Recherchierens: Hier werden Beteiligte befragt, wird vor Ort recherchiert, werden die spannenden Informationen ans Tageslicht gebracht. Der vierte Akt ist der Überprüfungsrecherche, dem Fact-Checking, gewidmet. Das Finale, der fünfte Akt, ist das Produzieren des Beitrags und seine Publikation.

Der große Unterschied zwischen dem faktualen Erzählen eines Journalisten und dem fiktionalen Erzählen eines Dichters oder Schriftstellers besteht darin, dass der fiktionale Erzähler recht frei in der Wahl des erzählerischen Ausgangspunkts und des Verlaufs der Erzählhandlung ist und hier abseits gattungstypischer und dramaturgischer Erfordernisse tatsächlich künstlerische Freiheit herrscht. Der Schriftsteller kann eine Story also

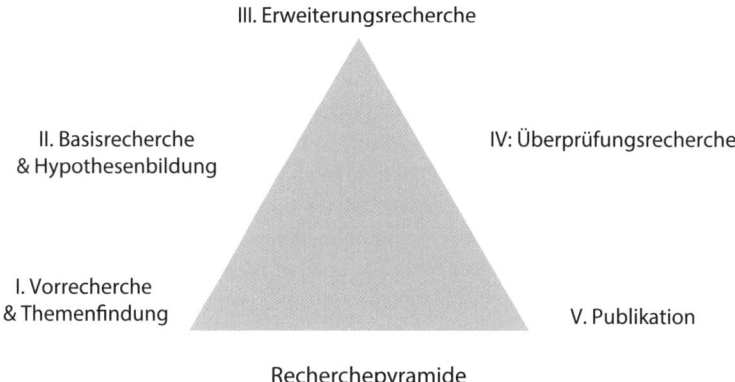

III. Erweiterungsrecherche

II. Basisrecherche
& Hypothesenbildung

IV: Überprüfungsrecherche

I. Vorrecherche
& Themenfindung

V. Publikation

Recherchepyramide

»frisieren«, um sie dem dramaturgischen Schema anzupassen und eine effektvolle Katastrophe oder eben auch ein herziges Happy End hinzubekommen. Der faktuale Erzähler dagegen kann nicht so frei über die Erzählelemente verfügen und muss sich logischerweise an die Tatsachen halten. Das führt vor allem dazu, dass faktuale Storys in der Regel eine *offene Dramaturgie* haben. Journalisten müssen nicht jede Geschichte zu einem versöhnlichen oder auch tragischen Ende führen, denn, wie Bertolt Brecht schrieb, »die Verhältnisse, sie sind nicht so«: Anders als in der Fiktion haben Handlungen in der Realität selten ein echtes Ende. In aller Regel präsentiert der Journalist, gerade wenn er über aktuelle Geschehnisse schreibt, nur einen Ausschnitt der Wirklichkeit und keine Totalität. Und wahre aktuelle Geschehnisse kommen selten umstandslos zu einem befriedigenden Ende. Über die Stammheimer Prozesse gegen die Mitglieder der Rote Armee Fraktion (RAF) oder über das Münchener Verfahren gegen die Mitglieder und Unterstützer des Nationalsozialistischen Untergrunds (NSU) wurde und wird ja nicht nur am Tag der Urteilsverkündung berichtet, weil damit der Prozess seinen Abschluss gefunden hätte. Der Gerichtsreporter berichtet vielmehr während des gesamten laufenden Verfahrens, obwohl er vom ersten Prozesstag an weiß, dass die Gerichtsverhandlung sich über Monate oder Jahre hinziehen wird. Um seine Geschichte formgerecht zu einem Abschluss zu führen, greift der Journalist darum zu einem Trick, nämlich dem des »vorläufigen Endes«. Er wird an den Schluss seiner Story darum ein solches Erzählelement hängen, das für gewöhnlich auch ein wirkliches Ende bezeichnen könnte: Das Ende einer Zeugenbefragung, den verabschiedenden Handschlag zwischen Verteidiger und Angeklagten, eine resümierende Stimme.

So wie die Anforderung an das Ende beim journalistischen Erzählen eher liberal gehandhabt wird, ist auch der Umgang mit dem dreiteiligen dramaturgischen Schema im Journalismus eher flexibel. Wenn gefordert wird, dass jede Geschichte vom Konflikt zwischen Personen erzählen solle, dann wäre das entsprechende dreistufige Schema stets Problem – Auseinandersetzung – Lösung. So eng muss der Begriff Konflikt aber nicht interpretiert werden. Nicht immer erzählen Journalisten ja ausschließlich Geschichten, die buchstäblich auf Messers Schneide stehen. Oft reichen Problemstellungen viel »weicherer« Art, um einen journalistischen Berichterstattungsanlass zu bieten. Würden nur Konflikte vom Typus »Maschendrahtzaun« oder Terrorprozesse im Fokus des Journalismus stehen, wäre journalistisches Storytelling fast vollständig reduziert auf das Berichtsfeld von Polizeireportern und Gerichtskorrespondenten. Dem ist aber offensichtlich nicht so. Auch die kleine Anfrage im Deutschen Bundestag ist berichtenswert, auch wenn sich dahinter kein staatspolitischer Konflikt verbirgt und die Antwort der Bundesregierung womöglich auch nicht die Lösung aller Probleme mit sich bringt. Die dramaturgische Funktion »Konflikt« übernimmt an dieser Stelle die offene Frage, die Konfliktlösung ist gerade die Beantwortung der Frage, egal wie befriedigend sie ausfallen mag. Thomas Morawski und Martin Weiss haben den Vorschlag gemacht, auf diese Weise ganz unterschiedliche Dreischritte als Aufbauprinzipien für journalistisches Storytelling herzunehmen:

Problem	Auseinandersetzung	Lösung
Frage	Diskussion	Antwort
Heute	Gestern	Morgen
Blick	Rückblick	Ausblick
Vorstellung	Stellungnahme	Bewertung
usw.		

Dreischritte fürs journalistische Storytelling (nach Morawski/Weiss 2007: 27 f.)

Genau an dieser Stelle kommt auch die Kunst der Recherche ins Spiel. Im Gegensatz zur künstlerischen Freiheit des Schriftstellers oder des fiktionalen Drehbuchautors muss der Journalist seine Handlungselemente in der Wirklichkeit suchen. Es soll damit nicht gesagt sein, dass es keine Kunst ist, eine fiktionale Geschichte zu erfinden. Aber es ist definitiv eine Kunst, sich beim faktualen journalistischen Erzählen an gängige Erzählformen zu halten und sich dabei nicht auf die reine Phantasie verlassen zu können, sondern alle Erzählelemente in der Wirklichkeit aufzuspüren. Die Entscheidung für ein dramaturgisches Schema und eine Erzählform (z. B. eine bestimmte journalistische Darstellungsform) strukturiert darum von Anfang an die Recherche und legt die Elemente und Dramatis Personae fest, nach denen überhaupt recherchiert werden muss.

Hyperpersonalisierung und unzulässige Überspitzung

In direktem Zusammenhang mit der Definition der Story mögen zwei Phänomene stehen, die besonders häufig als Vorwürfe gegen den Journalismus vorgebracht werden: Die Hyperpersonalisierung und die unzulässige Überspitzung. Wenn das Wesen einer jeden Geschichte die Erzählung vom Konflikt zwischen Personen ist, dann sind einige Journalisten im Prozess des aktiven Storytelling offenbar versucht, einerseits besonders viel Aufhebens um die beteiligten Personen zu machen und andererseits das Konfliktpotenzial der eigenen Story auf unbillige Art und Weise überzubetonen.

Die Hyperpersonalisierung konnte schon seit den 1980er-Jahren nicht nur in der Boulevardpresse, sondern zunehmend auch in der seriösen politischen Berichterstattung konstatiert werden, weswegen auch von einer »Boulevardisierung« des Nachrichten- oder Politikjournalismus die Rede ist. Günter Bentele und Birte Fähnrich sehen die Personalisierung und damit die »Fokussierung handelnder Individuen« als wesentliches Element der »Medienlogik« (Bentele/Fähnrich 2010: 51). Wolfgang Donsbach und Katrin Büttner etwa haben Fernsehnachrichtensendungen über einen sehr langen Zeitraum, nämlich rund um die Bundestagswahlen 1983, 1990 und 1998, wissenschaftlich analysiert. Dabei konnten sie einen deutlichen Rückgang politischer Berichte insgesamt, einen starken Zuwachs an Elementen von Emotionalisierung und eine entsprechende Veränderung von Stil und Aufmachung der Sendungen ausmachen und zusammenfassend von einer »Entpolitisierung der Nachrichten« sprechen (Donsbach/Büttner 2005: 28 ff.). Die holländischen Forscher Kees Brants und Peter Neijens haben eine »Infotainment-Skala« entwickelt, auf der neben Sensationalismus, schnellerem Tempo und weniger Abstraktheit vor allem auch die Personalisierung und die verstärkte Dramatisierung von Konflikten Messgrößen sind (Brants/Neijens 1998: 149 ff.). Der Politologe Andreas Dörner hat dafür geradewegs den schon zitierten Begriff »Politainment« erfunden und stellt fest, dass »Politik im Unterhaltungsformat immer eine personalisierte und auf einfache Grundkonstellationen reduzierte Wirklichkeit darstellt. Einfache Erzählungen, Anekdoten und pointiert zugespitzte Aussagen konstituieren hier den Normalmodus des Politischen« (Dörner 2001: 239). Es gibt im Journalismus einen »Zwang zur Übertreibungen«, wie Hans Mathias Kepplinger diagnostiziert hat (Kepplinger 2011: 163 ff.). Dieser resultiere aus dem Wettbewerb um Auflagen und Reichweiten sowie der redaktionellen Linie bei der Berichterstattung über bestimmte Themen und Ereignisse. Daneben existiere aber auch eine journalistische »Übertreibung aus Überzeugung«. Um der auf den Grund zu gehen, hat Kepplinger die Einstellung von Zeitungsjournalisten zu ihren eigenen Überspitzungen abgefragt. Gesucht waren Gründe, denen zufolge Journalisten ihre Übertreibungen gerechtfertigt sahen. Das überraschende Ergebnis:

»Die Beseitigung eines Missstandes«	88 %
»Der Reiz einer starken Geschichte«	26 %
»Die Zwänge des Wettbewerbs um Leser«	18 %
»Diskussionsanregung«	5 %
»Als Stilmittel, z. B. in Glossen«	2 %
»Um ein Thema klarer herauszuarbeiten«	1 %

(Kepplinger 2011: 166).

Ist also das Storytelling schuld an der Konzentration auf handelnde Personen und ihre Konflikte, wenn Journalisten zu stark personalisieren und überspitzen? Wohl nicht. Schon eher scheint diese Tendenz nicht das Ergebnis Story-basierter Recherche, sondern häufig gerade von mangelnder Recherche zu sein. Wem ein paar private Details oder Gerüchte rund um eine Person reichen, um eine Geschichte zu erzählen, und wer nur die Sensation herausplaudern, aber nicht die Ursachen und Hintergründe für einen Konflikt benennen will, der ist mit der Recherche schnell fertig. Wer journalistische Übertreibungen und Personalisierungen vermeiden will, der muss Story-basiert recherchieren: ein Grund, warum die Diskussion um Qualität im Journalismus aufs Engste mit dem Thema Recherche verknüpft ist (Welker 2012: 39).

Es hieße auch, das Story-basierte Recherchieren falsch verstehen, wenn man es mit dem Aufspüren der handelnden Personen und der Darstellung ihres Konflikts oder ihres Problems bewenden ließe. Jeder Konflikt hat einen Anlass, jede Geschichte hat ihre Vorgeschichte, die in der Regel wesentlicher Bestandteil der Recherche ist. Denn verstehbar wird eine Geschichte nur, wenn die zugrunde liegenden Kausalitäten erkennbar sind:

Warum ist ein Konflikt entstanden? Woran hat er sich entzündet? Wie trafen die Konfliktparteien aufeinander? Diese Überlegungen führen zu einer der grundlegenden Einsichten der Erzählforschung: Das, was erzählt wird, ist immer nur Teil der Geschichte. Für den Journalismus bedeutet das: Das, was an Fakten in einem Artikel, Beitrag oder Film landet, ist nur ein (kleiner) Teil dessen, was recherchiert worden ist.

Story-basiert recherchieren heißt, neben der Geschichte auch die Vorgeschichte zu recherchieren und die Nachgeschichte im Blick zu haben.

4.2   Die Vorrecherche: Wie man ein Thema findet

Die Frage, was überhaupt eine gute Geschichte ist, die es wert ist, erzählt und damit auch recherchiert zu werden, beschäftigt die Journalistik und Kommunikationswissenschaft von Anfang an. Neben dem theoretischen Interesse existiert für den Journalisten aber auch ein ganz handfestes praktisches Interesse an dieser Frage: Nur wer gute Geschichten findet, kann diese erfolgreich absetzen und damit seinen Lebensunterhalt sichern. Dem Problem, eine gute Geschichte überhaupt aufzuspüren, lässt sich also aus einer theoretischen und einer praktischen Perspektive nachgehen.

Strategie

Die eine Goldene Regel, wie eine gute Geschichte sich ausgraben lässt, gibt es schon deswegen nicht, weil der Journalismus dazu viel zu vielfältig ist. Der Sportreporter hat andere Kriterien dafür als der Feuilletonist, der Politikredakteur andere als der Wissenschaftsjournalist, der Kollege vom Printmedium andere als Blogger oder TV-Macher.

Aus theoretischer Perspektive ist festzustellen, dass die Frage nach einer guten Geschichte den Kernbereich dessen erfasst, was in der Journalismusforschung als Selektionskriterien bezeichnet wird. Diese Kriterien sollen helfen, herauszufinden, warum bestimmte Fakten überhaupt zu einer journalistischen Geschichte werden und andere nicht. Schon Walter Lippmann, einer der Begründer der Kommunikationswissenschaft, reklamierte, dass Journalisten nicht in Kristallkugeln blickten, um Themen zu finden, sondern dass es stattdessen klare standardisierte Routinen geben müsse (Lippmann 2008: 267). Lippmann nannte diese Routinen »news value«, also

Nachrichtenwert (ebda., 274), und den definierte er mit den Kategorien Überraschung, Sensationalismus, Etablierung, Dauer, Struktur, Relevanz, Schaden, Nutzen, Prominenz und Nähe.

In Europa wurde Lippmanns Ansatz seit den 1960er-Jahren von Einar Östgaard, Johan Galtung und Mari Holmboe Ruge systematisch zu einer Theorie der Nachrichtenfaktoren ausgebaut. Die drei Norweger, die eigentlich aus der Friedens- und Konfliktforschung kamen, stellten fest, dass, wenn es um internationale Zwischenfälle gehe, journalistische Medien die einzige Informationsquelle seien. Sie erarbeiteten darum einen Katalog von Ereignismerkmalen (Nachrichtenfaktoren), die offenbar Journalisten zu Berichterstattung überhaupt erst veranlassten (Galtung/Ruge 1965).

Die Nachrichtenfaktoren sind zum Teil auch empirisch bestätigt worden: In Redaktionen spielt es tatsächlich eine große Rolle, dass Ereignisse den ein oder anderen Nachrichtenfaktor aufweisen, um überhaupt zu einer »Nachricht« zu werden (Maier/Marschall 2010: 73 ff.). Die Bedeutung dieser Nachrichtenfaktoren für die journalistische Recherche liegt auf der Hand: Wer sich auf Themensuche macht, ist gut beraten, mögliche Anwärter daraufhin abzuklopfen, ob sie sich in einer der Listen von Nachrichtenfaktoren einordnen lassen.

 Was keinen Nachrichtenwert hat, muss nicht recherchiert werden.

Es wird sonst wahrscheinlich schwierig werden, ein Thema in einer Redaktionskonferenz, bei einem Chef vom Dienst oder einem leitenden Redakteur durchzusetzen. Die Redaktion sollte bei der Themenfindung nicht als Feind angesehen werden, sondern als Partner, der in der Regel die Interessen und Wünsche der eigenen Zuschauer- und Leserschaft sehr genau kennt. Die Nachrichtenfaktoren, etwa in der Fassung von Galtung und Ruge, können durchaus hilfreich sein, um eine kleine Checkliste der Themenfindung und Themendurchsetzung an die Hand zu geben (siehe folgende Seite 69).

Das Kriterium Relevanz tauchte in der Checkliste wie eines unter vielen auf. Dabei schwebt der Begriff der Relevanz wie ein Superkonzept über all diesen Faktoren. Denn letztlich muss jeder dieser Faktoren sich daran messen lassen, ob er »relevant« ist. Mit Relevanz ist die Wichtigkeit eines Themas für die jeweilige Zielgruppe, das jeweilige Medium oder auch die gesamte Gesellschaft bezeichnet (Meier 2007: 13). Die Begriffe Nachrichtenwert und Relevanz sind also fast synonym. Die Bedeutung der Relevanz für die Kunst der Recherche und damit auch schon für die Themenfindung hat Martin Welker betont:

Checkliste: Nachrichtenfaktoren und Themenfindung

Frequenz	Die Erscheinungshäufigkeit des Mediums sollte dem zeitlichen Ablauf des Themas entsprechen, also alltägliche Ereignisse für die Tageszeitung, Wochenendereignisse für die Sonntagszeitung.
Schwellen-faktor	Jedes Thema muss eine gewisse Aufmerksamkeitsschwelle überschreiten, um berichtenswert zu sein. Wie viel Leute haben es mitbekommen? Wie konnte man davon erfahren?
Eindeutig-keit	Ein Thema wird umso berichtenswerter, je überschaubarer es ist. Also: Keep it simple!
Relevanz	Wie viele Menschen betrifft das Thema? Auf wie viele Menschen könnte es Einfluss haben?
Konsonanz	Wenn ein Thema mit vorhandenen Erwartungen übereinstimmt, bekommt es eher eine Chance. Aber:
Überra-schung	Das Thema sollte auch im Rahmen der Erwartungen etwas Neues und Überraschendes haben.
Kontinuität	Wenn über das Thema schon berichtet wurde, wird es vermutlich auch weiterhin auf Interesse stoßen. Geschichten können also weitergedreht und fortentwickelt werden.
Variation	Ein Thema findet eher Beachtung, wenn es eine Variation des gesamten Nachrichtengeschehens darstellt, also z. B. die Stimme der Opposition, die auf den Bericht von der Regierungserklärung folgt.
Personali-sierung	Ein Thema muss sich im Handeln oder im Schicksal einer oder mehrere Personen spiegeln, um berichtenswert zu sein.
Elite-Personen	Ist diese Person prominent, umso besser.
Elite-Nationen	Handelt das Thema in einer Elite-Nation, ist das von Vorteil: Über das Attentat in den USA wird eher berichtet als über das in Sri Lanka.
Negativität	Je mehr ein Thema Konflikte, Kontroversen, Aggression oder Destruktivität beinhaltet, desto eher findet es in die Medien. Deswegen auch die Häufung der Berichte von Flugzeugabstürzen oder tödlichen Autounfällen in den Nachrichten, die verkehrsstatistisch häufig wenig ins Gewicht fallen.

»Relevanz ist ein zentrales journalistisches Konzept, nicht nur wenn es um die direkte Auswahl von Themen und Material geht, sondern auch für die Beschaffung von Material für die Recherche« (Welker 2012: 120).

Auch Befragungen von Journalisten haben ergeben, dass das Nachdenken über Relevanz regelmäßig der erste Schritt einer systematischen Recherche ist: »Der journalistische Alltag wird von Tätigkeiten der Themenfindung und Relevanzbewertung sowie der Erweiterungsrecherche bestimmt« (Machill u. a. 2008: 162).

Neben die gesellschaftliche Relevanz tritt bei der Story-basierten Vorrecherche immer auch eine narratologische Relevanz:

 Hat das angedachte Thema alle Elemente zu bieten, die der Journalist fürs Geschichtenerzählen benötigt?

Bei der Prüfung dieser Frage spielen neben der gesellschaftlichen Relevanz die Kriterien der *Personalisierung* und der *Negativität* die größte Rolle: Es muss überhaupt ein Konflikt oder Problem dingfest zu machen sein und es müssen im Idealfall ein Protagonist und ein Antagonist verfügbar sein, um überhaupt eine Geschichte erzählen zu können. Die häufig formulierte Kritik, der Journalismus sei zu negativ, findet genau hier ihren systematischen Grund. Basis der journalistischen Story wie überhaupt jeder Erzählung ist eine Veränderung der Verhältnisse in einem bestimmten Zeitraum, und das geht in der Regel nicht ohne Konflikte oder Probleme vor sich. Nur wo sich nichts verändert, gibt es auch keine Konflikte – aber was sollte man dann erzählen oder berichten? Das Positive gibt normalerweise keine Geschichte her. Es lässt sich auf die Kritik letztlich nur entgegnen, was der Schriftsteller Erich Kästner, selbst ein bedeutender Journalist, antwortete (Kästner 1969: 218):

»Und immer wieder schickt ihr mir Briefe,
in denen ihr, dick unterstrichen, schreibt:
›Herr Kästner, wo bleibt das Positive?‹
Ja, weiß der Teufel, wo das bleibt.«

Zur narratologischen Relevanz einer Thematik zählt auch der Aspekt der *Medienadäquatheit:* Bietet die eingegangene Vorinformation die Chance oder die Gewähr, aus dem zu erwartenden Recherchematerial eine für mein Medium adäquate Geschichte erzählen zu können? Ein Fernsehjournalist etwa kann sich jede weitere Recherche sparen, wenn er keine Chance hat, von dem bevorstehenden Ereignis bewegte Bilder zu ergattern. Und der Radiomacher muss sich nicht ans Werk machen, wenn er keine Gelegenheit sieht, O-Töne aufzunehmen. Bei aller Diskussion um Crossmedialität ist eben nicht jede Geschichte für jedes Medium gleich gut geeignet. Wenn der Medienkritiker Neil Postman skeptisch von einem »Zwang zur Bebilderung« schrieb, der aus dem Journalismus nur noch Infotainment gemacht habe (Postman 1985: 16), wäre dem andererseits mit dem Medienwissenschaftler Friedrich Kittler entgegenzuhalten, dass jedes Medium sein »medientechnisches Apriori« hat und die Wahl des (medialen) Werkzeugs darum starken Einfluss auf Inhalt und Darstellungsform einer Geschichte hat (♉ Winkler 1994). Das ist auch ein Grund dafür, dass aus vielen Krisengebieten dieser Welt nicht oder nur verfälscht berichtet wird, wenn es schlicht zu gefährlich ist, Journalisten mit Kamera oder Mikrophon dorthin zu entsenden. Der Einsatz von YOUTUBE-Schnipseln in TV-Nachrichtensendungen stellt vor allem auch ein Rechercheproblem dar, weil nicht nur das Videomaterial gefunden werden muss, sondern auch deren Urheber, um die Authentizität der Quelle verifizieren zu können (♉ Coen/Lobenstein 2012).

Zur journalistischen Relevanzprüfung zählt auch die Frage, ob überhaupt eine Geschichte erzählt werden kann und ob sie im eigenen Medium erzählt werden kann!

Fehlentwicklung Vorrecherche

Viele Redaktionen erwarten heute mit dem Themenvorschlag schon quasi fertige Recherchen: Im TV-Bereich werden oft schon vorproduzierte Videos und Castingaufnahmen der wesentlichen Protagonisten erwartet, im Printbereich Exposés, die der fertigen Reportage schon verflixt ähnlich sehen. Was aus dieser redaktionellen Erwartungshaltung spricht, ist eine völlige Entwertung journalistischer Recherche, die man offenbar als kosten- und damit auch wertlose Gratisdreingabe ansieht, die zu erbringen ist, bevor überhaupt ein Auftrag und damit auch ein potenzielles Honorar vereinbart ist.

Manche Journalisten haben mit der Themenfindung in der Praxis gar kein Problem: Sie werden von ihrer Redaktion beauftragt, bekommen also sozusagen ihr Thema frei Haus. Oder sie betreiben den sogenannten *Terminjournalismus*, womit zum einen die Wahrnehmung öffentlicher Termine wie z. B. Stadtratssitzungen, Jubelfeste oder die berüchtigten Vereinstreffen gemeint sein kann, zum anderen die Berichterstattung über feststehende Termine im Jahrlauf wie Geburtstage, Jubiläen oder Jahrestage. Terminjournalismus kann bis zu einem Drittel der Arbeitszeit eines Journalisten verschlingen (Schmidt 2013: 93 f.; ⁀ Gärtner 2007). Um Themenfindung müssen auch diejenigen Journalisten sich nicht weiters kümmern, für die journalistische Berichterstattung hauptsächlich aus dem Nachdruck von Pressemitteilungen und anderem PR-Material besteht. Und das scheint die Mehrheit zu sein, wenn man jenen wissenschaftlichen Untersuchungen Glauben schenken will, die unter dem Fachbegriff Determinationsthese bekannt geworden sind. Es war die Kommunikationswissenschaftlerin Barbara Baerns, die in den 1970er und 80er-Jahren in mehreren empirischen Studien den Einfluss von PR-Veröffentlichungen auf journalistische Publikationen untersucht hat. Zum Beispiel hatte sie die landespolitische Öffentlichkeitsarbeit im Bundesland Nordrhein-Westfalen untersucht und die journalistischen Berichte mit dem Inhalt von Pressemitteilungen und Pressekonferenzen verglichen. Ihr Ergebnis: 60 bis 70 Prozent der journalistischen Texte gingen auf *Public Relations* zurück, PR-Arbeit determinierte also in hohem Maße die journalistische Arbeit (Hoffjann 2007: 130; Schmidt 2013: 78 f.). Darum weist auch Manfred Redelfs darauf hin, dass es zahlreiche journalistische Berufsrollen gebe, »in denen die Recherche eine nachrangige Bedeutung hat« (Redelfs 2003: 209).

Thema versus Thematik

Es ist wichtig, zwischen Thematik, Thema und Geschichte zu unterscheiden. Die Thematik ist der übergeordnete Rahmen, der gesellschaftliche Bogen, innerhalb dessen ein Thema gesetzt und eine Geschichte erzählt wird. Zum Beispiel ist Korruption eine Thematik, das Thema wäre Beamtenbestechung und die Geschichte der konkrete Fall eines Mitarbeiters im Bauaufsichtsamt, dem mit kleinen Geschenken immer wieder recht schnell Genehmigungen zu entlocken waren. Wer Thema und Thematik verwechselt, wird regelmäßig an Redaktionen scheitern, wenn er Storys verkaufen will. Umgekehrt: Wer ein gutes Thema gefunden hat, sollte sich Gedanken machen, was die übergeordnete Thematik ist. Danach lässt sich z. B. beurteilen, in welches Ressort eine Story passt. Journalisten suchen Themen, recherchieren Geschichten und ordnen sie in eine Thematik ein.

Den Schreibtisch verlassen

Aber was, wenn man als Journalist doch ganz praktisch den anstrengenden Weg eigener Recherche gehen will? Welche Ratschläge lassen sich dem Recherchejournalisten bei der Themenfindung geben?

Nach einem Vorschlag von Barbara Scheiter kann Themenfindung unterschieden werden danach, ob man gewillt ist, den Schreibtisch zu verlassen, oder ob man lieber am Schreibtisch selbst auf die Suche gehen will (Scheiter 2009: 23). Sehen wir uns zuerst die »Den-Schreibtisch-verlassen«-Methode näher an.

Themen liegen nicht auf der Straße, aber auf Augenhöhe!

Das heißt, mit offenen Augen durch die Welt zu gehen und aufmerksam für Veränderungen in der Umwelt zu sein, ist der Königsweg, um Themen für Geschichten zu finden. Denn wer Geschichten von Menschen und ihren Problemen und Konflikten erzählen will, der muss sich dahin begeben, wo Menschen und ihre Probleme anzutreffen sind. Der belgische Journalist Chris de Stoop etwa hatte eine aufsehenerregende Artikelserie über Mädchenhandel und Zwangsprostitution verfasst, die zu internationalen Untersuchungen der Europäischen Kommission geführt haben (Commission of the European Communities 2001: 8). De Stoop war auf die Story bei Spaziergängen durch die Nachbarschaft gestoßen. Ihm war aufgefallen, dass in einer Gegend, in der sonst belgische Prostituierte ihrer Arbeit nachgegangen waren, auf einmal viel mehr Ausländerinnen zu sehen waren – dies wurde zum Anlass für seine tiefschürfenden Recherchen (⌂ Hunter u. a. 2011: 11).

> ### New-York-Experiment
>
> An der berühmten J-School der Columbia University New York wird auch die Themensuche gelehrt. Dazu geht der Professor mit seinen Studierenden auf die Straße, zieht mit der Gruppe einmal um den Block und entwickelt aus dem, was er sieht und erlebt, 20 Themenideen: »Aus allem, was irgendwie neu, außergewöhnlich oder einfach anders war als sonst, entwickelte er eine Frage, die als Ausgangspunkt für eine Recherche dienen konnte« (Scheiter 2009: 24). Einer der Absolventen der J-School berichtete, dass jeder Student einen sogenannten Beat, also ein Viertel zugeteilt bekam, aus dem er täglich zu berichten hatte – Redaktionsschluss 18 Uhr:

»Ich erwischte die Lower East Side, wo ich neuen Zugang zu alten Themen finden musste: Drag Queens, DJs, Drogensüchtige, Immigranten, Mafiosi, Armut, Reichtum, Kriminalität. Ich begleitete Cops auf Nachtschicht, Stadträte auf Zechtour, eine Anwältin am Night Court – und einen Bürgermeisterkandidaten namens Rudy Giuliani, der beim letzten Mal verloren hatte« (🖰 Pitzke 2012).

Wenn es für New York gilt, warum nicht auch für Hamburg, Bottrop oder Rheda-Wiedenbrück? Mach' das New-York-Experiment, ziehe um die Häuser und suche zehn Themen und Geschichten! Einfach die Augen (und Ohren!) aufmachen und beobachten, was sich tut, was sich verändert, wo Konflikte oder Merkwürdigkeiten lauern. Ein Notizbuch und einen Stift dabei zu haben, kann kein Schaden sein. Wieder zurück am Schreibtisch kann man dann überlegen, wo weitere Informationen zu dem Thema recherchiert werden könnten. Der Notizzettel dazu könnte so aussehen:

Beobachtung Nr. 1

....

Informationen dazu können liefern:

1. Quelle: ....
2. Quelle ....
3. Quelle ....

usw.

Ein Problem, das Journalisten häufig haben, wenn sie spontan Beobachtungen anstellen sollen, besteht in dem, was Mark Lee Hunter u. a. das »Beinbruch-Syndrom« (broken leg syndrome) nennen: Bis man sich selbst nicht das Bein gebrochen hat, nimmt man gar nicht wirklich wahr, wie viele Menschen im Straßenbild humpeln (🖰 Hunter u. a. 2011: 11). Wir nehmen Phänomene erst wahr, wenn wir für sie sensibilisiert sind. Diese Sensibilisierung für Themen und Geschichten lässt sich trainieren, z. B. mit dem »New-York-Experiment«. Was man dabei am Ende gewinnt, ist das, was viele erfahrene Journalisten als den »Riecher« oder ihr »Bauchgefühl« beschreiben und was in Wahrheit gar nicht so instinktiv, sondern Ergebnis jahrelanger Übung und Konditionierung auf eine bestimmte Perspektive und eine bestimmte Art und Weise, die Welt zu erfahren, ist, nämlich auf die Art des Geschichtenerzählers. Helfen kann bei dieser journalistischen Konditionierung auch eine weitere Faustregel:

 Suche nicht nach dem radikal Neuen!

74

Zugegeben, klingt erst einmal paradox: Journalisten erzählen doch News, also Neuigkeiten. Warum dann gerade auf das Neueste vom Neuen verzichten? Das hat mit dem oben schon angeführten Nachrichtenfaktor Konsonanz zu tun: Geschichten stoßen dann auf Interesse, wenn sie sich in den Deutungsrahmen einfügen und vorhandenen Erwartungen entsprechen. »Für das absolut Unbekannte interessieren sich nur Freaks, ein paar Teenager und Esoteriker. Denn das radikal Neue ist radikal fremd und darum so unfassbar wie die Apokalypse« (Haller 2009: 2). Es gibt Erzählforscher, die behaupten, es würde überhaupt nur eine einzige Geschichte geben, nämlich die sogenannte Heldenfahrt (engl. quest), und alles andere seien nur Fortentwicklungen und Ausgestaltungen dieses »Monomythos«: »[I]mmer wird es ein und dieselbe, bei allem Wechsel merkwürdig konstante Geschichte sein« (Campbell 2011: 17). Auch unter diesem Blickwinkel ist Themenentwicklung also eher eine Frage der Perspektive und der Kunst, neue Facetten aus alten Stoffen herauszuholen.

Kaninchenzüchtervereine

Dem berühmt-berüchtigten Kaninchenzüchterverein, der immer wieder als Drohbild für qualitativ besonders langweiligen oder rundheraus schlechten Journalismus herhalten muss, ist mit Recherche doch noch einiges abzugewinnen: Wer hat gewusst, dass Kaninchenzüchtervereine inzwischen auf der Roten Liste stehen (DER WESTEN, 07.12.2013)? Dass bei der Bundeskaninchenschau 25.947 Rassekaninchen in den anerkannten 99 Rassen und 396 Farbenschlägen zu erleben sind, die zusammen 12 Tonnen Kaninchenfutter wegmümmeln (KA-NEWS, 11.12.2013)? Dass es eine in Schweden entwickelte Sportart namens »Kaninhop« gibt, bei der die Langohrtiere einen Hindernisparcour meistern müssen (SÜDWEST PRESSE, 11.12.2013)? Und als Papst Franziskus erklärt, dass »gute Katholiken« sich nicht »wie Karnickel vermehren« müssten, verschaffen sich die deutschen Kaninzüchter medial Gehör mit der Erkenntnis, dass »nicht allen Kaninchen pauschal ein erhöhtes Sexualverhalten« unterstellt werden dürfte (BERLINER ZEITUNG, 20.01.2015). Die FRANKFURTER RUNDSCHAU spricht in dem Zusammenhang sogar vom »Hashtag Karnickelgate« (21.01.2015). Offensichtlich ist aus beinahe jeder Thematik noch etwas zu machen, sogar aus den verpönten Kaninchenzüchtervereinen! Gerade das vielfältige deutsche Vereinswesen ist ein Hort von Themen und Geschichten. Wer auf der Suche nach Menschen und ihren Konflikten ist, wird im deutschen Vereinsleben schnell fündig.

Ein letzter Tipp aus der Abteilung »den Schreibtisch verlassen«:

Nicht: »Was weiß ich«, sondern: »Was möchte ich wissen«!

Wissen ist in Zeiten des Information Overload ständig und überall verfügbar und abrufbar. Woran Mangel besteht, ist an authentischen Geschichten, an echten Erlebnissen von wirklichen Menschen, die mit der Umwelt, den Verhältnissen, dem Staat, miteinander oder mit sich selbst kämpfen oder hadern. Das macht die sogenannten Scripted-Reality-Serien im deutschen Privatfernsehen so degoutant: Sie täuschen eine »Realität« nur vor, die die Macher in Wirklichkeit nicht recherchiert haben, und was diese Art von Fernsehen gegenüber echten journalistischen Sendungen ökonomisch günstiger macht, ist gerade die eingesparte Recherche. Es wird also für einen guten Journalisten auf Themensuche immer eine bessere Idee sein, dahin zu gehen, wo wirkliche Menschen sich tummeln. Die Kunst des Journalisten besteht darin, nicht das eigene Wissen zu verkaufen, sondern den Geschichten wirklicher Menschen eine Stimme zu geben. Sich für die anderen zu interessieren statt nur für sich selbst, fällt Journalisten manchmal schwer, ist aber ein guter Weg, um neue Themen und neue Geschichten aufzutun.

Am Schreibtisch bleiben

Es gibt gute Gründe, bei der Themen-Vorrecherche trotzdem das Haus oder Büro nicht zu verlassen: z. B. weil es draußen stürmt und schneit; weil man sich kürzlich das Bein gebrochen hat (s. o. »Beinbruch-Syndrom«); der beste Grund ist aber, dass Themensuche auch vom Schreibtisch aus sehr gut funktioniert.

Die empirischen Untersuchungen von Julia Bönisch haben ergeben, dass 60 Prozent der befragten Journalisten aus 431 Redaktionen regelmäßig vor allem das Internetangebot von SPIEGEL ONLINE konsultieren (Bönisch 2006: 54). 61 Prozent der Befragten geben zu, auf SPIEGEL ONLINE bereits Anstöße für eigene Themen gefunden zu haben. Das Internetangebot des Hamburger Nachrichtenmagazins hat sich damit zum journalistischen »Leitmedium im Internet« entwickelt (Machill u. a. 2008: 45). Gleichzeitig wird ein Hang sichtbar, sich gerade durch den hohen Aktualitätsdruck im Onlinezeitalter auf die digitalen Fremdangebote anderer journalistischer Medien zu verlassen und dadurch eine »Kultur der unkritischen Selbstreferentialität« zu befördern (ebda., 130). Michael Hal-

ler nannte es das »Milchkuhverfahren«, bei dem immer wieder wiederge-
käut würde, was »auf fremden Medienwiesen zur Blüte kam« (Haller
2002: 6). Andererseits entspricht dieses Verhalten den Nachrichtenfaktoren Konsonanz und Kontinuität: Berichtenswert erscheint im Journalismus das, über das schon berichtet wurde. Wer also auf Themensuche ist,
tut durchaus gut daran, zu recherchieren, über was im Blätterwald und in
den Siliziumwüsten des deutschen Journalismus aktuell so berichtet wird.
Nicht ratsam scheint nur die Recherchestrategie, sich dabei auf ein einziges oder jedenfalls nur eine sehr kleine Auswahl journalistischer Online-
medien zu stützen, vor allem wenn man weiß, dass ein großer Teil der
Kollegen auch nur dort nach Themen sucht. Ein eigenes Portfolio an
Internetmedienangeboten, die man regelmäßig konsultiert, sollte man
sich also anlegen (ausführliche Tipps zu Onlinerecherchen und Onlineme-
dien geben die Kapitel 6 bis 8). Dazu kommen natürlich die regionale
Tageszeitung sowie mindestens eine überregionale Tageszeitung und die
aktuellen und semi-aktuellen Sendungen des TV-Journalismus. Nur wer
als Journalist darüber auf dem Laufenden ist, was in den Medien gerade
Thema ist, wird auch selbst neue Themen entwickeln können. Viele journalistische Geschichten beruhen ja nicht auf nagelneuen Themen, sondern
drehen eine schon publizierte Geschichte weiter oder präsentieren sie aus
einer neuen oder ungewöhnlichen Perspektive.

**Medienbeobachtung ist die erste Tugend des Journalisten bei der Vor-
recherche und der Themensuche.**

**Checkliste: Was man als Journalist gelesen und gesehen
haben sollte**

- Die regionale sowie mindestens eine überregionale Tageszeitung (z. B.
  SÜDDEUTSCHE ZEITUNG oder FRANKFURTER ALLGEMEINE ZEITUNG);
- die Printausgaben des Nachrichtenmagazins DER SPIEGEL und der
  Wochenzeitung DIE ZEIT;
- die 20:00-Uhr-Tagesschau der ARD;
- die Politmagazine von ARD und ZDF (MONITOR, PANORAMA, KONTRASTE, REPORT,
  FRONTAL21);
- die ARD-Sportschau;
- mindestens zwei oder drei Online-Nachrichtenseiten (SUEDDEUTSCHE.DE,
  SPIEGEL ONLINE, FOCUS ONLINE etc., die man auch in einem Newsreader
  nebenbei laufen lassen kann);

- einen Internet-News-Aggregator (z. B. GOOGLE NEWS, BING NEWS, YAHOO NACH-RICHTEN O. Ä.);
- mindestens einen Medien-Branchendienst (z. B. MEEDIA, DWDL, KRESS REPORT, TURI2);
- nach Bedarf eine Boulevardzeitung;
- Fachmagazine und Fachliteratur zum eigenen Spezialthema.

Zu wissen, was in den Medien Thema ist, ist nicht Selbstzweck: Es ist ein Indikator dafür, was die Menschen gerade interessiert, worüber sie auf dem Weg zur Arbeit oder in der Frühstückspause diskutieren, was also gerade in der Gesellschaft relevant ist.

Es gibt auch andere Informationsquellen, um herauszufinden, wo die Menschen gerade der Schuh drückt. Wenn man beispielsweise gerade seine Tageszeitung(en) durcharbeitet, sollte man auf jeden Fall den Leser-briefspalten seine Aufmerksamkeit schenken. Wer sich als Nicht-Journa-list schriftlich an seine Zeitung wendet, der hat wirklich etwas auf dem Herzen. Leserbriefe in Printpublikationen sind in der Regel redaktionell gefiltert.

Anonyme Briefkästen

In den letzten Jahren sind einige Redaktionen dazu übergegangen, ano-nyme digitale Briefkästen einzurichten, um Volkes Stimme noch genauer vernehmen und auf diese Weise auf neue Themen stoßen zu können. Denn nicht jeder möchte Dampf ablassen und dabei seinen Namen gedruckt oder im Internet verbreitet sehen. Anonyme Briefkästen funkti-onieren so, dass die E-Mails über den gesamten Versandweg verschlüsselt sind und auch angehängte Dokumente geheim und sicher in der Redak-tion ankommen. Hier einige Redaktionen, die online einen solchen ano-nymen Briefkasten anbieten:

HANDELSBLATT Investigative Recherche: https://handelsblatt-recherche.com

MDR: https://mdr-recherche-mailbox.de

STERN Investigativ: https://briefkasten.stern.de

WAZ Rechercheabteilung: https://upload.derwesten-recherche.org/upload/

DIE ZEIT: http://www.zeit.de/briefkasten/index.html

Wer es etwas ungefilterter mag, der sollte sich (sofern zugelassen) die Kommentarspalten der Onlineausgaben oder der Auftritte in den sozialen Netzwerken der entsprechenden Zeitungen ansehen. Dort ist auch die Hemmschwelle, einen Kommentar zu hinterlassen, deutlich niedriger und man bekommt einen guten Eindruck, wo den Lesern der Schuh drückt. Da bei Onlinekommentaren die Urheber oft recht leicht zu kontaktieren sind, hat man oft nicht nur ein Thema, sondern auch schon Betroffene, also fast schon eine fertige Geschichte.

Beim Zeitunglesen sollte man immer einen Stift bei der Hand haben, um Fundstellen sofort anstreichen zu können. Bei der Onlinelektüre lassen sich interessante Webseiten am besten als PDF oder mit einem Offline-Reader speichern (vgl. Kap. 5.3).

Wenn man auf der Suche nach den Themen ist, die die Konflikte in der Gesellschaft spiegeln, sollte man die Institutionen im Blick haben, an die Menschen sich mit Vorliebe mit ihren Problemen und Sorgen wenden. Die Verbraucherzentralen, die Mietervereine, Rechtsanwälte oder Steuerhilfevereine sind wahre Schatzkammern an Themen und Geschichten und können ebenfalls häufig direkt mit Betroffenen und sogar mit Expertenrat dienen.

4.3   Basisrecherche: Die Hypothese

Kern jeder Recherche ist die Hypothese. Die Hypothese ist die Vorwegnahme einer Geschichte, ist eine Spekulation darauf, was geschehen sein könnte und was Gründe und Ursachen für Handlungen und Geschehnisse sein könnten. Jede Recherche sollte damit beginnen, dass man eine Hypothese aufstellt: Was könnte geschehen sein? Was könnten die Hintergründe sein? Wer könnte in die Ereignisse involviert sein?

Die Hypothese ist die Vorwegnahme des Rechercheergebnisses.

Für die Bildung einer Hypothese ist selbstredend Vorstellungskraft oder Imagination nötig. Aber auch wenn die Hypothesenbildung imaginativ ist, ist sie keineswegs fiktional, denn sie beruht ja in der Regel schon auf der Vorrecherche, auf Vorwissen (z. B. aus dem Fachwissen oder dem Ressort, in dem der Journalist bereits profiliert ist) und auf Plausibilitätsannahmen. Dennoch ist bei der Hypothesenbildung auch Phantasie gefragt. Nur wer antizipieren kann, was sich ereignet haben könnte, kann den richtigen Leuten die richtigen Fragen stellen. Die Hypothese strukturiert darum auch den gesamten folgenden Vorgang der Recherche: Die hypothetischen Annahmen darüber, was eigentlich die Story ist, leitet jeden weiteren Schritt der Recherche. Die Hypothese hat aber auch eine wichtige erzähltechnische Funktion:

Die Hypothese ist der Erzählsatz.

Der Erzählsatz wird auch »Plotsatz« (⌨ Heidbrink 2008: 230), »Storyline« (Field 1997: 28) oder »Küchenzuruf« genannt. Der sogenannte Küchenzuruf geht auf den STERN-Gründer Henri Nannen zurück und bezeichnet den »Knalleffekt, den jede STERN-Geschichte braucht, damit es den Leser drängt, ihn seiner Frau zuzurufen – so knapp und einprägsam formuliert, dass er sich auch zum Rufen eignet« (⌨ Schneider 2010). All diese Ansätze basieren auf der Anschauung, dass jede gute Geschichte sich in drei bis fünf Sätzen erzählen lassen können muss. Manchmal wird das auch als »Elevator Pitch« bezeichnet: Angeblich geht diese Ausdrucksweise auf einen Drehbuchautor aus Hollywood zurück, der einen mächtigen Filmproduzenten zufällig im Aufzug traf und genau die Dauer dieser Aufzugfahrt zur Verfügung hatte, um ihm seine Story schmackhaft zu machen (Westfall 2012).

Die Hypothese als Erzähl- oder Plotsatz weist darauf hin, dass mit der Formulierung der Hypothese in der Regel bereits eine Entscheidung für eine bestimmte Art von Geschichte getroffen wurde. Die Hypothese gibt also nicht nur die Recherche vor, sondern häufig auch die Darstellungsform. Einfache Hypothesen werden im Ergebnis auf Geschichten hinauslaufen, die sich als Nachricht oder einfacher Bericht wiedergeben lassen. Komplexere Hypothesen dagegen werden eher zu Storys führen, die sich als Features oder MagazinStorys erzählen lassen. Sehen wir uns ein Beispiel an:

> Schulen verwandeln sich von Bildungseinrichtungen in Werbeträger. Das Schulamt fordert die Schulkonferenzen neuerdings auf, Werbeplaketten in Schulgebäuden zu akzeptieren, weil bestimmte schulische Angebote sonst nicht zu finanzieren sind. Aufdringliches Sponsoring mit Werbebotschaften der spendablen Firmen lenkt die Schulkinder vom Lernerfolg ab.

Jede Hypothese ist eine Behauptung, die untermauert werden muss. In der Beispielgeschichte »Werbung an Schulen« enthält jeder der drei Sätze

Behauptungen. Man kann also auch sagen: Die Hypothese enthält Unterhypothesen. Regelmäßig werden komplexere Storys nicht nur eine einzige Hypothese, sondern eine gewisse Zahl von Unterhypothesen enthalten. Wer die Oberhypothese bestätigen will, muss also mindestens jede einzelne Unterhypothese belegen. In unserem Beispiel sieht das so aus:

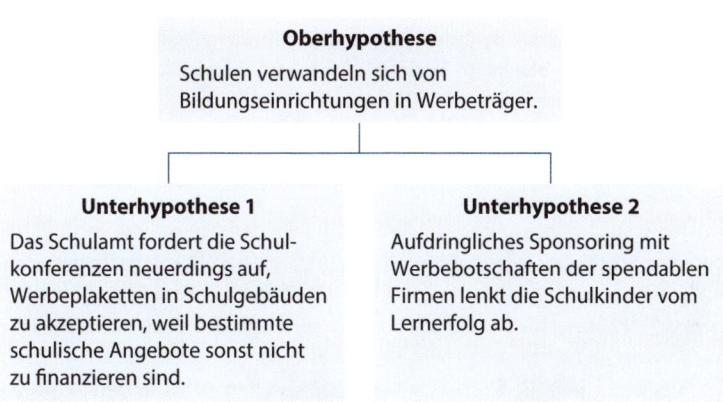

Hypothesen und Unterhypothesen

Für die Recherche gilt einer der wesentlichsten Grundsätze des Journalismus, nämlich:

Keine Behauptung ohne Beleg.

Jede einzelne Hypothese muss also belegt werden. Die Reihenfolge und damit der Gang der Recherche ist dabei festgelegt: Zuerst werden die Unterhypothesen bestätigt, anschließend wird die Haupt- oder Oberhypothese angegangen. Als Beleg für Hypothesen dienen Quellen. Das können personale oder nicht-personale Quellen, also beispielsweise Dokumente sein (vgl. Kap. 5). Allerdings spielen für eine Geschichte die personalen Quellen eine besondere Rolle, denn Geschichten werden über Personen erzählt. In unserem Beispiel sind vorerst nur juristische Personen als Protagonisten erwähnt, nämlich Schulen, Ämter und werbetreibende Firmen. Um eine Geschichte zum Leben zu erwecken, wird der Rechercheur zunächst versuchen, die juristischen Personen in echte Menschen zu verwandeln. Er wird sich also auf die Suche nach menschlichen Protagonisten und Antagonisten machen: Schüler, Lehrer, Firmenvertreter, den Schuldezernenten, vielleicht einen Schulpsychologen oder einen Pädago-

81

gen als Experten. Wenn man so will, sind die genannten juristischen Personen in den Hypothesen also Platzhalter, und eine wesentliche Aufgabe der Recherche ist es, diese Platzhalter oder Variablen auszufüllen.

 Hypothesen dürfen Platzhalter und Variablen enthalten.

Wie gelangt man als Journalist überhaupt zu einer brauchbaren Hypothese? In vielen Fällen wird sich die Hypothese aus der Vorrecherche und der Themensuche ergeben. Die Beantwortung der wesentlichen W-Fragen (wer, was, wann und wo) wird aber häufig mit der Aufstellung der Hypothese Hand in Hand gehen. Denn letztlich gelangt man nur mit Recherche zu einer Hypothese.

Die ersten Schritte im Wechselspiel von der Hypothese zum Beleg nennt man auch *Basisrecherche*. Sie erfolgt in der Regel nach der »am-Schreibtisch-bleiben«-Methode. Onlinerecherchen und gegebenenfalls einige Telefonate sind heute die typischen Wege der Basisrecherche, um die vordringlichen W-Fragen zu beantworten.

Hier beißt sich die Recherchekatze ein bisschen selbst in den Schwanz, denn gleichzeitig soll ja die Hypothese die Recherche erst anleiten. Die Basisrecherche und die Hypothesenbildung werden darum im journalistischen Alltag häufig nicht einfach voneinander zu trennen sein.

 Die Haupthypothese als Erzählsatz ist das Ergebnis von Vorrecherche und Themenfindung. Im Laufe der Basisrecherche, die sich auf die wesentlichen W-Fragen konzentriert, werden weitere (Unter-) Hypothesen auftauchen, die den folgenden Gang der Recherche strukturieren.

Man kann den Zusammenhang von Hypothesenbildung und Basisrecherche also als dialektisches Verhältnis bezeichnen: Sie bedingen sich gegenseitig. Das hängt mit einer weiteren wichtigen Eigenschaft von Hypothesen zusammen: Eine Hypothese gilt immer nur vorläufig. Wenn durch Recherche herausgefunden wird, dass die Hypothese oder Teile der Hypothese nicht haltbar sind, muss die Hypothese entsprechend angepasst oder sogar aufgegeben werden.

Man kann die Story-basierte Recherchemethode auch als hypothesenbasierte Recherchemethode bezeichnen. Vorteile der hypothesengeleiteten Recherche sind:

- *Die Hypothese gibt die Möglichkeit, einen Sachverhalt zu verifizieren, statt nur etwas Geheimgehaltenes zu enthüllen:*

Menschen geben nicht ohne guten Grund Geheimnisse preis. Schon eher werden sie Informationen bestätigen, die der Journalist ohnehin schon zu haben scheint. Eine gute Hypothese ermöglicht es also, nach einer Bestätigung statt nach einem Geheimnis zu fragen.

- *Die Hypothese vergrößert die Wahrscheinlichkeit, Geheimnisse zu enthüllen:* Viele Informationen, die wie ein »Geheimnis« daherkommen, sind eher Tatsachen, nach denen bislang noch niemand gefragt hat. Eine kreative Hypothese legt Fragen nahe, auf die man sonst selbst nicht gekommen wäre. »Wenn du etwas finden willst, musst du danach suchen«, sagte der französische investigative Journalist Edwy Plenel dazu (Hunter u. a. 2011: 14).

- *Die Hypothese macht es einfacher, eine Recherche zu organisieren:* Die Hypothese definiert, wonach man sucht und wo man damit beginnt. Mit der Basisrecherche lässt sich meist einschätzen, wie aufwändig die Recherche wird, wie viel Zeit und Mittel sie benötigen wird. Kurz: Die Recherche lässt sich managen.

- *Die Hypothese ist ein Werkzeug, das man wieder und wieder benutzen kann:* Wenn die Recherche der Werkzeugkasten ist, dann ist die Hypothese einer der Schraubenschlüssel. Passt er nicht, versucht man den nächsten, bis man den passenden gefunden hat. Aber wenn man sich einmal an den Werkzeugeinsatz gewöhnt hat, wird man nie mehr versuchen, Schrauben mit der Hand zu lösen.

- *Die Hypothese garantiert, dass eine Geschichte erzählt wird und nicht nur unübersichtliche Daten präsentiert werden:* Redaktionen interessieren sich zumeist nicht für den Rechercheaufwand, sie sind an Storys interessiert. Die hypothesenbasierte Recherche erhöht die Wahrscheinlichkeit enorm, dass am Ende einer Recherche auch eine Geschichte stehen wird (Hunter u. a. 2011: 14 f.).

Tipp: Bestcase und Worstcase der Recherche

Die Methode der Story-basierten Recherche lässt einen das minimale und das maximale positive Ergebnis wie auch den Worstcase abschätzen:

- Das minimal-positive Ergebnis einer Recherche ist, dass die Anfangshypothese richtig ist und schnell verifiziert werden kann.
- Das maximal-positive Ergebnis ist, dass die Anfangshypothese nicht nur wahr ist, sondern dass sie auch eine ganze Reihe neuer Hypothesen nach sich zieht, die zu ganz neuen Stories oder gar einer Serie führen.

- Es gibt aber bei jeder Recherche auch den Worstcase: dass sich bei der Recherche relativ schnell herausstellt, dass eine Hypothese nicht haltbar ist und sich darum auch keine Geschichte ergibt. An dieser Stelle sollte die Recherche umgehend abgebrochen werden, um nicht unnötig Ressourcen zu verschwenden.

Zwei schwerwiegende Fehler können mit der hypothesenbasierten Recherche verknüpft sein. Der erste typische Fehler ist, eine ungeeignete Hypothese zu wählen. Ungeeignet ist eine Hypothese regelmäßig, wenn sie nicht als Erzählsatz taugt und darum auch keine journalistische Geschichte zu generieren ist. Das ist der Fall, wenn wesentliche Elemente der Story nicht in der Hypothese vorkommen. Klassischerweise passiert das, wenn die vermeintliche Hypothese von solcher Allgemeinheit ist, dass sie sich nicht auf konkrete Personen oder konkrete Konflikte beziehen lässt – also etwa wenn Thema und Thematik verwechselt werden. Beispiele für solche unkonkreten und damit ungeeigneten Hypothesen wären: »Der Staat ist korrupt«, »Die Industrie betrügt die Verbraucher« oder »Sportler sind alle gedopt«.

Gefährlicher für Recherchejournalisten ist der zweite typische Fehler: An Hypothesen festhalten, die sich nicht verifizieren lassen. Neben den eklatanten Fall, eine erwiesenermaßen falsche Hypothese durchzuboxen, tritt die journalistisch unlautere Praxis, durch das Verbiegen von Fakten, das Weglassen von Informationen oder das Fälschen von Daten die Wirklichkeit so lange passend zu machen, bis die eigene Hypothese zu stimmen scheint. Hier gerät die Methode der Story-basierten Recherche an ihre Grenzen und weitergehende Formen der journalistischen Qualitätskontrolle und des Qualitätsmanagements müssen einspringen, um gravierendes Fehlverhalten und eine Desinformation der Gesellschaft zu verhindern.

Thesenjournalismus: Der Fall Christian Wulff

Der Thesenjournalismus ist neben dem Terminjournalismus eines der gefährlichsten Fettnäpfchen der Berichterstattung. Wie Journalisten an einer Hypothese festhalten können, obwohl sie sich nachweislich (und in diesem Fall auch gerichtsaktenkundig) als falsch herausgestellt hat, zeigt die Affäre um den ehemaligen deutschen Bundespräsidenten Christian Wulff. Am Anfang stand nur ein Gerücht, nämlich dass Niedersachsens bekanntester Millionär, Carsten Maschmeyer, Christian Wulff bei der

Finanzierung seines Eigenheims finanziell geholfen haben soll. Drei Redaktionen, SPIEGEL, STERN und BILD, klagten bis hinauf zum Bundesgerichtshof auf Grundbucheinsicht. Als die schließlich gerichtlich gewährt wurde, waren die Rechercheure so schlau wie zuvor: Wulff hatte eine Grundbuchschuld auf seinen Namen eintragen lassen, von Maschmeyer oder einem anderen Gönner keine Spur. Nur weil Wulffs Pressesprecher sich verplappert, bekommen BILD und STERN heraus, dass nicht Maschmeyer, aber der Osnabrücker Unternehmer Geerkens beziehungsweise dessen Ehefrau zeitweise Geld für den Hauskauf zur Verfügung gestellt hatten. Weder die Vorwürfe, sprich: Hypothesen über eine Falschaussage vor dem niedersächsischen Landtag, noch die Vorwürfe der Vorteilsnahme oder Bestechlichkeit lassen sich nachweisen, zumal Geerkens sich längst aus dem aktiven Geschäftsleben zurückgezogen hat. Später kommen gewisse Bürgschaftsgespräche des Filmproduzenten Groenewold mit Wulff heraus, die einen Zusammenhang mit Einladungen zu Reisen und Oktoberfestbesuchen haben sollen. Auch diese »Enthüllungen« sind weder Ergebnis investigativer Recherchen gewesen (vielmehr hat die Hannoveraner Staatsanwaltschaft sie öffentlich gemacht), noch lassen sie sich nachweisen. Nach der Aufhebung seiner Immunität und dem Rücktritt des Bundespräsidenten bleiben bei der Klageerhebung gegen Christian Wulff noch Vorwürfe über eine Hotelrechnung in Höhe von 400 Euro im Raum: »Von der Lawine zum Schneebällchen« nennt das Heribert Prantl von der SÜDDEUTSCHEN ZEITUNG und spricht von einem »Skandalisierungsexzess« (✑ Prantl 2013). Der Exzess bestand aber gerade darin, dass Journalisten zu lange an einer falschen Hypothese (»der Bundespräsident ist bestechlich«) festgehalten haben. Nicht jede journalistische Hypothese muss zwar so hieb- und stichfest sein, dass sie den strengeren staatsanwaltlichen Maßstäben gerecht wird. Aber wo Journalismus selbst sich staatsanwaltlich geriert, muss auch an die Verifikation der eigenen Hypothesen eine hohe Messlatte angelegt werden (✑ Huff 2012; ✑ Fröhlingsdorf 2012; ✑ Tillack 2013).

4.4 Von der Basis- zur Erweiterungsrecherche

Mit der Basisrecherche ist in vielen Fällen die Recherche auch schon wieder beendet. Wenn es nur darum geht, eine Nachricht oder einen kurzen Bericht von einem Ereignis zu liefern, ist die Recherche der wesentlichen

Fakten und Protagonisten in der Regel ausreichend. Auch hier definiert also die Darstellungsform die Art der Recherche.

Wer allerdings die Absicht hat, einen längeren Bericht zu verfassen, ein Feature, eine MagazinStory oder ein Portrait, der muss die Informationsdichte erhöhen. Dazu dient die Erweiterungsrecherche. Der Rechercheur braucht aber nicht nur zusätzliche Informationen, er stellt auch andere Fragen: Neben den wesentlichen W-Fragen Wer, Was, Wann und Wo rücken bei den längeren Darstellungsformen nämlich andere W-Fragen in den Fokus, die die Ereignisse einordnen, in einen gesellschaftlichen Kontext stellen und Ursachen und Folgen benennen. Kurz: Das Wie und das Warum werden zu den Angelpunkten einer Erweiterungsrecherche.

Kausalität

Kausalität ist eines der umstrittensten Konzepte auch in der Wissenschaft. Wenn man nämlich einmal anfängt, darüber nachzudenken, warum eigentlich ein Ereignis stattgefunden hat, kommt man schnell zu dem Ergebnis, dass sich äußerst selten nur eine *einzige* Ursache für ein Ereignis oder Phänomen dingfest machen lässt. Mit anderen Worten: Ereignisse in der Welt sind nicht monokausal. Das führt dazu, dass viele Forscher aus der Philosophie, aber auch aus der Physik den Begriff der Kausalität gänzlich vermeiden. Der Philosoph und Nobelpreisträger Bertrand Russell brachte es in seinem berühmten Aufsatz »On the Notion auf Cause« auf den Punkt: Kausalität sei ein »Relikt aus alten Zeiten«, das »wie die Monarchie nur deswegen überlebt hat, weil man irrtümlicherweise davon ausgeht, dass sie keinen Schaden anrichtet« (Russell 1912/13: 13; Übers. H. H.).

Dennoch ist der Begriff der »Verursachung« lebenspraktisch und damit auch journalistisch von Bedeutung. Der Philosoph Georg v. Wright machte den Vorschlag, statt von einzelnen Ursachen von »Ursachengeflechten« auszugehen. Das ist auch deswegen narratologisch ein interessanter Ansatz, weil v. Wright Gesamtzustände von Welten definiert, und zwar gerade so, dass eine Menge von Bedingungen, die zu einem bestimmten Zustand führen, als eine »Geschichte« dieser Welt definiert wird (v. Wright 2000: 53 f.). Wer also journalistisch verlässlich und umfassend Auskunft über die Ursachen eines Ereignisses geben will, der muss buchstäblich »die ganze Geschichte« erzählen. Sich stattdessen nur auf Teilaspekte von Ursachengeflechten zu beziehen, kann journalistisch zu schweren Ausnahmefehlern führen. So ist es z. B. nicht so, dass jemand deswegen einen stärkeren Hang zu Kleinkriminalität hätte, weil er oder sie aus Rumänien stammt oder zur Volksgruppe der Roma zählt. Der Kölner EXPRESS aber veröffentlichte im Jahr 2002 auf seiner Titelseite Kopfbilder einiger dutzend Roma-Kinder unter der Überschrift »Die Klau-Kids von Köln« und behauptete, sie seien für 100.000 Straftaten jährlich verantwortlich (🖰 Kaul 2011). Diese falsche, einseitige und vorurteilsbeladene Kausalitätsbehauptung führte ursächlich zur Distanzierung vom Chefredakteur: Er hatte übersehen, dass die EXPRESS-Herausgebergattin, Hedwig Neven-Dumont, Unterstützerin des Vereins Rom e.V. ist – in jeder Hinsicht eine mangelhafte Recherche (🖰 Beucker/Überall 2002).

Eine weitere Unterscheidung in Sachen Kausalität ist beim Storytelling noch sehr wichtig: Da eine Geschichte definiert ist als ein Konflikt zwischen zwei Personen, haben wir es in der Regel mit Kausalitätszuschreibungen zu tun, die menschliche Handlungen betreffen. Menschliche Handlungen werden aber in der Regel nicht vollzogen, weil bestimmte Vorbedingungen herrschen, sondern um etwas zu erreichen. Menschen handeln aufgrund von Motiven und Intentionen, nicht aufgrund von Kausalitäten. Wenn ein Reisender am Bahnhof losrennt, nachdem der Eisenbahnschaffner in die Trillerpfeife geblasen hat, ist nicht die Trillerpfeife die Ursache für das Rennen, sondern die Absicht des Reisenden, den Zug noch rechtzeitig zu erreichen. Mit anderen Worten: Menschen handeln nicht kausal, sondern auf Ziele hin orientiert, man nennt das teleologisch (vom griechischen Wort telos: das Ziel). Der Philosoph Donald Davidson hat den Vorschlag unterbreitet, solche teleologischen Erklärungen als Relation Grund/Folge und nur die kausalen Erklärungen als Relation Ursache/Wirkung zu bezeichnen. Journalisten, die Warum-Fragen beantworten wollen, müssen also normalerweise nach Gründen suchen und nicht nach Ursachen. Sie müssen fragen, welche Absichten und Ziele die Protagonisten verfolgt haben, welche Motive hinter ihren Handlungen stehen, auf was sie zusteuern und was sie erreichen wollen.

Die Basisrecherche findet in der Regel nach der »am-Schreibtisch-bleiben«-Methode statt: Online- und Archivrecherchen, die Durchsicht der Agenturnachrichten und einige Telefonate reichen meist aus, um die basalen Fragen nach dem Wer, Was, Wann und Wo beantworten zu können.

Die Basisrecherche dient der Erfassung des Sachverhalts.

Die Erweiterungsrecherche erweitert nicht nur den Kreis der Fragen um Kausalität und Intentionalität, sondern sie erweitert auch den Aktionsradius: Die Erweiterungsrecherche erfolgt in der Regel nach der »Den-Schreibtisch-verlassen«-Methode. Sie ist die Gelegenheit, Fakten und Orte in eigenen Augenschein zu nehmen, mit Betroffenen, Zeugen und Experten persönlich zu sprechen, sich einen eigenen und individuellen Überblick zu verschaffen.

Checkliste: Bei der Erweiterungsrecherche werden erweitert …

… der Fragenkatalog,
… die Hypothese,
… der Kreis der Befragten,
… der journalistische Aktionsradius.

Die Recherche zu erweitern und die Informationsdichte zu erhöhen, bedeutet, vorhandene Informationen zu präzisieren, die Zahl der Quellen und den Kreis der Informanten zu vergrößern und damit die eigene Hypothese und die eigene Story tragfähig und plausibel zu machen. Man kann die Erweiterungsrecherche auch als die »Was-und-wie-genau«-Methode bezeichnen: Der Politiker hat gelogen, aber was genau hat er gesagt? Es gab zahlreiche Unfallopfer, aber wie viele genau sind es gewesen? Der gute Rechercheur ist der hartnäckige Nachfrager, der sich nicht mit Informationsschnipseln zufriedenstellen lässt, sondern es genau wissen will.

Die Erweiterungsrecherche folgt der »was-und-wie-genau«-Methode.

Zu den klassischen Fällen der Erweiterungsrecherche gehört auch, eine bereits publizierte Geschichte weiterzudrehen, z. B. weil neue Informationen oder Informanten aufgetaucht sind, weil das öffentliche Interesse durch die Erstveröffentlichung sprunghaft gewachsen ist oder weil eine bemerkenswerte Story, die woanders erschienen ist, sich auf die eigenen örtlichen Gegebenheiten anpassen lässt. Es ist das »Milchkuhverfahren«, das einerseits Journalisten wie ein Rudel erscheinen lässt, das sich stets auf das gleiche Opfer stürzt. Andererseits stehen dahinter oft legitime Fragen, die erst zusammengenommen das bilden, was wir »öffentliche Meinung« nennen: Die Firma Lidl lässt ihre Mitarbeiter überwachen, aber tut das auch der konkrete Lidl-Markt in meiner Gemeinde? Der Hamburger Chaos Computer Club hat herausgefunden, dass Wahlcomputer nicht sicher gegen

Hackerangriffe sind, aber gilt das auch für die Wahlcomputer in meinem Wahlkreis? Ein Autohersteller lässt Fahrzeuge eines bestimmten Typs wegen gravierender Sicherheitsmängel zurückrufen, aber wer ist davon in meiner Stadt betroffen? Speziell journalistische Formate im Fernsehen nehmen sich eines Themas häufig erst an, wenn es zuvor schon gedruckt zu lesen war (womit sie ironischerweise den Schnelligkeitsvorteil, den elektronische Medien gegenüber gedruckten Tageszeitungen und noch mehr den Wochenzeitungen und -magazinen haben, wieder aus der Hand geben).

Das Debeka-Debakel

Ein Skandal, den das Investigativ-Team des HANDELSBLATTS aufgedeckt hat, ist ein schönes Beispiel dafür, wie man eine Geschichte weiterdrehen und die Informationsdichte erhöhen kann. Wie HANDELSBLATT-Reporter herausgefunden haben, haben Mitarbeiter des Versicherers Debeka im großen Stil Adressen von angehenden Beamten gekauft und dafür andere Beamte, die diese Daten zur Verfügung stellten, bezahlt. Das ist nicht nur ein Verstoß gegen das Datenschutzgesetz, sondern erfüllt juristisch den Tatbestand der Beamtenbestechung. Nicht nur das HANDELSBLATT hat aus dieser Story mehrere Folgen gemacht. Auch die Wochenzeitung DIE ZEIT hat sich an die Geschichte herangemacht und durch neue Informanten und neue Unterhypothesen der Story ganz neue Facetten hinzugefügt. So hat sie einen ehemals an dem System Beteiligten aufgetan, der wegen Bestechlichkeit verurteilt und aus dem Staatsdienst entlassen wurde. Dieser neue Informant hat den ZEIT-Reportern umfassend das System der Neukundengewinnung der auf den öffentlichen Dienst spezialisierten Versicherung Debeka und auch anderer Versicherer wie HUK, Signal Iduna oder DBV geschildert. Aus der ursprünglichen Hypothese H1 konnten die Rechercheure aufgrund der neuen Informationen die neuen Hypothesen H2 und H3 bilden (siehe Abbildung auf Seite 90).

Man muss hier noch anfügen, dass die Autoren der ZEIT korrekterweise in ihrem Artikel darauf hingewiesen haben, dass die ursprüngliche Recherche vom HANDELSBLATT stammt. Solche Urheberhinweise sollten nicht nur aus kollegialen Gründen eigentlich selbstverständlich sein, werden aber häufig »vergessen«. Die Story konnte auch deswegen immer weiter gedreht werden, weil die Rechercheredaktion des HANDELSBLATTS einen anonymen Briefkasten im Internet eingerichtet hatte, über den an die 300 Hinweise eingingen (⌂ Iwersen 2013; Laux/Storn 2013: 24).

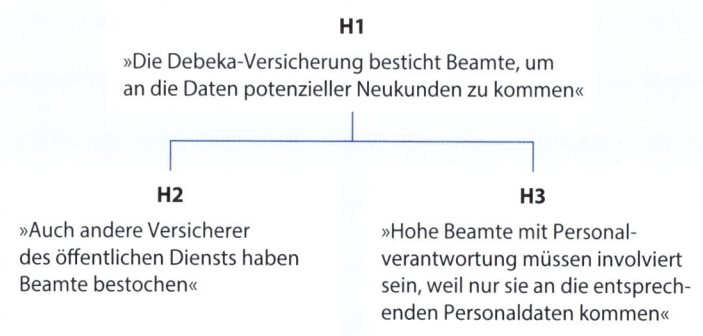

H1

»Die Debeka-Versicherung besticht Beamte, um an die Daten potenzieller Neukunden zu kommen«

H2

»Auch andere Versicherer des öffentlichen Diensts haben Beamte bestochen«

H3

»Hohe Beamte mit Personalverantwortung müssen involviert sein, weil nur sie an die entsprechenden Personaldaten kommen«

Hypothesen zum Debeka-Debakel

Ein wesentlicher Grundsatz der Erweiterungsrecherche lautet gerade in Zeiten des Information Overload:

In die Tiefe, nicht in die Breite recherchieren.

Es geht bei der Recherche nicht darum, jede erdenkliche Information zu erhaschen, die auch nur annäherungsweise zu einem Thema gehören könnte. Ein solches Vorgehen würde eher zu einem amateurhaften Sammler passen, der jede überhaupt nur aufzutreibende Marcel-Proust-Ausgabe sein Eigen nennen muss oder alle Meißener Porzellanfiguren der berühmten Affenkapelle oder jeden männlichen Akt des mallorquinischen Spätexpressionismus. Professionelle Recherche dagegen heißt, genau zu wissen, wonach man sucht und sich auf die nötigen Informationen zu beschränken, die es für eine Story braucht. Schließlich muss jede Recherche auch zeitökonomisch im Rahmen bleiben, um überhaupt zu einer Story zu führen. Wer also Recherchen zu einem Busunglück anstrengt, der wird nicht versuchen, alle 50 Opfer zu interviewen. Wenn er die ersten drei oder vier Betroffenen gesprochen hat, werden die wesentlichen Informationen vorliegen. Jede weitere Befragung wird keinen echten Recherche-Mehrwert mehr erbringen und kann darum unterbleiben. Ähnlich ist es mit dem Parlamentskorrespondenten, der über ein bestimmtes Abstimmungsverhalten im Bundestag berichten möchte. Er wird nicht alle 631 Abgeordneten interviewen, sondern bestenfalls aus jeder Fraktion ein oder zwei, um seine Story zu stricken. Leitfaden bei der Frage nach der Tiefe der Recherche wird stets die Konzentration auf die beabsichtigte Geschichte sein. Als Faustregel lässt sich formulieren:

Es werden so lange Quellen befragt, bis die Informationen einer neuen Quelle die Dichte der Information der bis zu diesem Zeitpunkt befragten Quellen nicht mehr wesentlich erhöht.

Ein wesentliches Moment der Erweiterungsrecherche ist der eigene Augenschein. Der Journalist ist Empiriker und wird sich im Allgemeinen am liebsten auf seine eigenen Wahrnehmungen verlassen.

Wann immer möglich, sollte ein Journalist sich den Ort des Geschehens mit eigenen Augen ansehen.

Wer in Deutschland über das Parlament berichtet, sollte den Berliner Reichstag von innen gesehen haben: Aura und Stimmungen, Betriebsamkeit und Stillstand vermitteln sich nur dem wirklich, der selbst vor Ort gewesen ist. Der eigene Augenschein kann Zusatzinformationen vermitteln, auf die man auch beim besten Willen nicht hypothetisch kommen kann. Wer über geheime Dokumente schreibt, sollte sie in der Hand gehabt haben. Wer *face to face* mit jemandem spricht statt nur am Telefon, kann das Verhalten des Gegenübers beobachten und dadurch den Wahrheitsgehalt von Aussagen womöglich etwas besser einschätzen.

> **Tipp: Problemfall Fernsehrecherchen**
>
> Besonders wichtig ist der eigene Augenschein für Fernsehreporter. Denn die visuelle Information ist für Bewegtbild-Journalismus ein wesentlicher Recherchebestandteil. Wann immer möglich sollte der TV-Journalist darum *vor* den Dreharbeiten den Drehort besichtigen und neben allen inhaltlichen Aspekten auch die örtlichen Gegebenheiten recherchieren: Innen- oder Außendreh, Sonnenstand beim Drehtermin, Tonverhältnisse (ist z. B. eine Schnellstraße oder Bahnlinie in der Nähe)? Bei Außendrehrecherchen ist darum ein Kompass sehr hilfreich: Für Smartphones gibt es heute Kompass-Apps, die gute Dienste leisten. Bei Innendrehs sollte beispielsweise auf Stromanschlüsse und Beleuchtung geachtet werden. Außerdem ist drinnen in der Regel eine Drehgenehmigung nötig, auch und vor allem in sogenannten öffentlichen Gebäuden. Auch einige Kommunen, wie z. B. die Stadt München, verlangen eine offizielle Genehmi-

gung, wenn eine Kamera mit Stativ auf städtischem Grund aufgebaut werden soll (erhältlich in der Regel im Presseamt). Im Ausland ist dies ohnehin üblich und etwa in der italienischen Hauptstadt Rom mit hohen Gebühren verbunden.

Die Schwierigkeit bei solchen Fernsehrecherchen besteht darin, dass viele Redaktionen solche Vor-Ort-Recherchen vor dem eigentlichen Drehtermin nicht mehr vorsehen beziehungsweise dass sie bei aktuellen Einsätzen oft auch gar nicht möglich sind: anreisen, Kamera aufbauen, loslegen! Die (Semi-)Aktualität kann aber auch als Ausrede dienen, um sich die zeitaufwändigen Vor-Ort-Recherchen zu sparen. Viele Kameraleute bekommen darum schon Pickel, wenn sie vom Reporter den Satz hören: »Wir drehen das heute *reportagig*«. Denn das kann so viel bedeuten wie: »Ich kenne mich hier gar nicht aus, also nimm die nächsten acht Stunden die Kamera auf die Schulter und drehe, was das Zeug hält. Ich mache dann im Schneideraum irgendwie einen Film daraus«. Wenn Aktualität die Recherche behindert, sollte die Recherche vorgehen. Auch im Fernsehjournalismus muss gelten: Gültigkeit geht vor Schnelligkeit.

Eine Erweiterung der Recherche wird vor allem notwendig im Falle widerstreitender Aussagen. Wenn Quellen sich widersprechen oder unstimmig wirken, müssen weitere Quellen erschlossen werden, bis der Sachverhalt unstrittig ist. Dabei gilt als Faustregel:

 Bei strittigen Äußerungen frage man die nächsthöhere Instanz.

Wenn Aussagen oder Meinungen nicht überein zu bringen sind, überlegt sich der Journalist, welche übergeordnete Person oder Stelle plausiblerweise die Expertise besitzt, den Streit zu beurteilen: Streiten sich zwei Anwälte, frage man als Nächstes einen Richter. Streiten sich zwei Doktoren, konsultiere man einen Professor. Streiten sich zwei Ohrenzeugen, frage man einen Augenzeugen etc.

 Wenn Auffassungen oder Sachverhaltsschilderungen strittig bleiben, müssen sie als Versionen dargestellt werden.

Dies geschieht regelmäßig, indem die Äußerung als Zitat kenntlich gemacht und die Quelle genannt wird: »Wie der Bürgermeister meint …«, »der Minister ist der Auffassung …«, »der Unfallgegner sieht es anders und sagt: …«. Keinesfalls sollte der Recherchejournalist sich aus Gewogenheit, Sympathie oder persönlichen Präferenzen auf eine Seite schlagen. Hier gilt der viel zitierte Satz des früheren ARD-TAGESTHEMEN-Moderators Hajo Friedrichs: »Einen guten Journalisten erkennt man daran, dass er sich nicht gemein macht mit einer Sache, auch nicht mit einer guten Sache.«

Widersprüche und strittige Aussagen können aber auch ein wichtiges Indiz dafür sein, dass mit der eigenen Hypothese etwas nicht stimmt oder die Hypothese um Unterhypothesen erweitert werden muss. Ein gutes Beispiel hierfür sind die journalistischen Recherchen rund um das World Conference Center Bonn (WCCB).

Millionenfalle Kongresszentrum

Das wichtigste Zukunftsprojekt der ehemaligen Bundeshauptstadt Bonn war der Bau eines internationalen Kongresszentrums mitten im ehemaligen Regierungsviertel. Die Grundsteinlegung erfolgte im Mai 2007. Bauherr war der koreanische Konzern SMI Hyundai. Die koreanische Firma Hyundai hatte erst im Jahr zuvor großzügig die Fußballweltmeisterschaft gesponsert, die Stadt Bonn hatte es also offenbar mit einem solventen Partner zu tun. Eine Explosion der Baukosten, undurchsichtige Finanzierungsvorschläge und viele Widersprüche brachten das Projekt im Frühjahr 2009 ins Gerede. Aber erst ein Rechercheteam des Bonner GENERALANZEIGERS konnte die Widersprüche dadurch auflösen, dass es eine neue Hypothese aufstellte: Der koreanische Finanzier hat mit dem Autobauer außer dem Namen nichts zu tun, die Stadt Bonn war einem Hochstapler aufgesessen. Das Team um die Rechercheure Florian Ludwig, Lisa Inhoffen und Wolfgang Wiedlich veröffentlichte bis heute 89 Folgen ihrer Serie »Die Millionenfalle« im GENERALANZEIGER und deckte dabei unter anderem auch so pikante Details auf, wie dass selbst Tetris-Gewinnspielrechnungen vom Städtischen Gebäudemanagement als »sachlich und rechnerisch richtig« quittiert wurden. Selbst DER SPIEGEL fragte im Mai 2010: »Wie dumm darf sich eine Stadtverwaltung anstellen, bevor es kriminell wird?« Das Bonner Rechercheteam erhielt für seine Arbeit eine ganze Reihe angesehener Journalistenpreise, unter anderem den Wächterpreis der Tagespresse (⌕ Inhoffen u. a. 2013).

4.5   Die Überprüfungsrecherche

Nach dem Aufspüren eines guten Themas, nach der Hypothesenbildung, nach der Basis- und der Erweiterungsrecherche kommt der Arbeitsschritt, der eigentlich der wichtigste in der Kunst der Recherche ist: die Überprüfung. Dennoch hat sich insbesondere im deutschsprachigen Raum die Überprüfungsrecherche noch längst nicht überall als journalistischer Standard etabliert. In den USA hat sich die Arbeitsteilung zwischen *Reporter* und *Editor* eingebürgert: Während der Reporter für die Recherche zuständig ist, übernimmt der Editor das *Fact-Checking* (Sheridan Burns 2013: 37 f.). In Deutschland hält es etwa die ARD MONITOR-Redaktion so, dass es reine Rechercheure gibt, während andere Redaktionsmitglieder die Filmbeiträge produzieren. Beim Nachrichtenmagazin DER SPIEGEL hat jeder Beitrag normalerweise drei Mitarbeiter, wobei die Regel gilt, dass der Rechercheur nicht der Autor ist. DER SPIEGEL ist auch eines der wenigen Medien in Deutschland, die sich eine große eigene Dokumentationsabteilung leisten: 70 Dokumentare überprüfen vor der Veröffentlichung jeden Satz und jedes Wort eines geplanten Artikels (⌐ Haarkötter 2013a: 114).

Der Grund, warum die Überprüfungsrecherche so wichtig ist, liegt auf der Hand: Es gibt keinen Artikel ohne Fehler. »Ich habe noch nie eine Story gecheckt, die nicht mindestens einen Fehler enthielt, und zwar egal, ob sie fünf Seiten oder nur zwei Absätze lang war«, sagte dazu Ariel Hart, einer der Fact Checker der COLUMBIA JOURNALISM REVIEW (zit. n. ⌐ Hunter u. a. 2011: 70). Das Fact-Checking etablierte sich in Amerika in den 1930er-Jahren auch deswegen, weil den Redaktionen in dieser Zeit auffiel, dass die angeblich objektiven Agenturberichte häufig ungenau, sachlich falsch oder gar »schlampig« waren (Haller 2008: 87). Untersuchungen von Mitchell Charnley an der Universität von Minnesota aus dem Jahr 1936 wiesen nach, dass von 591 Artikeln dreier Tageszeitungen aus Minneapolis nur 54 Prozent fehlerfrei waren. Charles Brown fand 1965 in 42 kleineren Wochenzeitungen nur in 59,5 Prozent der Artikel die Fakten richtig dargestellt (MacDougall/Reid 1987: 35). Wenn in Deutschland der Faktencheck nicht flächendeckend vorzufinden ist, ist der Grund dafür vielleicht, dass die Fehlerquote hierzulande deutlich niedriger ist? Mitnichten. Eine Studie von Klaus Eckhardt aus dem Jahr 2000 deutet darauf hin, dass sogar jeder zweite Artikel in deutschen Medien nach Einschätzung der Informanten fehlerhaft ist (zit. n. Haller 2008: 87). Auch Michael Haller stellt fest:

»Der saloppe Umgang mit Informanten-Äußerungen, die unkritische Verwertung von PR-Pressetexten, aber auch von Datenbanken, Archiven und Online-Angeboten führt zu einer stetigen Zunahme unzutreffender Sachaussagen« (Haller 2008: 87).

Da der journalistische Anspruch ans Storytelling aber der ist, faktenbasierte Geschichten zu erzählen, ist das oberste Prinzip, dass die Fakten stimmen müssen. Also müssen sie gecheckt werden. Die Überprüfungsrecherche ist darum der entscheidende Schritt beim Recherchieren.

Die Überprüfungsrecherche hat einen klaren Ablauf:

Überprüfen, ob die Geschichte, die man erzählen will, wahr ist.

Eine wahre Geschichte erzählen heißt nicht nur, dass jede einzelne Tatsache in der Geschichte wahr ist, sondern dass alle zusammen genommen eine höhere Wahrheit ergeben, nämlich die Wahrheit der eigenen Hypothese. Wenn eine alternative Erklärung genau so viel oder sogar mehr Sinn ergibt, stimmt an der Story etwas nicht.

Jedem Sachverhalt mindestens eine Quelle zuweisen.

Für jede einzelne Äußerung und jeden einzelnen Sachverhalt muss es mindestens eine Quelle geben. Das ist wohlgemerkt eine Mindestanforderung, in der Regel sind mehrere Quellen nötig.

Fehler identifizieren und korrigieren.

Sobald sachliche Fehler gefunden werden, müssen sie ausgebessert werden. Unter Umständen ist hier auch noch einmal Nachrecherche nötig.

Unausgewogenheiten entfernen.

In jede Recherche und jeden Beitrag schleichen sich Emotionen, persönliche Wertungen und Unausgewogenheiten ein. Jede einzelne Äußerung sollte darauf hin überprüft werden, ob sie tendenziös ist, ob zu jeder Meinung die Gegenmeinung und zu jedem Vorwurf die Erwiderung eingeholt wurde.

Fact-Checking

Überprüft werden im ersten Schritt nur Sachverhaltsaussagen: Zeitangaben, Ortsbeschreibungen, Namen etc. Treten auf dieser basalen Ebene bereits Unstimmigkeiten auf, müssen auch Sinn- und Kausalaussagen einer tiefergehenden Analyse unterzogen werden. Hierfür wird der Vorgang nach der obigen Übersicht einfach wiederholt und jede Sinnaussage entsprechend überprüft. Die Frage, wie viele Quellen notwendig sind, um einen Sachverhalt als bestätigt gelten zu lassen, lässt sich nicht so pauschal beantworten. Im Jahr 2006 hat dazu Sandra Hermes 256 Nachrichtenredaktionen befragt: Demnach gilt in etwa zwei Drittel aller Redaktionen ein Sachverhalt als bestätigt, wenn zwei unabhängige Quellen einen Umstand beglaubigen *(Zwei-Quellen-Prinzip)*. Rund sechs Prozent der Redaktionen schreiben allerdings auch das *Drei-Quellen-Prinzip* vor (Hermes 2006: 286). Mark Hunter hält das, jedenfalls im Fall investigativer Recherchen, nicht für ausreichend. Er möchte vier Quellen für strittige Sachverhalte haben: »Weniger als vier ist sehr riskant« (Hunter u. a. 2011: 14). Der Anspruch der Redaktion, für die man arbeitet, ist vermutlich eine ganz gute Messlatte bei der Überprüfungsrecherche. Aber auch darauf kann der Recherchejournalist sich nicht immer verlassen, schließlich halten immerhin 40 Prozent der Nachrichtenredaktionen einen Sachverhalt schon für bestätigt, wenn ihn nur eine große Nachrichtenagentur meldet. Und zehn Prozent der Redaktionen halten gar die Überprüfung von Agentur- und PR-Material für »nicht möglich« (Hermes 2006: 287; vgl. auch Welker 2012: 52).

Tipp: Namen

Unbedingt Vorsicht und Aufmerksamkeit müssen der Schreibweise von Namen gelten. Nichts ist peinlicher, als falsch geschriebene Namen zu veröffentlichen. Es kann vor allem aber lang anhaltenden Groll nach sich ziehen und wertvolle Quellen »verbrennen«. Denn beim Gesprächspartner, dem dies widerfährt, muss der Eindruck entstehen, nicht für wichtig oder gar nicht für voll genommen zu werden. Zur richtigen Schreibung von Namen zählen auch die korrekten Titel, egal wie man selbst zu Titeln und anderen Ehrbezeichnungen steht. Visitenkarten sind darum ein wertvolles Rechercheinstrument und sollten unbedingt sorgfältig aufgehoben werden. Heute gibt es Smartphone-Apps, die Visitenkarten einlesen und die Daten direkt ins Kontaktverzeichnis übernehmen.

Die Kernfrage bei der Überprüfungsrecherche, gerade wenn man sich die Methode der Story-basierten Recherche zu eigen gemacht hat, ist: Wann darf eine Hypothese als bestätigt gelten?

 Eine Geschichte ist wahr, wenn die Hypothese wahr ist.

So viel ist sicher: Eine Hypothese ist nicht schon dann bestätigt, wenn der Journalist den Erstbesten gefunden hat, der sie für richtig hält. Es müssen stattdessen einige Dinge zusammenkommen, um die Richtigkeit einer Hypothese zu bestätigen:

Checkliste: Bestätigung der Hypothese

- Der Ablauf des Ereignisses muss hinreichend präzise rekonstruiert sein.
- Die Rollen aller Beteiligten müssen klar sein.
- Alle Tatsachenbehauptungen müssen sich bestätigt finden.
- Die Motive und Intentionen der Handelnden müssen offenliegen.
- Die Verantwortlichkeiten müssen deutlich benannt sein.
- Die Folgen der Handlungen müssen aufgezeigt werden.

Mangelnde Überprüfungsrecherchen sind für einige der großen Presseskandale der Vergangenheit verantwortlich: Ob »Hitler-Tagebücher« oder die Bluewater-Affäre der DEUTSCHEN PRESSE-AGENTUR (DPA): Mit Fact-Checking wäre das nicht passiert.

DPA und die Bluewater-Affäre

Am 10. September 2009 um 9:38 Uhr bringt die DEUTSCHE PRESSE-AGENTUR (DPA) exklusiv eine erschütternde Nachricht: In der kalifornischen Kleinstadt Bluewater sollen drei Attentäter in einem Restaurant mehrere Bomben gezündet haben. Viele deutsche Medien übernehmen diese Meldung im Vertrauen auf die DPA. Um 10:06 Uhr dann bringt DPA die Korrektur: Nicht Terroristen, sondern drei deutsche Rapper namens »Berlin Boys« sollen es gewesen sein. Und sie haben auch keine Bomben gezündet, sondern nur Bombenattrappen bei sich gehabt, um mediale Aufmerksamkeit zu erregen. Um 13:44 Uhr dann zieht DPA auch die zweite Meldung zurück: Keine der beiden Meldungen stimmte, DPA und alle Weiterverbreiter waren einer grandiosen Falschmeldung aufgesessen. Es hat weder ein echtes noch ein angedrohtes Bombenattentat gegeben. Auch die Stadt Bluewater gibt es nicht. Und die »Berlin Boys« auch nicht. Noch mehr Falsches geht nicht: Hier wurde keine Zeitungsente kolportiert, sondern eine ganze Entenzucht. In Wahrheit handelte es sich um eine Guerilla-Marketing-Aktion der Filmemacher Jan Henrik Stahlberg und Marcus Mittermeier, die damit auf ihren Film »Short Cut to Hollywood« aufmerksam machen wollten.

Um die Fälschung glaubhaft erscheinen zu lassen, fälschten die Filmleute Webseiten und WIKIPEDIA-Einträge und schufen einen fiktiven Lokalsender namens VPK-TV, der Videobilder vom vermeintlichen Attentat verbreitete, die in Wahrheit aus dem zu bewerbenden Kinofilm stammten (Röben 2013: 21 f.).

Screenshot des fiktiven TV-Senders VPK7

Es war nicht die erste Panne, die der DPA unterlief. Schon seit den 1960er-Jahren hat sie immer wieder Falschmeldungen über den Ticker geschickt: Am 13. April 1964 meldete sie irrtümlich den Tod des sowjetischen Macht-habers Chruschtschow (der dann noch bis 1971 munter weiterlebte), 1966 brachte die Agentur ein falsches Zitat des sowjetischen Ministerprä-sidenten Alexei Kossygin zur Wiedervereinigung. Für falsche Behauptun-gen über die Proteste gegen den G8-Gipfel in Heiligendamm musste DPA sich bei ihren Abnehmern ebenso entschuldigen wie für falsche Angaben zum beruflichen Werdegang des ehemaligen Bundeswirtschaftsministers zu Guttenberg. Medienjournalist Steffen Grimberg sieht bereits eine »Krise der Nachrichtenagenturen« (ᐁ Grimberg 2011), und Blogger Mich-alis Pantelouris fragt: »Lehnt DPA die Realität eigentlich ab, oder hält sie sie nur für nicht notwendig?« (ᐁ Pantelouris 2012).

Die DPA verschärfte nach der Bluewater-Affäre drastisch ihre Recherche-Leitlinien. Der damalige DPA-Chefredakteur Wolfgang Büchner merkte an: »Eine Story, die zu gut ist, um wahr zu sein, ist vermutlich genau dies: nicht wahr«, und formulierte »Sechs Lehren aus Bluewater«:

»Im Wettbewerb mit der Konkurrenz geht Richtigkeit immer vor Geschwindigkeit.

Organisation: Bei exklusiven Informationen, die das Potenzial haben, zur Nachricht des Tages zu werden, werden künftig sofort vom CvD/Ressortleiter mindestens zwei Mitarbeiter zur Verifizierung von Informationen und Recherche freigestellt. Diese Taskforce widmet sich dann ausschließlich der Berichterstattung über dieses Thema. Das gilt auch in dem Fall, dass der DPA ein schwerer Fehler unterlaufen ist und dieser aufbereitet und gegenüber den Kunden dokumentiert werden muss.

Ortskompetenz: Der ortsansässige Korrespondent wird immer hinzugezogen – unabhängig von der Uhrzeit.

Recherche: Bei zweifelhafter Quellenlage ist die Berichterstattung über einen zusätzlichen »Ring der Überprüfung« abzusichern. Nicht nur die lokale Behörde, sondern mindestens eine übergeordnete Stelle muss die Information bestätigen können (z. B. in den USA die Heimatschutzbehörde oder der jeweilige Bundesstaat). Bei Auslandsthemen sind unbedingt die großen nationalen Medien zu beobachten. Bestehen Zweifel an der Identität eines Anrufers oder an der Richtigkeit einer Telefonnummer, lohnt parallel der Weg über die Auskunft.

Internetquellen: Jeder Mitarbeiter soll in die Lage versetzt werden, die Echtheit von Domains kompetent zu überprüfen. Die DPA-INFOCOM entwickelt ein neues, einfach zu bedienendes Überprüfungs-Tool, mit dem jeder Mitarbeiter einen ersten Plausibilitätscheck vornehmen kann.

Transparenz: Tauchen Zweifel an der Korrektheit gesendeter Meldungen auf, sind unsere Kunden von Anfang an per Achtungshinweis zu informieren. Auch wenn vielleicht noch viele Fragen ungeklärt sind – die Bezieher des dpa-Dienstes werden so früh wie möglich in einem Achtungshinweis informiert« (zit. n. ⭢ Niggemeier 2009).

Egal welche Maßnahmen des Qualitätsmanagements Redaktionen und Medienhäuser ergreifen, um Recherchen zu verifizieren: Letztlich ist es immer der Journalist selbst, der für seine Rechercheergebnisse geradestehen muss. Darum ist Faktencheck im ureigenen Interesse jedes Rechercheurs. Wer keinen Dokumentaristen, keinen abnehmenden Redakteur oder Chef vom Dienst hat, der für ihn oder mit ihm die Überprüfungsrecherche durchführt, ist auf sich allein gestellt. Als hilfreich hat sich hier erwiesen, einen Kollegen oder Bürogefährten hinzuziehen, der die eigene Story mit kritischen Augen liest und Fragen stellen kann. Fernsehjournalisten tun darüber hinaus gut daran, die Story, die sie erzählen wollen, ausführlich ihrem Kamerateam vorzustellen: Es handelt sich schließlich häufig um erfahrene Bildjournalisten, deren Stirnrunzeln einiges über die eigene Hypothese aussagen kann.

Journalisten haben zur Aufgabe, die Wahrheit ans Licht zu bringen. Gleichzeitig sind Journalisten selbst aber auch die größte Gefahr für die Wahrheit: Wenn sie nämlich die Tatsachen verbiegen, um eine Hypothese zu rechtfertigen, um einen Redaktionsschluss einzuhalten oder schlicht, um ein paar Kröten mehr zu verdienen. Die notwendige Arznei dagegen ist eine fundamentale Geisteshaltung, nämlich die der Skepsis.

 Der Journalist muss skeptisch sein.

»Skepsis ist das Zeichen und sogar die Pose des gebildeten Verstands«, sagte der amerikanische Philosoph John Dewey. Skepsis muss der Journalist nicht nur gegen seine Quellen, Informanten und Zuträger bewahren. Skepsis ist auch gegenüber der scheinbar »guten« Seite in den Konflikten und Wechselfällen dieser Welt angebracht, denn auch die »Guten« sind Partei und verfolgen ihre eigene Agenda. Skeptisch vor allem aber sollte der Journalist gegenüber sich selbst bleiben: Skeptisch gegenüber den eigenen Annahmen, der eigenen Haltung und der eigenen Gutgläubigkeit.

 Literatur & Links

Ein praktisch orientierter Leitfaden zum Problem der Themenfindung und Vorrecherche ist:
Barbara Scheiter (2009): *Themen finden*. Konstanz.

Ein Buch, das sich insbesondere der investigativen Recherchen annimmt, ist dieses:
Johannes Ludwig (2007): *Investigativer Journalismus*. 2. Aufl. Konstanz.

Dem besonderen Feld der Motivrecherchen widmet sich dieser Ratgeber: Kai Holland/Françoise Kuntz (2007): *Bildrecherche für Film und Fotografie.* Konstanz.

Zu guter Letzt

Evelyn Waughs Roman »Scoop« über einen Journalisten, der von der Landleben-Redaktion aufgrund einer Verwechslung im Kriegsressort landet, ist nach Ansicht des OBSERVERS »das lustigste Buch, das jemals über Journalismus geschrieben wurde«:

Evelyn Waugh (2013): *Scoop.* Übers.: Elisabeth Schnack, Zürich.

5   Aus Quellen schöpfen

Was man in diesem Kapitel lernt

Wie man durch offene Türen kommt + was es für Typen von Quellen gibt
und wo man sie findet + wie man Geheimnisse ergründet + an wen sich
Whistleblower wenden + was primäre und was sekundäre Quellen sind +
wie man Menschen zum Reden bringt + wie man Informanten schützt +
wie man Rechercheprotokolle, Datenbanken und einen Masterplan
anlegt + und was Anti-Storytelling ist.

Im vorhergehenden Kapitel wurde die Kunst der Recherche auf einer eher
formalen Ebene beschrieben, indem der Vorgang der Recherche anhand
ihrer einzelnen Stationen durchexerziert wurde. Im folgenden Kapitel soll
der Inhalt der Recherche näher betrachtet werden. Denn das, wonach bei
der Recherche für eine Story gesucht wird, sind Quellen. Das Aufspüren
von Quellen ist nicht der einzige, aber der beste Weg, um neues Wissen
über die Welt zu generieren.

Man kann zwischen offenen und geheimen Quellen und zwischen personalen und nicht-personalen Quellen andererseits unterscheiden. In der
älteren Rechercheliteratur wird gerne auch der Unterschied zwischen
»lebenden« und »toten« Quellen gemacht. Es scheint allerdings etwas
unangebracht, eine Quelle, die etwas Aussagekräftiges mitzuteilen hat, als
»tot« zu bezeichnen. Man kann außerdem noch zwischen primären und
sekundären Quellen unterscheiden. Die Frage, wie man Quellen findet
und zum »Sprechen« bringt, ist die entscheidende, um erfolgreich eine
Recherche durchzuführen.

5.1 Nicht-personale Quellen

Offene nicht-personale Quellen

In seiner Erzählung »The Purloined Letter« (»Der verschwundene Brief«) beschreibt Edgar Allan Poe die Suche nach einem gestohlenen Schriftstück, dessen Veröffentlichung großen Schaden anrichten könnte. Eine Hausdurchsuchung bei dem Dieb bleibt so lange ohne Ergebnis, bis der Polizeipräfekt den Meisterdetektiv Auguste Dupin hinzuruft. Der macht die Entdeckung, dass der Brief gar nicht versteckt war, sondern die ganze Zeit offen auf dem Schreibtisch in der mehrfach durchsuchten Wohnung lag (Poe 1988: 346 f.).

Auch wenn das Bild gerade des investigativen Journalisten häufig darin besteht, große Geheimnisse aufzudecken und wie ein Spion mit Minikamera und anderen verdeckten Methoden Verborgenes ans Licht zu holen, lehrt doch die Erzählung von Edgar Allan Poe, dass die meisten angeblichen Geheimnisse eigentlich offen zutage liegen. Was als Geheimnis gilt, sind häufig nur offen daliegende Fakten, denen noch niemand Aufmerksamkeit geschenkt hat. Nach Schätzungen stammen an die 90 Prozent der Fakten aus offenen Quellen, auf die Journalisten frei zugreifen können (🖰 Hunter u. a. 2011: 26).

Journalisten sollten immer zuerst die offene Tür benutzen.

Warum mit dem Kopf durch die Wand, wenn es doch eine Tür gibt? Das meiste, was gewusst werden kann, wurde schon gewusst. Und nicht nur das: Es wurde aufgezeichnet und niedergeschrieben. Man muss als Journalist nur genau hinschauen. Im Folgenden finden sich die wichtigsten Fundorte für solche Quellen.

Bibliotheken: Zu den offenen Quellen zählt der Großteil dessen, was jemals gedruckt wurde. Neben journalistischen Veröffentlichungen aller Art zählt hierzu vor allem Fachliteratur. Verlage und Medienhäuser besitzen darum neben einem Pressearchiv in der Regel auch eine Bibliothek mit den wichtigsten Buchveröffentlichungen zu den hauseigenen Ressorts. Der Zugang zu einer Bibliothek gehört nach wie vor zu den wesentlichen Recherche-Tools für Journalisten. Jede größere Kommune in Deutschland hat eine öffentliche Leihbibliothek. Universitätsstädte haben darüber hinaus, gerade in Hinblick auf Fachliteratur, deutlich besser sortierte Universitäts- und Institutsbibliotheken. Staats- und Landesbibliotheken übernehmen noch dazu Archivierungspflichten der Landesregierungen und halten diverse Akten und andere Aufzeichnungen vor.

Internet: Viele Informationen, die es früher nur gedruckt gab, stehen allerdings heute auch digital als Webressource zur Verfügung. Dazu zählen nicht nur digitalisierte Schriften jeder Art, sondern vor allem auch Informationen und Daten, die heute genuin für das und im Web erzeugt worden sind. Wegen der enormen Wichtigkeit des Internets für die journalistische Recherche sind die folgenden Kapitel fast ausschließlich diesem Thema gewidmet.

Behörden: Behörden sind grundsätzlich Journalisten gegenüber zur Auskunft verpflichtet. Das regeln unter anderem die Landespressegesetze (vgl. Kap. 9). Doch haben Behörden allerlei Möglichkeiten, Auskunftsbegehren zu umgehen. Bis zum Jahr 2006 hatten sie dazu auch die rechtliche Handhabe, denn bis zu diesem Zeitpunkt galt in Deutschland das sogenannte Amtsgeheimnis, demzufolge behördliche Informationen grundsätzlich nicht öffentlich waren. Doch 2006 erfolgte mit dem Informationsfreiheitsgesetz ein Paradigmenwechsel: Es gilt seitdem, dass der Zugang zu behördlichen Informationen die Regel ist und der Zugang gewährt werden muss. Allerdings muss dieser Informationsanspruch immer noch häufig juristisch durchgesetzt werden und kann zum Teil erhebliche Gebühren verursachen (vgl. Kap. 9).

Amtsgeheimnis

Amtsgeheimnis – schon das Wort klingt nach preußischem oder auch k.u.k.-Obrigkeitsstaat: der Beamte als verlängerter Arm der Staatsgewalt, die in der Regel unter Ausschluss der Öffentlichkeit exerziert wird. Entsprechend ist die »Verletzung des Dienstgeheimnisses« nach wie vor in Deutschland eine Straftat (§ 353b StGB). Doch in einer demokratischen Gesellschaft wie der bundesdeutschen geht alle Staatsgewalt vom Volke aus, und schon deswegen sollte Regierungs- und Verwaltungshandeln in der Regel öffentlich stattfinden. Entsprechend regelt das auf Bundesebene das neue Öffentlichkeitsprinzip des Informationsfreiheitsgesetzes (IFG). So bat im Sommer 2006 der Journalist Hans-Martin Tillack vom Magazin STERN das Bundesinnenministerium um eine Liste mit den Namen aller Sponsoren, die Regierungsbehörden finanziell unterstützen. Das Ministerium lehnte die Herausgabe rundheraus ab und verwies auf die einzelnen Ministerien. Der Journalist konsultierte einen Juristen und sandte seine Anfrage an 14 Ministerien sowie das Bundeskanzleramt. Er beantragte Akteneinsicht und nahm dabei auf Anraten seines Juristen mögliche rechtliche Einwände bereits vorweg. Nun setzte sich der Verwaltungsapparat in Bewegung. Bei einigen Ministerien durfte er nun vor Ort Einsicht nehmen. Wer sich immer noch wehrte, war das Verteidigungsministerium: Man müsse zuvor alle Sponsoren fragen, ob sie mit der Akteneinsicht einverstanden seien, hieß es. Der Journalist protestierte, schließlich hätten die Sponsoren im Vorfeld davon ausgehen müssen, dass ihre Namen veröffentlicht werden. So verlange es auch eine Regierungsvorschrift. Er beschwerte sich beim Bundesdatenschutzbeauftragten, dieser intervenierte mit Erfolg. Schließlich gewährte auch das Verteidigungsministerium Akteneinsicht, Kaffee und Kuchen inklusive (⌐ Branahl 2008: 9).

Auch viele deutsche Bundesländer haben mittlerweile entsprechende Regelungen erlassen. In der Schweiz ist mit dem Bundesgesetz über das Öffentlichkeitsprinzip der Verwaltung (BGÖ) seit 2006 ein Anfang gemacht worden, die Transparenz von Verwaltungshandeln zu fördern und jeder Person das Recht auf Akteneinsicht zu gewähren. Weltweit gibt es inzwischen in über 80 Ländern Informationsfreiheitsgesetze. In Österreich gibt es zwar seit 1987 ein Auskunftspflichtgesetz. Allerdings ergibt sich daraus kein Auskunftsanspruch der Bürger, im Gegenteil: EU-weit einzigartig hat die Amtsverschwiegenheit in Österreich sogar Verfassungsrang!

Gerichte: Gerichte müssen ihre Urteile öffentlich machen. Allerdings wird tatsächlich nur ein kleiner Teil aller ausgesprochenen Gerichtsentscheidungen wirklich veröffentlicht. Außerdem sind veröffentlichte Urteile in der Regel anonymisiert, das heißt, die Namen der Verfahrensbeteiligten sind unkenntlich gemacht. Gerichte können für Entscheidungsabdrucke Gebühren verlangen, entweder als Pauschale oder auch seitenweise (z. B. 0,50 Euro pro Blatt). Gerichte haben aber nicht nur Urteile zu bieten. Die Amtsgerichte führen auch das Handels- und das Vereinsregister. Wer darum nähere Auskünfte zu Wirtschaftsunternehmen oder Vereinen sucht, kann hier fündig werden. Aus dem Handelsregister sind z. B. Rechtsform und Sitz von Unternehmen, der Inhaber oder Gesellschafter, Geschäftsführer, die Eröffnung oder Aufhebung eines Insolvenzverfahrens und das Erlöschen der Firma ersichtlich. Dem Vereinsregister entnimmt man etwa den Vorstand eines Vereins, dessen Satzung, die Höhe der Mitgliedsbeiträge oder in wichtigen Angelegenheiten die Protokolle der Mitgliederversammlungen ([⌘] Eßer 2001; Kunz 2006). Auch das Grundbuch wird in der Grundbuchabteilung des Amtsgerichts geführt. Dort kann eine Kopie des Grundbuchblattes eines entsprechenden Grundstücks beantragt werden. Aus diesem Blatt ist neben Art und Größe eines Grundstücks auch ersichtlich, wer gegenwärtig der Eigentümer ist und von wem, wann und auf welche Weise er das Eigentum erworben hat. Die Grundakte enthält auch die entsprechenden Urkunden, also Kaufverträge etc. Einsicht ins Grundbuch erhält, wer ein berechtigtes Interesse vorweisen kann. Dazu zählt auch das öffentliche Informationsinteresse, in dessen Namen ein Journalist recherchiert ([⌘] Branahl 2008: 66 f.).

Musterbrief Grundbucheinsicht

Süddeutsche Zeitung
Redaktion Nordrhein-Westfalen

An das
Amtsgericht Gelsenkirchen
Grundbuchamt

Betr: Auskunft über Eigentümerwechsel
Bochum, den 11. Juni 2005

Sehr geehrte Damen und Herren,

hiermit beantrage ich Auskunft über den derzeitigen ins Grundbuch eingetragenen Eigentümer des Grundstückes Flur 88 Flurstück 56 »Parkstadion«. Das Grundstück gehörte bislang der Stadt Gelsenkirchen und wurde im September vergangenen Jahres an den FC Schalke e.V. verkauft, der das Gelände dann an die Schalke Parkstadion GmbH & Co ICG weiterverkauft hat. Das Gelände soll dem Vernehmen nach in mehrere Stücke aufgeteilt worden sein. Uns interessieren nun die Eigentums- und Belastungsverhältnisse, der Flur 88 Flurstück 56 »Parkstadion«.
Bei unserem Antrag berufen wir uns auf die Entscheidung des Bundesverfassungsgerichtes I BvR 1307/91 vom 28.08.2000 und die Entscheidung des Amtsgerichts Gelsenkirchen-Buer vom 04.02.2003 in gleicher Sache.
In den vergangenen Wochen sind der SÜDDEUTSCHEN ZEITUNG umfassende Informationen zugegangen, nach denen Der FC Gelsenkirchen-Schalke 04 in erhebliche finanzielle Schwierigkeiten stecken soll. Den Informationen zufolge kann eine Überschuldung nicht ausgeschlossen werden. Um

den Verdacht im Rahmen unserer journalistischen Sorgfaltspflicht überprüfen zu können, benötigen wir Klarheit über die Belastungen und Eigentumsverhältnisse der entsprechenden Grundstücke. Ich weise Sie darauf hin, dass die Eigentümer der Grundstücke nicht der beabsichtigten Einsichtnahme zustimmen müssen. Sie dürfen laut BVG auch nicht über die beabsichtigte Einsichtnahme informiert werden, da sonst die Recherchen verunmöglicht würden.

Für Rückfragen stehe ich Ihnen ständig unter 0172-XXXXXX
zur Verfügung.

Mit den besten Grüßen

Parlamente: Der Deutsche Bundestag und die Länderparlamente halten eine große Menge an Informationen vor. Alle Vorlage erscheinen als Drucksachen und sind prinzipiell recherchierbar: Gesetzentwürfe, Anträge von Fraktionen oder der Bundesregierung, Beschlussempfehlungen und Berichte aus den Ausschüssen, Änderungs- und Entschließungsanträge, Große und Kleine Anfragen aus dem Parlament an die Regierung, Berichte und Unterrichtungen sowie Fragen für die Fragestunde im Plenum.

Tipp: Informationssystem für parlamentarische Vorgänge

Der Deutsche Bundestag und der Bundesrat bieten im Internet ein eigenes gemeinsames Dokumentations- und Informationssystem für Parlamentarische Vorgänge (DIP) an. Hier sind Dokumente seit Gründung der Bundesrepublik eingestellt. Ab der 16. Wahlperiode (2005) lässt sich darin auch thematisch suchen:
http://www.bundestag.de/dokumente/drucksachen/index.html

Öffentliche Körperschaften und öffentliche Unternehmen: Die Auskunftsrechte gegenüber Behörden beziehen sich grundsätzlich auch auf private Gesellschaften, die entweder überwiegend dem Staat gehören oder staatliche Aufgaben übernehmen. Dazu zählen z. B. Krankenkassen, Abfallwirtschaftsbetriebe, Religionsgemeinschaften oder auch öffentlich-rechtliche Rundfunkanstalten. Das Landgericht München etwa urteilte, dass die Olympiapark München GmbH, die zu hundert Prozent der Stadt München gehört, gegenüber Journalisten auskunftspflichtig ist, die wissen wollten, wie sich die Umsatzzahlen bei den Kiosken im Olympiastadion entwickelt, wie viel Geld die Stadtwerke als Sponsoring an die GmbH gezahlt haben und ob die Sponsorengelder auch für eine Skipiste verwendet wurden (🕮 Heiser 2012: 2; 🕮 Branahl 2008: 138).

Wirtschaftsunternehmen: Presserecht und Informationsfreiheitsgesetz gewähren Journalisten die Auskunftsrechte nur gegenüber öffentlichen Stellen. Private Unternehmen sind nicht verpflichtet, Journalisten Rede und Antwort zu stehen. Neben den amtlichen Informationen, die man etwa übers Handelsregister erhält, ist der Journalist hier vorerst auf die Daten angewiesen, die eine Firma freiwillig herausgibt. Hier ist der Weg über die firmeneigene Pressestelle in der Regel unvermeidlich. Besondere Vorsicht ist dabei geboten, da Informationen von Pressestellen, firmeneigenen Websites etc. stets interessegeleitet und in der Regel wenig objektiv sind. Der Kommunikationswissenschaftler Jürgen Bentele behauptet zwar, dass Journalismus und Public Relations sich gegenseitig bedingten und beeinflussten. Journalismus und Öffentlichkeitsarbeit könnten ihm zufolge ihre jeweiligen »Kommunikationsleistungen« nur erbringen, »weil die andere Seite existiert und mehr oder weniger bereitwillig mitspielt« (Bentele/Liebert/Seeling 1997: 240). Bentele hat diesen Ansatz Intereffikationsmodell genannt (vom Lateinischen »efficare«: ermöglichen). Allerdings muss man sehen, dass PR-Leute häufig gerade keine »Ermöglicher«, sondern im Gegenteil »Verhinderer« sind, die Informationen unterdrücken, Interviewwünsche ablehnen und Zugänge verwehren. Das »Netzwerk Recherche« etwa vergibt jedes Jahr den Negativpreis »Verschlossene Auster« an den »Informationsblockierer des Jahres«. Ausgezeichnet wurden bislang überwiegend Wirtschaftsunternehmen und -verbände.

Auskunfteien: Eine andere Möglichkeit, an Unternehmensdaten zu kommen, sind die Wirtschaftsauskunfteien. Firmen wie die Schufa, Creditreform oder die Hoppenstedt Holding sammeln Daten über Unternehmen und Privatpersonen. In der Kritik stehen diese Auskunfteien häufig, was die Auskünfte zu den Vermögensverhältnissen von Privatpersonen angeht. Was Unternehmensdaten betrifft, können sie aber journalistisch sehr hilfreich sein. Sie bieten Informationen über Rechtsform, Beteiligungen, Unternehmensgegenstand, Niederlassungen, Finanzlage und Unternehmenskennzahlen, wobei sie neben amtlichen auch auf halbamtliche Quellen und Befragungen zurückgreifen. Die Auskünfte sind kostenpflichtig. Viele große Medienhäuser und Sendeanstalten haben Zugang zu einer oder mehreren Auskunfteien.

Internationale Organisationen: In der globalisierten Welt lassen sich die Ereignisse vor Ort oft nur noch verstehen und erzählen, wenn man die internationalen Zusammenhänge nachvollziehen kann. Internationale Organisationen bieten hier häufig viele Informationsmöglichkeiten, allen voran die Europäische Union. So müssen z. B. Behörden und öffentliche Auftraggeber ab einer gewissen Größenordnung Aufträge öffentlich europaweit ausschreiben. Die EU hat ein Portal für europaweite öffentliche Ausschreibungen ins Netz gestellt. Nominell handelt es sich dabei um die Onlineversion des »Supplements zum Amtsblatt der Europäischen Union«, die auch systematische Suchanfragen zulässt und nach Meinung des Datenjournalisten Sebastian Heiser »keine Wünsche offen lässt« (⌁ Heiser 2012: 9). Sie ist unter dem Namen »Tenders Electronic Daily« (TED) erreichbar. Auch viele andere internationale Organisationen bieten diverse freie Informationsmöglichkeiten. Dazu zählt etwa der Dokumentenservice der Vereinten Nationen, der nach erfolgter Akkreditierung für Journalisten eine Vielzahl an Material zur Verfügung stellt.

Tipp: Internationale Organisationen

Das Supplement zum Amtsblatt der Europäischen Union findet sich hier: http://ted.europa.eu/TED/main/HomePage.do

Auf dieser Website sind alle Dienste zusammengefasst, die die EU für Pressevertreter zur Verfügung stellt: www.eu-presse.europedirect-aachen.de

Zum Dokumentenservice der Vereinten Nationen geht es hier: http://www.un.org/en/documents/

Nicht-Regierungsorganisationen: Diese NGOs (Non Governmental Organizations) tragen heute nicht unwesentlich zum politischen Bewusstsein der Zivilgesellschaft bei. Die erste humanitäre Nicht-Regierungsorganisation der Welt war das 1863 gegründete »Rote Kreuz«. Schon zuvor hatte sich 1839 mit der »Foreign Anti-Slavery Society« eine Menschenrechtsorganisation gegründet. Heute zählt die »Union of International Associations« (UIA) über 7.600 nicht- staatliche Organisationen, die nahezu alle gesellschaftlichen Themenbereiche abdecken. Die fachliche Expertise der häufig hauptamtlichen Mitarbeiter ist exzellent, entsprechend wertvoll können die Informationen solcher Organisationen sein. Allerdings tut der

Recherchejournalist gut daran, auch NGO-Informationen mit Vorsicht zu genießen. Denn auch solche unabhängige Organisationen können eine eigene Agenda verfolgen.

Tipp: Nicht-Regierungsorganisationen

Auf der Website der Union of International Associations (UIA) gibt es nicht nur viele Informationen über NGOs, sondern auch eine Mitgliederliste, über die einzelne Organisationen recherchierbar sind:
http://www.uia.org

Public-Relations-Agenturen: PR-Agenturen filtern sehr stark das Bild, das die Öffentlichkeit von ihren Auftraggebern erhalten soll. Dabei sind sie stark auf Journalisten als Gatekeeper und Meinungsführer bezogen. Oft sind PR-Leute der erste, wenn nicht der einzige Zugang zu offenen Informationen über Firmen und Personen. Es wäre also journalistisch unklug, sie nicht auszunutzen. Häufig ziehen PR-Leute und Journalisten auch an einem Strang, z. B. wenn es darum geht, bestimmte Informationen oder Personen an die Öffentlichkeit zu bringen. Eine zu große Nähe zwischen bestimmten journalistischen Ressorts und der PR hat den entsprechenden Journalisten den Vorwurf der Kumpanei, wenn nicht Vorteilsnahme eingebracht, z. B. im Reise- und Motorjournalismus (vgl. Haarkötter/Runge 2015). Da PR-Informationen immer interessegeleitet sind, ist es im Falle der Verwendung besonders wichtig, die Quelle transparent zu machen. So wird etwa im Reiseressort der Tageszeitung DIE WELT explizit notiert, wenn eine Recherchereise von einer PR-Agentur oder einem Tourismusverband unterstützt wurde. Zum kritischen Umgang mit PR-Material zählt auch die sinnvolle Übersetzung: Eine beliebte Arbeitsweise der Public Relations ist das *wording*, also der gezielte Einsatz von Euphemismen, um die öffentliche Meinung positiv zu beeinflussen. Ein Journalist sollte solche Euphemismen nicht unkritisch übernehmen, sondern statt von »Freisetzungen« wieder von »Entlassungen« reden und statt von »sozialverträglichem Frühableben« doch besser von einem »vorzeitigen Todesfall«.

Es gibt noch ein paar generelle Tipps, was den Umgang mit offenen Quellen angeht. Dazu zählt:

Nicht nach spezifischen Informationen, sondern nach Typen von Quellen suchen.

Bibliotheken	kommunale Bibliotheken (populäre Literatur) Universitätsbibliotheken (wissenschaftliche Fachliteratur) Staatsbibliotheken (wissenschaftliche Universalbibliotheken und Archive)
Internet	private Websites soziale Netzwerke und Blogs digitale Publikationen digitale Archive Datenbanken
Behörden	Presseämter und -mitteilungen Jahresberichte Akten und Archive
Gerichte	Urteile Handelsregister Vereinsregister
Parlamente	Drucksachen Anfragen
öffentliche Körperschaften und öffentliche Unternehmen	Sozialversicherungen öffentlich-rechtliche Rundfunkanstalten kommunale Unternehmen (Akten, Jahresberichte, Bilanzen)
Wirtschaftsunternehmen	Aktiengesellschaften (Bilanzpflicht) Pressestellen (PR-Mitteilungen) Patentanmeldungen
Wirtschaftsauskunfteien	Handelsregisterauszüge Unternehmenskennzahlen
internationale Organisationen	Ländervergleichsdaten Wirtschaftsdaten Datenbanken
Nicht-Regierungsorganisationen	Publikationen Tests und Datenbanken
PR-Agenturen	PR-Mitteilungen

Offene Quellen

Nach der einen gezielten Information zu suchen, gleicht häufig der Suche nach der sprichwörtlichen Nadel im Heuhaufen. Sinnvoller kann es da sein, um im Bilde zu bleiben, nach den Herstellern von Nadeln zu fragen oder zu überlegen, wo es die meisten Heuhaufen gibt.

Offene Quellen miteinander vergleichen.

Eine probate Methode, um neue Erkenntnisse zu erzielen, kann es auch sein, bereits bekannte Informationen zu vergleichen und miteinander zu verknüpfen. Zum Beispiel stießen Studenten der Missouri School of Journalism in Columbia durch die Analyse offener Daten auf den seltsamen Umstand, dass die meisten Bootsunfälle in Amerika nicht etwa in Küstenregionen, sondern auf dem platten Land in Missouri passierten. Sie verglichen diesen Umstand mit einigen ebenfalls öffentlich bekannten Besonderheiten der Gesetzgebung in Missouri, nämlich dass es beispielsweise in Missouri gesetzlich zwar verboten ist, in der Öffentlichkeit Alkohol zu trinken, erlaubt ist es dort aber auf offenem Wasser. Also bestätigte sich eine Anfangshypothese, dass Jugendliche mit Booten auf Seen und Flüsse fahren und sich betrinken, und unter Alkoholeinfluss geschehen dann die Unfälle (☝ Söfjer 2010).

Populäre Quellen nutzen, um spezielle Quellen zu finden.

Das beste Beispiel für diese Faustregel ist die Online-Enyklopädie WIKIPEDIA. Sie ist zwar deutlich besser als ihr Ruf und es gibt einige wirklich exzellente Artikel auf WIKIPEDIA, aber für den Journalisten gerade im Eifer des aktuellen Gefechts ist es oft schwer, deren Validität einzuschätzen.

Fälschungen auf Wikipedia

Bekannt geworden ist der peinliche Fall, bei dem die BILD nach der Ernennung Karl-Theodor zu Guttenbergs als Bundeswirtschaftsminister auf der Titelseite in großen Lettern die Frage stellte: »Müssen wir uns diesen Namen merken?« Zitiert wurden die elf Vornamen des adligen Ministers, die aus WIKIPEDIA abgeschrieben waren. Indes war einer dieser Vornamen, »Wilhelm«, von einem Kommunikations-Guerillero frei erfunden worden. WIKIPEDIA wird auch immer wieder von findigen PR-Profis missbraucht, um Firmeninformationen oder unangenehme Wahrheiten über Wirtschaftslenker zu frisieren (Oppong 2014: 39 ff.).

WIKIPEDIA ist aber eine Fundgrube für weitergehende Informationen, wenn man all den Weblinks und Literaturtipps folgt, mit denen die Wiki-Informationen belegt werden.

Expertenwissen nutzen, um Quellen aufzuspüren.

Dass eine Quelle offen ist, bedeutet noch nicht, dass ein Journalist sie sich ohne weiteres handhabbar machen kann. Hier kann es sinnvoll sein, sich Expertenwissen nutzbar zu machen. Im einfachsten Fall ist das ein Bibliothekar oder ein Archivar, der sich in seinem Reich besonders gut auskennt (z. B. die Mitarbeiter der Berliner Stasi-Unterlagen-Behörde). Ein Experte kann aber auch zu Quellen führen, die zwar prinzipiell offen sind, auf die der Journalist von allein aber nie kommen würde, z. B. der Wissenschaftler, der die Literatur zu seinem Fachgebiet aus dem Effeff beherrscht.

Geheime nicht-personale Quellen

Die meisten Quellen, deren man überhaupt habhaft werden kann, sind offene. Das Rechercheproblem ist ja, dass es in Zeiten des Information Overload sogar viel zu viele offene Quellen gibt. Die meisten Sachverhalte des persönlichen Lebens dagegen sind privat oder sogar intim und darum in der Regel gerade nicht offen. Und das ist, um einen Berliner Regierenden Bürgermeister zu zitieren, auch gut so. Journalistische Recherche hat mit persönlichen und intimen Details in aller Regel nichts zu tun, auch wenn Vertreter des Boulevardjornalismus bemüht sind, diese Grenze immer weiter aufzuweichen. Es gibt wie von jeder Regel so auch von dieser Ausnahmen: der katholische Geistliche, der sich des Missbrauchs verdächtig gemacht hat, oder der konservative Bürgermeister, der öffentlich gegen Homosexuelle wettert, aber heimlich selbst einer ist – das könnten Fälle sein, in denen es gerechtfertigt erscheint, die Grenze zum Privaten und Intimen zu überschreiten.

Geheime Dokumente, also geheime nicht-personale Quellen, sind, wenn sie denn im Journalismus eine Rolle spielen, sehr häufig nicht das Ergebnis von Recherche. Geheime Informationen gelangen oft eher durch Insider, sogenannte »Whistleblower«, an die Öffentlichkeit. Das englische »to whistle« heißt »pfeifen«, ein Whistleblower ist also jemand, der jemand anderen »verpfeift«. Die Chance, an geheime Informationen von solchen Whistleblowern zu kommen, ist für das Gros der Journalisten ziemlich gering. Wer nämlich jemanden verpfeifen will, der will auch eine größt-

mögliche Öffentlichkeit herstellen. Er wird sich darum nicht ans STRAU-
BINGER TAGBLATT oder den TRIERISCHEN VOLKSFREUND wenden, sondern
an die großen überregionalen Blätter oder Magazine. Das ist einer der
Gründe, warum die aufsehenerregenden investigativen Storys so häufig im
SPIEGEL, der SÜDDEUTSCHEN ZEITUNG oder dem STERN zu lesen sind. Die
Einführung anonymer Briefkästen durch einige Rechercheredaktionen
(siehe Kap. 4.2.3) vergrößert die Möglichkeit, Informanten systematisch
dazu zu animieren, geheime Dokumente weiterzugeben.

Whistleblower

Ob der Begriff »Whistleblower« von den Trillerpfeifen der englischen Polizei herrührt oder von denen der Fußballschiedsrichter, die damit auf
Regelverstöße hinweisen, ist nicht ganz klar. Klar ist dagegen, dass das
positive gesellschaftliche Image dieser Geheiminformanten in derbem
Kontrast zu den Gefahren steht, in die sie sich häufig begeben. Immerhin
nennen selbst die Wissenschaftlichen Dienste des deutschen Bundestags
die Whistleblower »Hinweisgeber mit Zivilcourage« (Bug/Beier 2009: 1).
Oft bezahlen diese ihre Zivilcourage aber mit Jobverlust, wirtschaftlichen
Schwierigkeiten, Stigmatisierung und sogar Haftstrafen. Einer der bekanntesten Whistleblower ist Daniel Ellsberg, der 1971 die geheimen
»Pentagon-Papiere« in der NEW YORK TIMES lancierte, mit denen nachgewie-
sen wurde, dass die amerikanische Öffentlichkeit jahrelang über wichtige
Aspekte des Vietnamkriegs getäuscht worden war. Eine neue Qualität hat
das Whistleblowing im digitalen Zeitalter erfahren, weil es nie so einfach
war, auch große geheime Datenmengen zu kopieren und weiterzugeben.
Das macht sich etwa die Enthüllungsplattform WIKILEAKS zunutze, die offensiv dazu auffordert, für die Öffentlichkeit relevante geheime Dokumente
hochzuladen. Ein »leak« ist zu deutsch ein Leck, also eine undichte Stelle.
Der US-amerikanische IT-Spezialist und Angehörige der US-Streitkräfte
Bradley Manning nutzte etwa im Jahr 2010 WIKILEAKS, um geheime Video-
aufnahmen von amerikanischen Hubschrauberangriffen auf irakische
Zivilisten zu »leaken«. Auch die Veröffentlichung geheimer Botschaftsde-
peschen (»Cablegate«) soll auf Manning zurückgehen, der dafür seit Mai
2010 in Haft sitzt. Der Europäische Gerichtshof für Menschenrechte hat
zwischenzeitlich festgestellt, dass die Veröffentlichung von Missständen
beim Arbeitgeber durch einen Arbeitnehmer von der auch in der Europäischen Menschenrechtskonvention garantierten Freiheit der Meinungs-
äußerung gedeckt sein kann. In Deutschland vergibt die Vereinigung

Deutscher Wissenschaftler (VDW) seit 1999 den Internationalen Whistleblower-Preis. Das Whistleblower-Netzwerk e.V. setzt sich für besseren Schutz von Whistleblowern ein. Ähnliche Organisationen gibt es auch in anderen Ländern.

Tipp: Whistleblower

Auf der Website des VDW gibt es Informationen über den Whistleblower-Preis und die Preisträger:
http://www.vdw-ev.de

Die Website des Whistleblower-Netzwerks e.V. bietet viele Informationen, Tipps und Tricks und weiterführende Links:
http://www.whistleblower-netzwerk.de

Der Soziologe Brian Martin hat einen Leitfaden für Whistleblower verfasst, der kostenlos im Internet zu haben ist:
http://www.bmartin.cc/pubs/13wb.pdf

Whistleblower Brad Manning   Wikileaks-Gründer Julian Assange

Äußerste Vorsicht sollten Journalisten walten lassen, wenn sie nicht auf Whistleblower warten wollen, sondern sich selbst geheime Informationen beschaffen wollen. Die Gefahr, sich dabei strafbar zu machen, ist nämlich sehr hoch. Eine Veröffentlichung geheimer Dokumente ist beispielsweise rechtlich unzulässig, wenn die Informationen rechtswidrig beschafft wurden. Das kann der Fall sein, wenn der Journalist bei der Informationsbeschaffung einen Rechtsbruch begangen hat, oder auch, wenn ein Dritter die Dokumente illegal beschafft und dann dem Journalisten übergeben hat (Eichhoff 2010: 232). Strafbar kann sich auch machen, wer über eine nicht-öffentliche Gerichtsverhandlung oder über amtliche Schriftstücke, die den Verhandlungsgegenstand betreffen, berichtet (ebd.: 226). Letztlich muss hier stets abgewogen werden zwischen dem Interesse der Allgemeinheit und dem Schutzbedürfnis von Personen und Institutionen. In anderen Ländern ist zum Teil noch größere (juristische) Sorgfalt bei der Recherche geheimer nicht-personaler Quellen angebracht. So wurde in der Schweiz ein Reporter der Tageszeitung BLICK zu einer Geldstrafe von 7.200 Franken verurteilt, weil er einen Detektiven dazu angestiftet hatte, bei der Kantonspolizei St. Gallen Fotos von zwei Taxifahrern zu beschaffen, die der Vergewaltigung bezichtigt worden waren (Krummenacher 2013). In Japan ist im Jahr 2013 sogar ein Gesetz erlassen worden, demzufolge es nicht nur strafbar ist, geheime Informationen zu publizieren, sondern sogar schon der Versuch, sie zu recherchieren (⌁ Streitberg 2013). Auch in den USA trifft man nicht auf den aus Deutschland gewohnten Quellenschutz: Unter bestimmten Umständen können Gerichte hier Journalisten zwingen, ihre Quellen offenzulegen. So verbrachte anno 2004 die Reporterin der NEW YORK TIMES Judith Miller 12 Wochen in Beugehaft, bis ihr Informant sie vom Vertraulichkeitsversprechen entband. Während der Präsidentschaft von Barack Obama gab es doppelt so viele Spionageverfahren wie unter allen vorherigen Präsidentschaften seit Verabschiedung des Spionagegesetzes 1917 zusammen (⌁ Knigge 2013).

Eine besondere Schwierigkeit bei geheimen nicht-personalen Quellen betrifft ihre Validität: Woher kann man wissen, dass die geheimen Informationen gültig und zutreffend sind? Die Überprüfungsrecherche bei geheimen Dokumenten muss besonders sorgfältig durchgeführt werden.

Checkliste: Überprüfung geheimer Informationen

1. *Das Material prüfen:* Die Beschaffenheit geheimen Materials kann schon viel darüber aussagen, wie authentisch es womöglich ist: Kommt es auf Papier oder als Datei? Und wenn in Papierform, hat es ein Wasserzeichen, ein Firmenlogo oder einen Briefkopf? Bei Dateien ist zu fragen, in welchem Dateiformat sie vorliegen, wann sie verfasst wurden, mit welchem Programm, Computer und Betriebssystem (siehe unten, »Tipp: Metadaten«). Dies können alles Anhaltspunkte für eine erste Plausibilitätsprüfung sein. Der Fall der gefälschten Hitler-Tagebücher führt augenfällig vor, wie eine Redaktion wie die des STERN im Falle der angeblichen Hitler-Tagebücher alle Hinweise, die schon das Material gab, in den Wind schrieb.

2. *Das Umfeld rekonstruieren:* Geheimes Material bezieht sich meist auf Sachverhalte, die nicht völlig, sondern nur teilweise geheim sind. Der Vergleich des vertraulichen Materials mit dem rekonstruierten Umfeld macht Übereinstimmungen und Unstimmigkeiten sichtbar.

3. *Außenseiter mit Sachwissen suchen:* Dies kann ein ehemaliger Angestellter, ein früherer guter Geschäftspartner und ein Experte sein. Ein solcher (ehemaliger) Insider kann am ehesten die Gültigkeit des geheimen Materials beurteilen. Man sollte ihm füglich nicht die kompletten Informationen geben, sondern einige Sachverhalte aus dem Geheimmaterial bekannt machen und um eine Einschätzung bitten. Von der Güte dieser Stichprobe lässt sich dann auf das Restmaterial schließen.

4. *Pendler kontaktieren:* Pendler sind Insider, die Außenkontakte pflegen, also z. B. Pressesprecher oder Sachbearbeiter. Ihnen legt man unverfängliche Teile des vertraulichen Materials vor und lässt sie dazu Stellung beziehen.

5. *Den Chef konfrontieren:* Erst im letzten Schritt und am besten so kurz vor der Veröffentlichung, dass diese nicht mehr verhindert werden kann, wird der Geschäftsführer, der Eigentümer oder der Minister damit konfrontiert, dass heikles geheimes Material vorliegt. Auf jeden Fall muss dieser vor der Publikation Gelegenheit zur Stellungnahme haben, was regelmäßig auch zur Verifikation des Materials dienen kann.

6. *Sonderfall: Bild- und Videomaterial:* Heute kommt es häufig vor, dass Redaktionen digital Bild- und Videomaterial angeboten wird, oder gar YOUTUBE-Material journalistisch weiterverarbeitet werden soll. Gerade hier ist eine Qualitätskontrolle unerlässlich, um die Authentizität zu garantieren. Der Rundfunkstaatsvertrag sieht sogar explizit vor, dass

die Herkunft allen zu veröffentlichenden Materials sorgfältig zu prüfen ist. Das ZDF bekommt während des Syrien-Bürgerkriegs täglich 1.000 Amateurvideos angeboten! Ein Check kann hier so aussehen, dass das Material mit frei zugänglichen Wetter- und Ortsdatenbanken und anderen Bildquellen (GOOGLE EARTH, CURIOUS, WIKIMAPIA) abgeglichen wird (sog. Cross-Check), Kenner der Region befragt und natürlich auch die Metadaten ausgewertet werden. Im Bild selbst sollte man auf *landmarks* achten (Straßennamen, Nummernschilder, Bekleidung, Waffen). Daneben muss auch der Uploader und seine Website (Domain-Abfrage) geprüft und im Zweifel vertraute Accounts zur Vertrauenswürdigkeit der Person befragt werden.
(vgl. zum Bild- und Videocheck ⌁ Voigt 2013; allgemein Haller 2008: 275 f.).

Wer auf welche Weise auch immer in den Besitz geheimer Dokumente gekommen ist, sollte sich ernsthaft Gedanken über deren Aufbewahrung machen. Der Redaktionsschreibtisch oder auch der in der freien Bürogemeinschaft ist mit Sicherheit kein guter Ort für geheime nicht-personale Quellen. Im Falle staatsanwaltlicher Ermittlungen werden das die Stellen sein, für die als Erstes ein gerichtlicher Durchsuchungsbeschluss erwirkt werden würde: Redaktionsdurchsuchungen sind auch in Deutschland in regelmäßigen Abständen auf der Tagesordnung.

Geheime Informationen sollen auch geheim bleiben und müssen deswegen besonders sicher aufbewahrt werden.

Liegen die geheimen Dokumente, was wahrscheinlich heute häufig der Fall ist, digital vor, gelten noch zusätzliche Sicherheitshinweise: Nicht nur die Dateien, sondern auch deren Speichermedium sollten verschlüsselt und passwortgesichert sein. Auch beim Verschicken per E-Mail sollte dringend auf einen verschlüsselten Datenverkehr geachtet werden. Außerdem sollte bei besonders intrikaten Geheimdokumenten Kopien angefertigt und an einem sicheren (Speicher-)Ort untergebracht werden. So wurde die Redaktion des englischen GUARDIAN im Zuge der NSA-Enthüllungen dazu genötigt, im Keller des Verlagsgebäudes in Anwesenheit von Agenten des britischen Geheimdienstes GCHQ drei Festplatten und die dazugehörigen Laptops zu zerstören (⌁ Borger 2013).

Geheime Dokumente sollten auch sorgsam nach ausgeschriebenen Namen durchgesehen und diese gegebenenfalls geschwärzt werden. Besonders Hinweise auf die personale Quelle der Dokumente sollten tunlichst eliminiert werden. Für den Fall, dass die geheimen Dokumente nämlich doch in die falschen Hände geraten, könnte ansonsten der eigene Informant unnötig in Gefahr geraten.

Tipp: Metadaten

Alle Computerdateien enthalten sogenannte Metadaten. Das sind Zusatzinformationen, die nicht im eigentlichen Text der Datei stehen, sondern dieser sozusagen angehängt sind. Metadaten können z. B. den Autor des Dokuments enthalten, in der Regel das Entstehungsdatum und Informationen über den Computer und das Betriebssystem, auf dem die Datei erstellt wurde. Fotodateien enthalten darüber hinaus häufig Angaben über den Aufnahmeort (sogar als geografische Koordinaten), Aufnahmedatum und -zeitpunkt, Kamera- und Objektivtyp etc. All diese Zusatzinformationen können dazu dienen, einen Urheber zu identifizieren und sollten darum bei geheimen Dokumenten tunlichst entfernt werden. Meist geht das im Menü des entsprechenden Computerprogramms unter »Eigenschaften«. Word-Dokumente können auch als RTF oder noch besser im ASCII-Format gespeichert werden, dann verlieren sie auch diese Metadaten. Umgekehrt können Metadaten auch ein hilfreiches Recherche-Tool für den Journalisten sein.

Die Krux bei der modernen Recherche im Umgang mit Dokumenten und Dateien ist die Frage, wie man es schafft, im *Information Overload* nicht unterzugehen. Wie viel muss ein Journalist gelesen und analysiert haben, um seine Story wasserdicht zu machen?

Niemals versuchen, alles zu lesen!

Es ist ein Ding der Unmöglichkeit, alle Quellen zu rezipieren, die es zu einem Thema und einer Story gibt. In den meisten Fällen reicht es journalistisch zur Bestätigung der eigenen Hypothese, wenn man mindestens zwei voneinander unabhängige Quellen für seine Hypothese besitzt. Nur bei juristisch oder politisch heiklen Fällen sind unter Umständen Zusatzabsicherungen und weitere Quellen notwendig (vgl. Kap. 9.3). Mehr

Recherche zu investieren als nötig, ist ineffektiv und hält von anderen relevanten Storys ab, die schon auf die nächste Recherche warten. *Alle* relevanten Dokumente zu einem Thema oder einer Geschichte lesen zu wollen, ist nicht nur ein Ding der Unmöglichkeit, sondern auch keine journalistische Herangehensweise. Universalitätsansprüche dieser Art formuliert bestenfalls die Wissenschaft, aber selbst dort ist es aus systematischen Gründen unmöglich, alles zu rezipieren, was einschlägig sein könnte.

5.2   Personale Quellen

Primäre und sekundäre Quellen

Nichts ist informativer und nichts führt besser zu neuen Erkenntnissen, als das persönliche Gespräch mit gut unterrichteten Menschen. Neben unmittelbaren Sachverhaltsinformationen, die in der Regel ausschließlich Betroffene und Augen-/Ohrenzeugen überhaupt vermitteln können, sind andere Menschen mit den entsprechenden Informationen in der Lage, bei Einordnungen, Kausalanalysen und Motivationsforschung zu helfen. Warum jemand in einer bestimmten Konfliktsituation so und nicht anders gehandelt hat, kann kein Dokument und keine Datei hinreichend beantworten, wir benötigen dafür persönliche Auskunft. Der direkte Kontakt zu echten Menschen steht darum stets im Mittelpunkt jeder Recherche.

Je nach der Beziehung der personalen Quelle zum Sachverhalt oder ihrer Rolle im Konfliktgeschehen können wir primäre und sekundäre Quellen unterscheiden: *Primäre Quellen* sind solche, die direkt am Geschehen beteiligt waren, also Betroffene, Verursacher, Opfer auf der einen und Augen- und Ohrenzeugen auf der anderen Seite. *Sekundäre Quellen* sind solche, die nur mittelbare Kenntnis vom Geschehen haben, also z. B. Polizeibeamte, die erst im Nachhinein am Unfallort eintreffen, oder auch Experten, die kein konkretes Wissen vom unmittelbaren Sachverhalt haben können, aber durch ihre Erfahrung und fachliche Expertise ein Geschehen häufig besser einordnen können als Betroffene.

Primäre Quellen toppen stets sekundäre Quellen. Sekundäre Quellen sind dann von entscheidender Wichtigkeit, wenn sie valide sind und primäre Quellen nicht zur Verfügung stehen.

Aus den Sozial- und Geisteswissenschaften ist die Einteilung in Primär- und Sekundärliteratur bekannt. Auch hier wird der Anspruch sein, zuerst stets auf Primärliteratur zurückzugreifen. Doch auch in der Wissenschaft wird ein großer Teil der Erkenntnis durch die Neukombination sekundärer Quellen hergestellt. Im Journalismus ist es häufig nicht anders.

Im Zuge einer Story-basierten Recherche sind zwei Quellen von besonderer Wichtigkeit: der Protagonist und der Antagonist des Konflikts. Beide sind erstklassige primäre Quellen, und ein Journalist wird nichts unversucht lassen, von diesen Beteiligten eine Stellungnahme zu erhalten. Alle Hypothesen, die Journalisten über Handlungsweisen und Konflikte anstellen, beziehen sich schließlich auf die Intentionen und Motivationen dieser beiden, des oder der Protagonisten und Antagonisten. Eine Story, in der nicht beide oder wenigstens einer von beiden zu Wort kommt, bleibt immer defizitär.

Ein schwerer journalistischer Fehler ist es auch, eine Geschichte ausschließlich aus der Perspektive nur eines der Konfliktbeteiligten zu erzählen. Es steht zu befürchten, dass es sich in einem solchen Fall gar nicht mehr um Journalismus, sondern um Agitation handelt. Stattdessen gilt die Regel, die auch eine Rechercheanweisung ist:

 Audiatur et altera pars.

Es wird hier nicht nur auf Latein zitiert, weil es sich dabei um eine ehrwürdige und schöne Sprache handelt, sondern auch, um zu zeigen, dass es sich bei dieser Regel um einen schon Jahrtausende alten Rechtsgrundsatz handelt: »Man höre immer auch die andere Seite!« Es handelt sich hier nicht nur um einen Rechtsgrundsatz (der so z. B. auch im Rundfunkstaatsvertrag festgeschrieben ist), sondern um eine wichtige Regel des Storytelling: Eine Geschichte ist erst komplett, wenn beide Seiten darin vorkamen. Wenn man nur der einen Konfliktpartei Gehör verschafft, setzt man sich nicht nur der Gefahr aus, unsachlich und nicht objektiv Bericht zu erstatten, man erzählt auch nur die halbe Geschichte und die halbe Wahrheit. Und das ist zu wenig.

Personale Quellen erschließen

Ein wesentlicher Bestandteil der Kunst der Recherche ist die Herstellung von Erstkontakten. Nur wenige andere Berufsgruppen zielen wohl darauf ab, in solch hohem Maße ständig neue persönliche Kontakte herzustellen und dabei persönliche Informationen abzurufen. Auch ein Bahnschaffner oder ein Verkäufer treffen ständig neue, unbekannte Menschen, aber es sind eben unpersönliche Begegnungen, die nicht haften bleiben. An Begegnungen mit Journalisten erinnern sich Menschen dagegen häufig noch sehr lange – und im Falle von Medienopfern bleiben sie mitunter sogar traumatisiert zurück (Gmür 2002; Kepplinger 2009).

Die grundlegende Frage jeder Recherche lautet darum: Wie finde ich die für meine Geschichte relevanten personalen Quellen? Wie finde ich Menschen, die etwas zu erzählen haben und es auch erzählen wollen?

Die Betroffenen ergeben sich meistens aus dem Thema selbst. Soll eine Story über eine Betriebsschließung im Ruhrgebiet geschrieben werden, wird man als Protagonisten vermutlich einen betroffenen Arbeiter gewinnen wollen. Der Antagonist ist entsprechend eine Person aus der Firmenleitung. Nun hat vermutlich der Journalist im persönlichen Bekanntenkreis nicht unbedingt einen Fabrikarbeiter aus einem konkreten Werk im Ruhrgebiet (und wenn doch, würde er ihn wegen der persönlichen Beziehung auch nicht als Protagonisten hernehmen wollen) und ist ebenso wahrscheinlich nicht per Du mit dem Firmenleiter. In diesem Fall gilt die Faustregel:

Der Weg zum Einzelfall führt über den Repräsentanten.

An den Firmenchef kommt man in aller Regel nur über die Pressestelle als Repräsentanten der Firma in der Außenwahrnehmung heran. Und einen betroffenen Arbeiter findet man auch am ehesten über den Betriebsrat, die Gewerkschaft oder eine mögliche Streikleitung, also die Repräsentanten der Arbeiterschaft. Ein Repräsentant kann auch ein Anwalt sein, der den Kontakt zum Klienten vermittelt, oder ein Vereinsvorstand, der die Bekanntschaft mit einem einfachen Mitglied herstellt. Wenn man also keine Idee hat, wie man eine primäre Quelle erschließen kann, lohnt es sich immer zu überlegen, wer Betroffenen eine Stimme verleihen kann. Viele Erstkontakte zu primären personalen Quellen ergeben sich automatisch bei der Vor-Ort-Recherche, also im Falle der Werksschließung beim Besuch des Protestcamps vor dem Werkstor. Oder beim Besuch der Gerichtsverhandlung und dem anschließenden Gespräch im Gerichtsflur. Wer vor Ort ist, lernt auch Menschen und damit Quellen kennen.

Es gibt noch weitere Ratschläge für die Herstellung von Kontakten zu personalen Quellen:
- *Von den nicht-personalen Quellen zu den personalen Quellen leiten lassen:* Die offenen Dokumente werden eine Reihe an Namen enthalten

haben. Es kann sinnvoll sein, die der Reihe nach zu kontaktieren und mit den Informationen aus den Dokumenten zu konfrontieren.

- *Experten finden:* Auch hier gilt wieder die Repräsentantenregel. In Universitätsstädten lohnt es sich häufig, die Uni-Pressestelle zu fragen, welcher Wissenschaftler im Thema »drin« ist (aber Achtung: viele Wissenschaftler sind nicht O-Ton-tauglich und helfen darum nur bei der Hintergrundrecherche). Wer juristischen Rat sucht, kann sich an die Rechtsanwaltskammer wenden. Bei Wirtschaftskontakten sind die örtlichen Industrie- und Handelskammern oder die Handwerkskammer hilfreich.

- *Ehemalige aufspüren:* Gute Sachkenner sind auch die Ehemaligen, also ehemalige Betriebsangehörige, ehemalige Politiker oder ehemalige Aktive in beinahe jedweder Kunst. Der amerikanische Journalist Seymour Hearsh, der während des Vietnam-Krieges das My-Lai-Massaker aufdeckte, fand viele seiner CIA-Informanten, indem er Pensionierungslisten durchsah (⌨ Hunter u. a. 2011: 35).

- *Aufbau eines Informantennetzwerks:* Zur Kunst der Recherche gehört entscheidend der Aufbau und die sorgfältige Pflege einer eigenen Kontaktdatenbank, die heute nur noch ausschließlich digital existieren darf. In diese Datenbank gehören wesentlich der vollständige Name nebst allen Titeln, die korrekte Berufsbezeichnung, berufliche und nach Möglichkeit private Adresse, alle Telefonnummern und Durchwahlen (nicht nur die Nummer der Zentrale oder des Sekretärs), die berufliche und die private E-Mail-Adresse, das Geburtsdatum und etwaige Vorlieben oder persönliche Schrullen, kurz: alles, was man an Informationen über eine Person ergattern kann. Zur Pflege eines Netzwerks zählt auch, sich hin und wieder in Erinnerung zu bringen: Das kann auf so altmodische Weise wie mit einer Weihnachtskarte erledigt werden, mit einer E-Mail zum Geburtstag oder mit einem persönlichen Newsletter, der die Informanten auf interessante eigene Veröffentlichungen oder Filmbeiträge hinweist.

Johannes Ludwig unterscheidet zwischen »Friendly« und »Unfriendly Sources«, also einerseits personalen Quellen, die kooperativ sind, und andererseits solchen, die der konkreten journalistischen Recherche gegenüber nicht aufgeschlossen sind oder sie gar behindern wollen. Bei den »Friendly Sources« kann es empfehlenswert sein, mit Sachkenntnis aufzuwarten und damit zu verstehen zu geben, dass man als Gesprächspartner ernst zu nehmen und in der Berichterstattung faktenorientiert und seriös ist. Bei den »Unfriendly Sources« dagegen ist eher Zurückhaltung geboten und der eigene Wissensstand sollte eher hinter dem Berg gehalten werden. Bei nachweislich falschen oder unsachlichen Auskünften kann dann gegebenenfalls das eigene Hintergrundwissen als Trumpfkarte ausgespielt und so gezielter nachgefragt werden (Ludwig 2007: 97 f.; Kappen 2008: 24).

Quellen befragen

Das journalistische Gespräch mit Informationsgebern, vulgo: Interview, ist schon häufig beschrieben worden, und es gibt dazu einige Praxisratgeber (z. B. Thiele 2013; Müller-Dofel 2009). Im Rahmen einer Methodologie journalistischer Recherche muss es eher darum gehen, wie man (geheime) personale Quellen öffnet, wie man Gespräche organisiert und wie man Gesprächspartner schützen kann.

Die Kunst des journalistischen Informationsgesprächs ist es, jemand anderen persönlich dazu zu bekommen, etwas preiszugeben. Dabei haben Menschen gute Gründe, Journalisten nicht zu viel zu erzählen: Sie können nämlich nicht einschätzen, ob die Journalisten wirklich professionell arbeiten, ob sie verantwortlich mit den ihnen übergebenen Informationen umgehen und ob sie fair spielen. Und wenn wir ehrlich sind: Häufig tun sie es nicht (⌂ Hunter u. a. 2011: 37). Darüber hinaus kann die Veröffentlichung bestimmter Informationen die Gesprächspartner viel Geld, ihren Job, die Familie oder im schlimmsten Fall das Leben kosten. Dass also Leute freiwillig mit (brisanten) Informationen herüberkommen, ist eigentlich das Unwahrscheinlichste, das passieren kann.

Und doch passiert es. Wer also anderen Menschen etwas entlocken möchte, sollte sich zu allererst fragen, welche Motive Leute haben könnten, mit Journalisten zu sprechen. Denn erst wenn ein Journalist auf die speziellen Motive und Bedürfnisse eines Informanten eingehen kann, wird er alle wesentlichen Informationen aus ihm herausholen. Dazu ist es hilfreich, eine kleine Typologie des Informanten zu erstellen:

- *Der Erregte:* Menschen haben etwas mitzuteilen, wenn sie positiv oder negativ erregt sind – wobei meistens die negativen Fälle für Journalisten interessanter sind. Menschen, die sich über zu hohe Müllgebühren, die Korruption im Stadtrat oder Gift in Biolebensmitteln aufregen, sind journalistisch deutlich leichtere »Beute« als Menschen, die solchen Fragen gleichmütig gegenüber stehen.
- *Der Hilfsbedürftige:* Wenn Menschen der Schuh drückt, wenn es irgendwo wehtut oder sie in Not sind, neigen sie dazu, nach jedem Strohhalm zu greifen – und wenn es auch ein Journalist ist, der ihn

125

reicht. Man sollte allerdings sehr vorsichtig bei Hilfsversprechen sein, da journalistische Veröffentlichungen häufig nicht die Wirkung haben, die personale Quellen sich davon versprechen. Diesen Umstand sollte man auf jeden Fall vorab erwähnen, um nicht Quellen zu verbrennen.

- *Der Vertrauensselige:* Es kann andererseits sein, dass Menschen mit Journalisten gerade deswegen reden, weil sie eben keine große Wirkung der Veröffentlichung sehen, also nichts zu befürchten haben. Um diese Quellen zu öffnen, muss man ein Vertrauensverhältnis zu ihnen aufbauen. Man darf aber selbstverständlich dieses Vertrauen weder enttäuschen noch missbrauchen. Sonst wird aus der geöffneten wieder eine geschlossene Quelle.

- *Medienprofis:* Viele Menschen sind in ihrer Profession stark bezogen auf mediale Darstellung und Journalismus. Dazu zählen Politiker, Schauspieler, PR-Leute, Künstler. Bei ihnen besteht die Kunst nicht so sehr darin, sie zu öffnen, sondern im Gegenteil, ihnen nur die relevanten Informationen zu entlocken und nicht ihrer eigenen Agenda auf den Leim zu gehen.

Checkliste: Erstkontakte per Telefon

Nach wie vor das Arbeitsgerät Nummer eins für Journalisten ist das Telefon. Um wertvolle Informationen von einem Menschen zu bekommen, den man zuvor noch nie im Leben gesehen hat, gilt es, einige Ratschläge zu beherzigen:

1. *Im Vorfeld Informationen über den Gesprächspartner sammeln:* Es ist immer wichtig zu wissen, mit wem man spricht. Das hilft beim Einordnen der Informationen und macht den Gesprächspartner unter Umständen zugänglicher. Darum sind durchaus auch Soft Facts von Interesse: Charaktereigenschaften, Hobbys usw., also alles, was hilft, überhaupt miteinander ins Gespräch zu kommen.

2. *Sich einen Fragekatalog überlegen:* Unumgänglich ist, das Gespräch zu planen und sich zu überlegen, welche Informationen man überhaupt benötigt. Leitlinie dabei ist die eigene Hypothese. Außerdem sollte man sich im Klaren sein, ob man neue Informationen haben möchte oder eine vorhandene Information bestätigt werden soll.

3. *Einen guten ersten Satz haben:* Nichts ist schlimmer als eine vermurkste Vorstellung. Man lege sich darum den ersten Satz des Telefonats vorher zurecht. Wichtig ist neben einer freundlichen Begrüßung auch, dass mit dem ersten Satz klar wird, dass man Journalist ist und die

Informationen aus dem Telefonat publizistisch weiterverarbeiten möchte. Schrecklich sind formelhafte Sätze, wie sie offenbar immer noch in Callcenter-Trainings vermittelt werden.

4. *Nicht abwimmeln lassen:* Journalisten wollen grundsätzlich mit dem Chef, dem Vorstand, dem Eigentümer oder dem direkt Betroffenen reden und nicht mit dem Sekretär, dem Pressesprecher oder dem Assistenten. Hier gilt es, hartnäckig zu sein und es auch häufiger zu probieren. Wenn man gebeten wird, vorab die Fragen vorzulegen, hat es sich als praktisch erwiesen, nur ungefähre Fragenkomplexe und nicht die konkreten Fragen selbst mitzuteilen.

5. *Kontaktdaten hinterlassen:* Am Ende des Gesprächs unbedingt die eigenen Kontaktdaten hinterlassen, falls dem Gesprächspartner noch wichtige Details einfallen.

Wie öffnet man geschlossene Quellen, wie entlockt man also Menschen Informationen, die nur äußerst ungern mit Journalisten reden? Hierzu gibt es ein paar Tipps:

Nicht Fragen stellen, sondern mit Hypothesen konfrontieren!

Wer nicht von sich aus Informationen preisgeben will, der wird auch auf die berühmten W-Fragen nicht antworten. Er ist aber unter Umständen bereit, Informationen, die man als Journalist ohnehin schon hat, zu bestätigen (oder zu falsifizieren). Das kann Wissen aus offenen Quellen sein oder auch nur angenommenes Wissen, wie es in der journalistischen Recherche-Hypothese steckt. Auch Überfallfragen, also solche, mit denen der Gesprächspartner überhaupt nicht gerechnet hat, können ihn aus der Reserve locken. Ein solcher »Überfall« kann z. B. darin bestehen, während des Interviews geheime Dokumente zu offenbaren, von denen der Befragte nicht wissen konnte, dass der Journalist sie besitzt. Die Steigerung dieser Methode ist die *Drohung mit Veröffentlichung.* Dabei geht man davon aus, dass es für den potenziellen Informanten negative Auswirkungen hat, wenn ein bestimmtes Wissen, womöglich in der Form von Halbwahrheiten oder Fehlinformationen, an die Öffentlichkeit gelangt, und bietet stattdessen die Veröffentlichung der richtigen Information im Fall der Kooperation. Man könnte an dieser Stelle einwenden, dass dies ein medienethisch bedenkliches Benehmen sei. Allerdings ist die Herstellung von Öffentlichkeit das einzige »Druckmittel«, das Journalisten überhaupt

127

haben. Klar ist, dass ein solches Verhalten nur ein letztes Mittel bei der Informationsbeschaffung sein kann und äußerst besonnen eingesetzt werden muss. Vor allem muss vorher ziemlich klar sein, dass die Drohgebärde auch funktioniert, sonst gibt man nicht nur eine traurige Figur ab, sondern hat wiederum eine Quelle vermutlich dauerhaft verschlossen.

Je komplexer eine Geschichte und je größer die Zahl der Akteure, desto größer auch die Zahl der Quellen. In diesem Fall muss der Rechercheur einen *Befragungsplan* erstellen. Im Englischen wird das auch »Source Mapping« genannt. Die Reihenfolge der Befragungen kann von entscheidender Bedeutung für die Qualität der Recherche sein. Dabei gilt die Faustregel:

Stets von außen nach innen recherchieren!

Nach der Sichtung der offenen Quellen befragt der Journalist zuerst die unbeteiligten Personen, also Zeugen und gegebenenfalls Experten. Denn diese haben häufig eher Übersichtswissen als die Beteiligten, sind nicht Partei und bieten darum meist valide Informationen. Mit dem Wissen aus diesen Befragungen kann man die Beteiligten konfrontieren, und zwar auch wieder zuerst die passiv Beteiligten und dann die eigentlichen Verantwortlichen und Hauptkontrahenten. Im Beispiel der Werksschließung im Ruhrgebiet bedeutet das: Zuerst werden beispielsweise Wirtschaftsexperten befragt oder kommunale Beamte oder Vertreter der Industrie- und Handelskammer, die etwas über die Auswirkungen der Werksschließung auf die lokale Wirtschaft oder das Steueraufkommen sagen können. Sodann macht man sich an die passiv Betroffenen, also die Arbeiter, denen die Kündigung droht. Schließlich spricht man mit der Werksleitung und den Betriebsrats- oder Gewerkschaftsvertretern, die beispielsweise einen Sozialplan ausgehandelt haben.

Checkliste: Kontaktieren per E-Mail

Die E-Mail ist ein einfacher, manchmal aber auch zu einfacher Weg, um personale Quellen zu kontaktieren. Um sie zu einem wertvollen Werkzeug bei der journalistischen Recherche zu machen, können ein paar Ratschläge helfen:

1. *Eine E-Mail ist ein Brief:* E-Mails sollten förmlich und keinesfalls im laxen Web-Slang verfasst werden. Zu einem Brief gehören eine freundliche Anrede, eine ebenso freundliche Verabschiedung und die eigenen

Kontaktdaten (auch Adresse und Telefon). Keinesfalls sollte man Emoticons oder Ähnliches einsetzen!

2. *Keine Antwort ist keine Antwort:* »Keine Antwort ist auch eine Antwort« gilt bei E-Mails nicht: E-Mails können in Spamordnern landen, in der E-Mail-Flut untergehen oder nicht richtig zugestellt worden sein. Wer nach 24 Stunden keine Antwort auf seine Mail erhalten hat, sollte einfach noch einmal schreiben.

3. *Eine Frist setzen:* Man sollte bei schriftlichen Anfragen immer ein Datum nennen, bis zu dem man Antwort erwartet.

4. *E-Mails nachverfolgen:* Es gibt eine Reihe von Hilfsprogrammen, mit denen man herausfinden kann, ob eine E-Mail und von wem sie wann gelesen wurde. Im einfachsten Fall stellt man sein E-Mail-Programm so ein, dass man benachrichtigt wird, wenn der andere sie geöffnet hat. Ausgefeiltere Programme wie das Web-Tool »readnotify.com« teilen aber auch mit, ob die E-Mail firmenintern weitergeleitet wurde, welche weiteren Personen die Mail gelesen haben und wie lange sie geöffnet war. Die Firma Hewlett-Packard soll auf diese Weise einen firmeninternen »Maulwurf« enttarnt haben. Entsprechend weist der Bundesdatenschutzbeauftragte darauf hin, dass solche Trackingdienste Spionage-Tools sind und ihre Nutzung strafbar sein kann.

5. *Eine E-Mail ersetzt kein Gespräch:* Eine E-Mail ist so schnell geschrieben und versendet, dass man manchmal glauben möchte, dass sie die journalistische Befragung ersetzen könne. Das kann sie aber praktisch nie. Denn beim Gespräch erhält man auf seine Fragen umgehend eine Antwort, kann darauf reagieren und ein persönliches Verhältnis aufbauen. Außerdem sind Menschen im direkten persönlichen Kontakt deutlich auskunftsfreudiger als bei doch recht anonymen E-Mails. Also, wann immer es geht, zum Telefonhörer greifen!

Wichtig ist, gerade bei investigativen Recherchen, seine Quellen zu schützen. Vor allem ist es wichtig zu klären, ob eine personale Quelle namentlich genannt oder indirekt zitiert werden darf oder ob sie gar nicht in Erscheinung treten sollte. In der Politik haben sich als Code dafür die Redeweisen »unter 1«, »unter 2« und »unter 3« eingebürgert.

Tipp: Polit-Sprachregelungen

Wenn ein Politiker sich »unter 1« äußert, dann möchte er auch als Quelle erwähnt werden (»Wie der SPD-Fraktionschef Thomas Oppermann erklärte …«).
Äußert sich ein Politiker »unter 2«, dann darf die Information publiziert werden, aber ohne Nennung der Quelle (die »gut-unterrichteten Kreise«).
»Unter 3« geäußerte Informationen sind reine Hintergrundinformation, die in dieser Form gar nicht publiziert werden dürfen.

Im politischen Berlin kursiert (wie in jeder anderen Hauptstadt eines Landes) eine Unmenge an mehr oder weniger geheimen Informationen, die Journalisten teilen, die sie aber nicht oder jedenfalls nicht aktuell publik machen. Kamingespräche und Hintergrundtreffen haben sich zu einer ganz eigenen politjournalistischen Subkultur entwickelt, in der auch Gerüchte, Nachreden und Gemunkel aufs Trefflichste gedeihen können und die auch deswegen in der Kritik stehen, weil sie einen ganz eigenen Einfluss von Staat und Politik auf die angeblich unabhängige Presse darstellen und ziemlich exklusiv sind: Zum Beispiel dürfen ausländische Journalisten bei solchen Hintergrundgesprächen meist nicht teilnehmen (⌐ Föderl-Schmid 2004). Andererseits haben personale Quellen natürlich ein Recht darauf, dass sie und ihre Informationen auf Wunsch vertraulich behandelt werden. So heißt es auch in den Richtlinien zum deutschen Pressekodex unmissverständlich:

> »Hat der Informant die Verwertung seiner Mitteilung davon abhängig gemacht, dass er als Quelle unerkennbar oder ungefährdet bleibt, so ist diese Bedingung zu respektieren« (⌐ Deutscher Presserat 2013).

Im Besonderen müssen personale Quellen geschützt werden, die andernfalls in Gefahr geraten oder beispielsweise um ihren Arbeitsplatz fürchten müssten. In diesen Fällen gilt:

Bringen sich personale Quellen durch ihre Hinweise in Gefahr, müssen sie vernebelt werden.

Wenn die Veröffentlichung einer Information unabdingbar ist, die Quelle aber keinesfalls genannt werden darf, dann muss sie vernebelt oder eingenebelt werden: Die Information wird dann gezielt an andere Personen auf verschiedenen Ebenen weitererzählt, sodass am Ende nicht mehr nachvollziehbar ist, von wem das Wissen ursprünglich stammt. Weiß von der geplanten Werksschließung im Ruhrgebiet ursprünglich neben der Geschäftsleitung nur der Betriebsratsvorsitzende, so gibt man die Information auch an den Kantinenchef, den Hauptbuchhalter und den Pförtner weiter. Der Betriebsrat kann dann glaubhaft versichern, er habe die Information auch nur erzählt bekommen. Hintergrundwissen einer vertraulichen Quelle kann auch in der Weise eingesetzt werden, dass man Beteiligte damit konfrontiert und sich die Information auf diese Weise bestätigen lässt. Diese Technik nennt man auch »Zudecken« (Haller 2008: 240).

Ein letzter Hinweis zu geheimen personalen Quellen: Wer geheim bleiben will, dessen Name gehört auch nicht aufgeschrieben. Die Kontaktdaten sollten also extrem sorgfältig verwahrt sein, und der Name der Person hat auch in Aufzeichnungen, Rechercheprotokollen oder Exposés nichts verloren. Die Identität eines geheimen Informanten geht in aller Regel auch Redaktionskollegen nichts an. Die Identität von »deep throat«, dem Watergate-Informanten, kannten exakt vier Personen, nämlich die beiden beteiligten Journalisten Bernstein und Woodward, dessen Ehefrau und der Chefredakteur der WASHINGTON POST (Woodward 2005: 10).

Tipp: Das Johari-Fenster

Das sogenannte Johari-Fenster ist ein psychologisches Modell, das ursprünglich aus der Gruppendynamik stammt. Es soll eigentlich darüber Auskunft geben, welche Informationen über eine Persönlichkeit bekannt sind und welche nicht. Das sollte dazu dienen, um herauszufinden, was im Gespräch thematisiert werden darf und was die »blinden Flecken« sind. Es kann aber auch dazu dienen, journalistische Recherchegespräche zu strukturieren:

	dem Informanten bekannt	dem Informanten nicht bekannt
anderen bekannt	1 Öffentlich	4 »blinder Fleck«
anderen nicht bekannt	2 Geheimnis	3 Unbekanntes

Beim Interview offenbaren Gesprächspartner (Informanten) meist unterschiedliche Fenstergrößen. Die Qualität eines Informanten bemisst sich danach, wie groß Fenster 2 bei ihm ist. Ein Informationsgespräch wird stets in Fenster 1 beginnen und einen Schwerpunkt auf Fenster 2 legen. Fenster 3 bietet Platz für Exploration und auch Spekulation, während Fenster 4 die Möglichkeit von Überfallfragen bietet (Baumert 1999: 13; Haller 2008: 13 f.).

5.3 Quellen organisieren: Der Masterplan

Information Overload ist nicht nur das, unter dem Journalisten zu leiden haben, weil sie in der Flut von Informationen zu ertrinken drohen. Information Overload ist auch das, was Journalisten im Laufe ihrer Recherche selbst erzeugen. Es ist darum von wesentlicher Bedeutung, die eigene Quellensammlung zu organisieren und zu systematisieren und sich auf diese Weise Durchblick zu verschaffen. Andernfalls drohen wesentliche Informationen aus dem Blick zu geraten oder verloren zu gehen oder man muss sich Arbeit doppelt und dreifach machen. Drei besonders wichtige Instrumente bei der Strukturierung von Recherchematerial sind das Rechercheprotokoll, das Mindmapping und der Masterplan.

Das Rechercheprotokoll

Jeder Rechercheschritt und jede eingegangene Information gehört notiert. Nur eine schriftliche Information ist eine echte Information: Auf keinen Fall verlasse man sich auf sein gutes Gedächtnis!
- Alle Telefonate gehören inhaltlich mitprotokolliert und wesentliche Aussagen auch wörtlich aufgeschrieben.
- Bei persönlichen Begegnungen hat man klassischerweise Block und Stift dabei, um sich Notizen zu machen. Ist das aufgrund der Umstände nicht möglich, so ist unmittelbar nach dem Termin ein Gedächtnisprotokoll anzulegen.
- Nicht-personale Quellen sollten praktischerweise exzerpiert werden, also der wesentliche Inhalt langer Dokumente schriftlich zusammengefasst werden.

132

- Die wesentlichen Kontaktdaten von Gesprächspartnern sollten jeweils im Rechercheprotokoll vorkommen, falls man kurzfristig Nachfragen hat.
- Bei handschriftlichen Rechercheprotokollen sollte man akribisch alle Seiten durchnummerieren.

Für jeden Rechercheschritt sind Datum und Uhrzeit zu notieren, damit die Recherche im Nachhinein Schritt für Schritt nachvollzogen werden kann. Selbstredend müssen auch alle Dokumente und andere schriftlichen Informationen aufgehoben und archiviert werden. Heute bietet es sich an, dies direkt digital zu tun. Quellen, die nur auf Papier vorliegen, sollten dann gescannt und mit einer Texterkennungssoftware (Optical Character Recognition, OCR) behandelt werden. Bestimmte Software-Tools können das Sammeln und Archivieren stark vereinfachen. Programme wie Microsofts »OneNote« oder das frei erhältliche »Evernote« sind nicht nur Notizzettelprogramme, sondern mächtige Datenbanken, in denen auch Word-Dokumente, PDFs oder ganze Websites abgelegt und weiterverarbeitet werden können. So kann man diesen Programmen z. B. Textpassagen anstreichen oder Kommentare hinzufügen. Zusammen mit den entsprechenden Smartphone-Apps lässt sich auf diese Weise der Workflow einer Recherche stark rationalisieren (hierzu Rinsdorf/Wellmann 2010: 132 ff.).

Das Mindmapping

Hat man eine größere Materialsammlung zusammenrecherchiert und Sorge, den Überblick zu verlieren, so kann es hilfreich sein, eine Mindmap herzustellen. Eine Mindmap ist im Grunde genommen ein beschriftetes Baumdiagramm. Die Methode des Mindmapping wurde in den 1970er-Jahren von dem Psychologen Tony Buzan entwickelt. Ursprünglich kam es in der Gedächtnisforschung zum Einsatz und diente dazu, assoziativ bestimmte Gedächtnisinhalte miteinander zu verknüpfen. Heute wird es häufig zum Brainstorming eingesetzt oder um gedankliche Klarheit in die Projektplanung zu bekommen (Buzan 2002: 63 ff.).

Beim Mindmapping operiert man klassischerweise mit farbigen Pappkarten. Auf die zentrale Karte schreibt man das Thema der Recherche. Dann bekommen alle Protagonisten und Quellen eigene Pappkärtchen und werden rund um die zentrale Themenkarte gelegt, auf einem großen Blatt Zeichenpapier oder einer Magnettafel befestigt. Mit Linien stellt man nun Beziehungen zwischen den einzelnen Karten beziehungsweise Quellen her: Wer kennt wen? Wer weiß wovon?

Mit der Mindmap können sich nicht nur vielleicht überraschende Personenkonstellationen ergeben, auf die man im Laufe der Recherche vorher noch nicht gestoßen ist. Die grafische Anordnung von Personen und Quellen und deren Verknüpfung mit Linien, Pfeilen und Klammern bringt auch Interaktionszusammenhänge zum Ausdruck, die Gründe und Ursachen, also Motive und Kausalitäten nahelegen können.

Gerade bei der Arbeit an und mit einer Mindmap ist es äußerst sinnvoll, Story-basiert zu arbeiten, sprich: sich stark an der zu erzählenden Geschichte zu orientieren. Im Zentrum sollte darum der zu erzählende Konflikt stehen. Dann sollten Protagonist und Antagonist klar gekennzeichnet werden und alles weitere Personal mit Linien und Verbindungen in Beziehung zu diesen beiden hauptsächlichen Konfliktparteien gesetzt werden. Die Mindmap kann auch Antwort darauf geben, wie viel Personal eine Geschichte überhaupt braucht und verträgt: Wer stützt die Hypothese, wer formuliert die Antithese? Welche anderen Quellen (Dokumente etc.) müssen hinzugezogen werden, um die Hypothese zu belegen?

Auch fürs Mindmapping stehen verschiedene Werkzeuge sowohl analog wie auch digital zur Verfügung. Für die auch als »Pinnwandmoderation« bekannte Metaplan-Methode gibt es eigens Moderationskoffer mit verschiedenfarbigen Karten, Folienschreibern, Pinnadeln und anderem nützlichen Zubehör. Digital steht eine große Zahl an Mindmap- und Brainstorming-Programmen zur Verfügung: »FreeMind« ist ein plattformunabhängiges Open-Source-Programm, »MindManager« oder »Mindview« sind kostenpflichtige Programme, die auch über eine Schnittstelle zu den bekannten Office-Programmen verfügen. Auch Präsentationsprogramme wie »MS-Powerpoint« oder das deutliche reaktivere »Prezi« eignen sich zum Erstellen von Mindmaps.

Der Masterplan

Mark Lee Hunter berichtet, wie er zum ersten Mal eine Story in einem der führenden US-amerikanischen Magazine untergebracht hat und dabei aber ein wesentliches Detail seiner Recherche auslassen musste: Einer der Hauptbeteiligten seiner Geschichte hatte im Zeugenstand gelogen. Hunter war selbst nicht bei der Gerichtsverhandlung dabei und den Zeitungsausschnitt, der diesen Umstand belegte, hatte er schlicht verlegt (⌁ Hunter u. a. 2011: 50). Die spannendsten journalistischen Geschich-

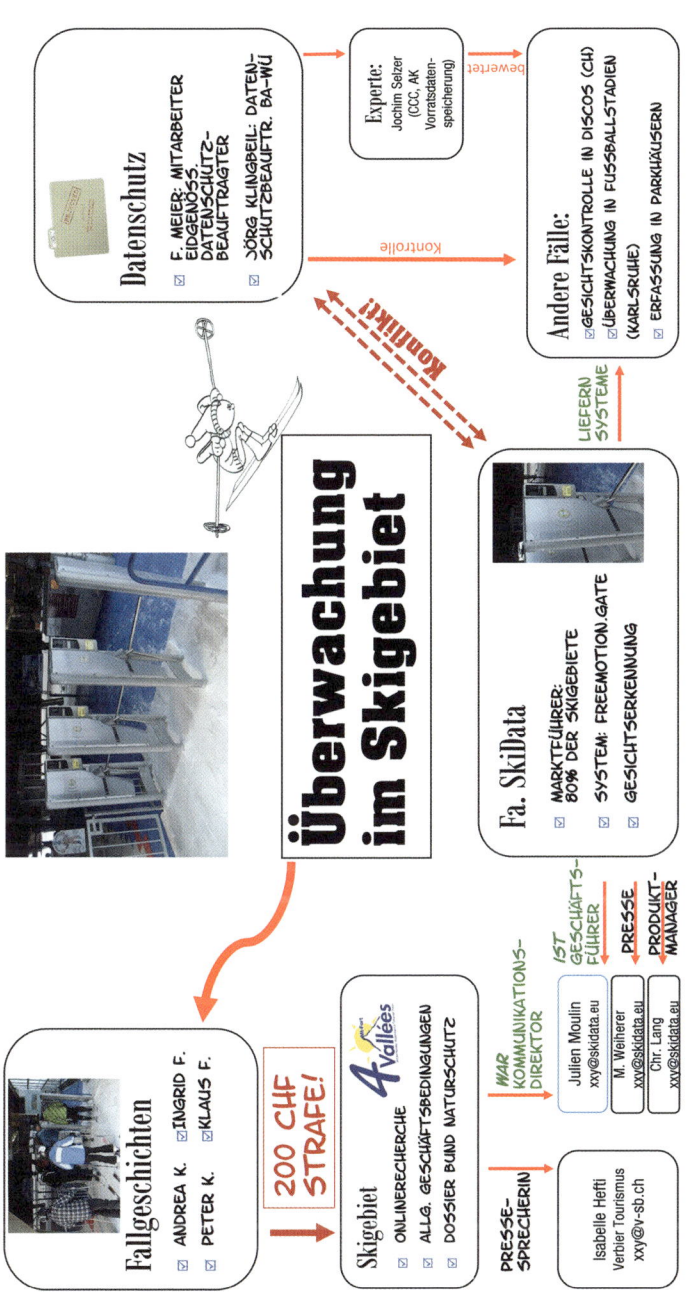

Mindmap zu einer Recherche der Initiative Nachrichtenaufklärung

135

ten scheitern an der Unordnung, die aufgrund des Information Overload in Verbindung mit Büro-Missorganisation entsteht. Recherche-Ergebnisse sind das Gold des Journalisten und gehören darum ähnlich sicher aufbewahrt wie die amerikanischen Goldreserven in Fort Knox. Wer ständig nicht nur weiß, sondern auch im Griff hat, welche Aussagen, Dokumente und andere Belege er bei seiner Recherche ergattert hat, vermeidet, dass die eigene Story kollabiert, und kann auch bei zukünftigen Recherchen darauf zurückgreifen.

Rechercheergebnisse müssen dokumentiert, archiviert und indiziert werden.

Das Archivieren geschieht sinnvollerweise, indem man eine Datenbank anlegt. Auch dies kann wieder analog oder digital geschehen. Für die klassische Art und Weise gibt es eine Menge an Büromöbeln wie Hängeregisterschränke oder Ähnliches, so wie ja die Büromöbelherstellung ohnehin eine der Wurzeln der Digitalisierung am Anfang des 20. Jahrhunderts war (Haarkötter 2013b: 38). Wer seine Recherche-Ergebnisse digital archivieren will, für den gibt es wiederum eine Menge an Computerprogrammen: Da sind natürlich zum einen die klassischen Datenbankprogramme wie »MS-Access« oder »Filemaker«. Aber auch Containerprogramme, wie die schon erwähnten »Evernote« und »MS-OneNote«, können sich dafür eignen. Große Redaktionen und Verlagshäuser haben häufig eigene Lösungen. So nutzt die Redaktion des STERN ein maßgeschneidertes Programm namens »Theo«, in dem alle Quellen, Dokumente und Rechercheprotokolle zentral gesammelt werden. Für die eigene Datenbank gibt es ein paar Tipps, um Ordnung ins Informationschaos zu bringen:

Tipp: Recherche-Datenbank

1. *Alle Dokumente archivieren*: Dazu zählen die Rechercheprotokolle, Gesprächsnotizen, Zeitungsausschnitte, Visitenkarten, Geheimpapiere. Wenn man digital arbeitet, bietet sich das PDF-Format für die meisten Dokumenttypen stark an.
2. *Dokumente benennen und nummerieren*: Jedes einzelne Dokument sollte einen Namen und eine Nummer haben. So können alle wiedergefunden und müssen nicht durcheinandergebracht werden. So können die Dokumente auch in eine Reihenfolge gebracht werden, also z. B. alphabetisch, nach Datum oder nach laufender Nummer.

3. *Inhalte bewerten*: Jedes Dokument sollte durchgegangen und wichtige Stellen markiert werden, um sie schneller wieder aufzuspüren.

4. *Dokumente austauschen*: Wenn Quellen der einen Geschichte eine neue Story ergeben können, sollten alle dazugehörigen Dokumente kopiert und als Basis für die neue Recherche genutzt werden.

5. *Datenbank regelmäßig durchsehen*: Die Datenbank sollte regelmäßig daraufhin durchgesehen werden, ob sie noch in Ordnung ist, also sich die Dokumente in der richtigen Reihenfolge befinden, alles richtig beschriftet ist etc. Auf diese Weise behält man auch selbst den Überblick.

6. *Die Daten sichern*: Besonders von sensiblen Dateien und Dokumenten sollten Kopien hergestellt werden. Bei digitalen Datenbanken kann auch der gesamte Bestand kopiert und als Back-up an anderem Ort gespeichert werden, damit man eine Sicherungskopie hat.

7. *Einen Index erstellen*: Computerprogramme machen das automatisch. Wer analog arbeitet, sollte die Überschriften aller Dokumente und Protokolle mit der Seitenzahl innerhalb der Datenbank herausschreiben. Jedes neu hinzukommende Dokument muss dann nur noch in die jeweils letzte Zeile dieses Index übernommen werden.

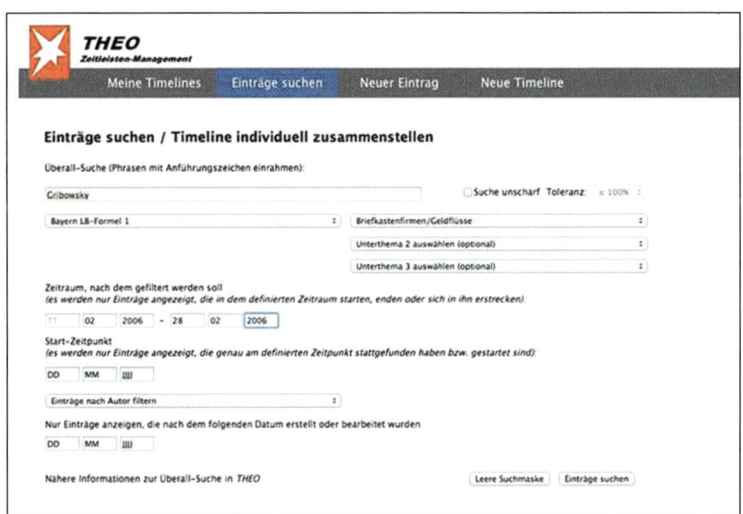

STERN-Recherchedatenbank »Theo«

Aus dieser Datenbank kann am Ende einer Recherche der Masterplan erstellt werden, der die wichtigste Vorarbeit zum Schreiben der Story darstellt. Der Masterplan enthält die Zusammenfassungen beziehungsweise Kurzfassungen der wesentlichen Recherche-Ergebnisse: Alle Fakten, Aussagen und Dokumente, die zur Bestätigung der Hypothese nötig sind, gehören in diesen Masterplan. Man beginnt mit einem leeren Dokument, ob im Schreibprogramm, im Datenbankprogramm oder einfach auf einem leeren Blatt Papier. Hier notiert man untereinander die Textpassagen, die man in seinen Dokumenten und Protokollen angestrichen hat, denn diese stellen die relevanten Informationen dar. Wesentliche Zitate der personalen Quellen schreibt man wörtlich auf oder kopiert sie aus dem entsprechenden Computerdokument. Bei jedem dieser Quellenausschnitte notiert man dazu, woher die Information stammt beziehungsweise wo in der Datenbank die vollständige Quelle zu finden ist. Die Vorteile eines solchen Masterplans sind:

- Alle wesentlichen Informationen für eine Geschichte können im Überblick erfasst werden;
- Leerstellen, Fehler und Widersprüche werden erkennbar;
- alle recherchierten Elemente einer Story können in eine Ordnung gebracht werden (z. B. chronologisch sortiert).

Werden im Masterplan Fehlstellen oder Widersprüche sichtbar, kann die Recherche an diesem Punkt wieder aufgenommen werden. Der Masterplan ist auch ein praktisches Werkzeug fürs Fact-Checking. Ein guter Masterplan zusammen mit einer ordentlich geführten Recherche-Datenbank sind ein wesentliches Moment journalistischer Qualitätskontrolle. Tauchen hier keine Probleme auf, kann die Geschichte geschrieben werden.

5.4   Schreiben und Publizieren

Das Schreiben einer faktualen Geschichte ist ein wesentlicher journalistischer Arbeitsprozess und das Ziel jeder Recherche. Es gibt gute Gründe, das Schreiben einer Geschichte darum noch mit zur Recherche zu zählen. Denn letztlich wird erst beim Vorgang des Geschichtenschreibens die Qualität einer Recherche sichtbar, wird erst offenbar, ob eine Geschichte wirklich »rund« ist, eine Hypothese aufgeht und ob überhaupt eine spannende, relevante und lesenswerte Story herausgekommen ist.

Über journalistisches Storytelling, die verschiedenen Erzähl- und Darstellungsformen gibt es eine lange Reihe an Ratgeber- und Fachliteratur. An dieser Stelle sollen darum nur noch einige wenige Punkte angefügt werden, die wesentlich mit der Methode der Story-basierten Recherche zu tun haben.

Die Qualität einer Recherche und die Qualität einer journalistischen Story stehen in einem ganz wesentlichen Zusammenhang. Um eine gute Story zu schreiben, ist es darum wichtig, den Leser beziehungsweise Zuschauer an der Recherche teilhaben zu lassen.

Eine gute Story ist eine solche, die ihre Quellen transparent macht und eine Recherche lebendig werden lässt.

Wer gut recherchiert hat, sollte zeigen, was er hat: seine Quellen nicht nur zu Wort kommen lassen, sondern sie auch benennen, sein Material ausbreiten. Die besten journalistischen Storys sind oft die, in denen der Autor nicht lange über Motive, Gründe und Kausalitäten räsonieren muss, sondern der Leser selbst sich aufgrund des dargestellten Materials und der angeführten Aussagen ein Urteil bilden kann. Eine nicht ganz gelungene Story dagegen ist diejenige, in der die Recherchebasis nicht ganz klar wird, weil wesentliche Stimmen oder Quellen nicht erwähnt werden. Der journalistische Gau sind solche Storys, denen keine Recherche zugrunde liegt und stattdessen nur Stereotypen aneinandergereiht werden, um Zeilen oder Sendezeit zu schinden. Der Mannheimer Journalist und Blogger Hardy Prothmann hat das »Bratwurstjournalismus« genannt. Er bezeichnet damit einen Terminjournalismus, dessen einzige Rechercheleistung im Besuch der immergleichen Veranstaltungen besteht, um darüber in der immer gleichen Sprache zu berichten. Sein Beispiel (🕮 Prothmann 2010):

> »Obwohl die Aussichten nicht gut waren, zeigte sich der Wettergott letztlich doch gnädig und grüßte mit Sonnenstrahlen die Festbesucher – sehr zur Freude der zahlreichen Gäste. Auch für das leibliche Wohl war gesorgt: Wie es sich für ein zünftiges Fest gehört, löschten viele mit kühlem Gerstensaft ihren Durst und ließen sich natürlich wie jedes Jahr die leckeren Bratwürste schmecken«.

Erhebliche Rechercherelevanz hat eine einmal aufgeschriebene und veröffentlichte Story, wenn sie als Basis für weitere Recherchen und weitere Geschichten dient. Man nennt das auch »eine Geschichte weiterdrehen«.

139

Es gibt mehrere Gründe, warum eine Geschichte weitererzählt werden kann und sollte:

- Sie ist noch nicht »auserzählt«: Viele berichtenswerte Ereignisse haben nicht sofort ein definitives Ende, z. B. Prozesse, Verhandlungen.
- Durch die Veröffentlichung ergeben sich neue Gesichtspunkte: Der Politiker, der vorher eisern schwieg, wird auf einmal gesprächig; neue Augenzeugen melden sich.
- Das Interesse des Publikums ist noch nicht befriedigt: Manche Storys stoßen auf so großes Leserinteresse, dass die Redaktion schon wegen der vielen Nachfragen nachlegen muss, z. B. bei besonders konflikt- oder skandalträchtigen Geschichten.
- Es sind noch Erzählfäden übrig: Die Fokussierung auf einen Protagonisten (oder eine Gruppe von Protagonisten) lässt häufig erzählenswerte Geschichten anderer potenzieller Protagonisten aus, die beim Weiterdrehen aufgegriffen werden können.

Eine gut geführte Recherchedatenbank ist das beste Werkzeug, um eine Geschichte häufig auf relativ einfache Weise weiterdrehen zu können. Erfahrene Journalisten haben Datenbanken und Kontaktlisten über Jahre und Jahrzehnte geführt und können dadurch häufig sehr schnell auf Nachfrage reagieren: ein entscheidender Vorteil bei der Recherche.

Eine Besonderheit bei der Story-basierten Recherche ist der Typ journalistischer Geschichte, der unter der Rubrik Anti-Storytelling geführt wird. Hier scheint die vorgestellte Methode an ihre Grenze zu stoßen, da man schlecht Story-basiert recherchieren kann, wenn gar keine Story erzählt werden soll. Allerdings herrscht eine gewisse Begriffsverwirrung rund um die Frage, was oder wer eigentlich unter Anti-Storytelling firmieren soll. Lampert und Wespe führen beispielsweise die NEUE ZÜRCHER ZEITUNG oder die FRANKFURTER ALLGEMEINE ZEITUNG als »markante Beispiele« an, verweisen dabei aber hauptsächlich auf das »denkmalgeschützte Layout« (Lampert/Wespe 2011: 188). Allerdings ist weder das Layout einer Zeitung ein hinreichendes Indiz für Anti-Storytelling, noch ist der Umstand, dass die F.A.Z. »im Jahr 2005 ein Farbbild auf die Frontseite« bekam (ebd.), ein Hinweis darauf, dass es mit dem Storytelling nun auch hier ein Beginnen habe. Tatsächlich haben auch die NZZ oder die F.A.Z. immer schon Geschichten erzählt, denn auch in diesen Blättern ging es um (gesellschaftliche) Konflikte und deren wesentliche Protagonisten. Ein Verzicht auf gewisse Spannungselemente in Kombination mit einem vielleicht nicht höchst leserfreundlichen Layout mag zu der Feststellung bewegen, dass die Geschichten vielleicht nicht immer bestmöglich erzählt wurden, ist aber deswegen nicht »anti«. Schon eher zum Anti-Storytelling zählen solche journalistische Darstellungsformen, wie sie im Zuge des Datenjournalismus aufgekommen sind. Wo es vornehmlich darum geht, statistische Daten visuell möglichst ansprechend darzustellen, können einzelne Protagonisten und deren Konflikte tatsächlich aus dem Blick geraten. Allerdings steckt hinter diesen neuen Methoden in aller Regel ein besonders intensives Maß an Recherche, die nur anders strukturiert werden musste (vgl. Kap. 8).

Literatur & Links

Es gibt im Internet eine Vielzahl von Websites, die mit Tools für die journalistische Quellenorganisation aufwarten. Eine besonders gut strukturierte Seite ist die des holländischen Journalisten Luuk Sengers (auf Englisch): http://www.storybasedinquiry.com

Eine deutschsprachige Seite mit Produktions- und Recherche-Tools sowie weiterführenden Links hat der Journalist Julius Tröger aufgebaut: http://www.digitalerwandel.de/2011/05/06/digitaler_werkzeugkasten_fuer_journalisten/

Ein Ratgeber für Leute, die geheime Firmeninformationen veröffentlichen wollen:
Tom Devine/Tarek F. Maassarani (2011): *The Corporate Whistleblower's Survival Guide: A Handbook for Committing the Truth.* San Francisco.

Zu guter Letzt

Ein universeller Suchbefehl am Computer ist die Tastenkombination STRG+F (am Mac: Apfel+F). Ob in Office-Programmen, in PDF-Dokumenten, in Tabellen, im Browser oder im Explorer (Microsoft) beziehungsweise Finder (Apple): Mit dieser Tastenkombination öffnet sich ein Suchfeld, und Dokumente und Dateien werden durchsuchbar.

6 Die Welt ist doch eine Google

Was man in diesem Kapitel lernt

Warum der Journalismus »googleisiert« ist + was GOOGLE einzigartig macht + wonach man GOOGLE (nicht) fragen soll + wie man Recherchen sinnvoll einschränkt + welche Suchoperatoren GOOGLE anbietet + wie GOOGLE semantisch sucht + welche Suchdienste GOOGLE noch bietet + was GOOGLE für die Kunst tut + und wie man GOOGLE-Werbung für die Recherche nutzen kann.

6.1 Die Googleisierung des Journalismus

Die Onlineforschung hat herausgefunden, dass 76 Prozent aller Internetnutzer wenigstens einmal in der Woche eine Suchmaschine nutzen: GOOGLE & Co. sind nach E-Mail-Diensten die zweitwichtigste Anwendung im Internet (Eimeren/Fress 2007: 370). Die Wichtigkeit der Suchmaschinen hat auch mit den allgemeinen Zielen der Internetnutzung zu tun: In der ARD/ZDF-Onlinestudie überwog schon im Jahr 2007 bei 72 Prozent der Befragten der Aspekt der Informationsgewinnung als wichtigster Nutzungsgrund, mit 83 Prozent sind Suchmaschinen im Jahr 2013 die am häufigsten verwendeten Internetanwendungen (⌾ ARD/ZDF-Onlinestudie).

Unter Journalisten hat sich die GOOGLE-Suchmaschine als Arbeitswerkzeug Nummer eins etabliert. Nach einer Erhebung von Machill, Beiler und Zenker bezeichnen 99,3 Prozent der befragten Journalisten GOOGLE als meistgenutzte Suchmaschine (Machill u. a. 2007: 333). Auch unter Schweizer Journalisten aller Sprachgruppen ist nach einer Umfrage von Bernet und Keel die Suchmaschine von GOOGLE mit 99,8 Prozent aller Suchanfragen der Quasimonopolist: »Was GOOGLE nicht findet, gelangt sehr schwer in die journalistische Themenfindung oder Recherche« (Bernet/Keel 2009: 4). Für den Journalismus hat das durchaus nicht nur Nachteile. Machill u. a. weisen darauf hin, dass gerade kleinere Redaktionen, die keine finanziellen Mittel für die Abonnements teurer Datenbanken oder

143

Ausschnittdienste haben, durch GOOGLE erst in die Lage gesetzt werden, Fact-Checking zu betreiben oder Originalquellen zu recherchieren (Machill u. a. 2007: 52). Diesen fraglos positiven Seiten stehen negative Entwicklungen gegenüber wie etwa die Tatsache, dass die GOOGLE-Such-maschine sich selbst zum Gatekeeper und damit Journalisten ihren urei-gensten Zweck streitig gemacht hat. Vinzenz Wyss und Guido Keel spre-chen darum schon von der »Googleisierung des Journalismus« (Wyss/Keel 2007: 144). Damit meinen sie nicht nur, dass unter einer derart einseiti-gen Fokussierung auf ein einziges Suchwerkzeug die Recherche leidet, son-dern auch dass die Objektivität des Journalismus insgesamt in Frage gestellt ist. In einer geweiteten Perspektive ist nicht nur der Journalismus längst »googleisiert«, sondern die Gesellschaft insgesamt. »The Googliza-tion of Everything« nennt das der amerikanische Jurist Siva Vaidhyanathan (2011): Es gibt im approximativen »Internet der Dinge« keine Gegen-standsbereiche mehr, die nicht von der Suchmaschine erfasst werden. Als private Firma unterliegt GOOGLE gleichzeitig praktisch keiner Regulierung: »Das ist nicht neutral und auch nicht Technik, sondern vor allem Politik« (Lobet-Maris 2010: 90). Die sogenannte »Informationsrevolution« hat sich, in den Worten von Geert Lovink, »in eine Flut von Desinformation verkehrt« (Lovink 2010: 56).

Hinzu kommt, dass zwar Computer und Internetrecherchen sich im journalistischen Arbeitsalltag längst etabliert haben, Journalisten aber andererseits die grundlegenden Fertigkeiten im Umgang damit häufig vermissen lassen. Experimente haben gezeigt, dass nur 20 Prozent der Nutzer ausgefeiltere Recherchemöglichkeiten wie Suchoperatoren ver-wendeten, 51 Prozent der Nutzer kannten diese nicht einmal (Machill u. a. 2003: 233). Der amerikanische GOOGLE-Experte und Mitbegründer der Zeitschrift WIRED John Battelle geht davon aus, dass 95 Prozent der Nutzer niemals die Funktionen der »erweiterten Suche« genutzt haben und dass »dieser Anteil geringe bis keine Chancen hat zu schrumpfen« (Battelle 2005: 38). Journalisten haben nicht nur große Probleme, die richtigen Suchbegriffe für eine effiziente Suche auszuwählen, sie verlieren sich anschließend auch in der großen Zahl von Suchergebnissen, indem sie erfolglos einer Vielzahl von Links folgen (Machill u. a. 2007: 14). Was Journalisten lernen müssen, ist, mit den richtigen Suchbegriffen unter Nutzung einer verfeinerten *Suchmethodik* eine handhabbare Zahl von Suchergebnissen zu erzielen. Googeln kann jeder. Wollen Journalisten mit ihren Internetrecherchen ihren eigenen Lesern und Nutzern etwas voraushaben, müssen sie zu Internetrecherche-Profis werden. Andernfalls wird der Gatekeeper-Status in Zukunft kaum mehr haltbar sein (Neuberger 2005: 205). Das Endziel ist, auf eine Frage im Internet schnellstmöglich genau die *eine* richtige Antwort zu finden.

6.2 Warum Google anders ist als die anderen

Wer heute mit einer Recherche beginnt, wird sich vermutlich erst einmal an seinen Computer setzen und stichprobenhaft ein paar Suchbegriffe in der Internet-Suchmaschine GOOGLE eingeben. »Keyword Search« ist der Fachbegriff dafür, also das Suchen nach Schlüsselbegriffen. Googeln hat sich als Verb dafür schon längst durchgesetzt, so sehr, dass es als Synonym für »im Internet suchen« zeitweise im Duden gelandet ist.

Das Problem beim Googeln: Man findet meistens nicht das, was man sucht. Und das hat systematische Gründe. Was die GOOGLE-Suchmaschine nämlich einst bekannt gemacht hat, das hat sich mittlerweile selbst zum Fluch entwickelt – GOOGLE ist zu gut! Als das World Wide Web so um das Jahr 1994 herum begann, gab es noch ganz andere Suchmaschinen. Sie hießen YAHOO! und ALTAVISTA und EXCITE und funktionierten alle nach demselben Prinzip: Sie führten thematisch sortierte Webkataloge. Große Redaktionen sichteten das gerade entstehende WWW nach interessanten Seiten und gruppierten sie zu Themen und Unterthemen. Wer bei YAHOO! etwas suchte, der klickte erst auf »Leute«, dann auf »berühmte Persönlichkeiten«, dann auf »Schauspieler«, dann auf »männlich« und landete schließlich bei »Kevin Costner«. Je größer das Internet wurde, desto so schwieriger wurde es für diese Suchfirmen, das riesengroße Angebot abzudecken. Die beiden Erfinder von GOOGLE, die amerikanischen Informatikstudenten Sergey Brin und Larry Page, brachen mit diesem Prinzip radikal. Sie hatten verstanden, dass sich die immens große Zahl von Webseiten, die sich zukünftig im Web ausbreiten würde, nicht mit so konventionellen Methoden bewältigen ließe. Der Name ihrer Firma verweist denn auch auf Googol, den mathematischen Begriff für eine immens große Zahl, eine 1 mit 100 Nullen.

Googeln

Dass der Begriff »googeln« sich als landläufiges Tätigkeitswort allgemein für »im Internet suchen« auch im Duden etabliert hat, hat der Firma GOOGLE gar nicht gefallen: Sie hat beim Duden-Verlag in Mannheim gegen den Eintrag protestiert, weil man bei der kalifornischen Firma unter googeln lieber ausschließlich »mit der Suchmaschine GOOGLE finden« verstanden wissen will und nicht jedwede Internetsuche. Die Duden-Redaktion hat dem nachgegeben und verweist seit der 24. Auflage ihres Wörterbuchs explizit auf die kalifornische Firma.

Was GOOGLE anders macht, zeigt schon der Blick auf die Startseite, die sich seit Gründung der Firma im Jahr 1998 (ein Vorläufer war unter dem Namen »BackRub« schon seit 1996 aktiv) nur unwesentlich verändert hat: Wenig mehr als eine weiße Seite mit dem Firmenlogo und der Suchzeile sind zu sehen, man konzentriert sich völlig auf die elektronische Suche. Und diese erfolgt denn auch auf rein elektronischem Wege, (fast) ganz ohne Redaktion und menschliche Hilfe (einschränkend dazu Rogers 2010: 200). Dabei ist GOOGLE gar nicht so simpel, wie auch der Softwarespezialist Donald Norman feststellt: »Ist GOOGLE einfach? Nein. GOOGLE täuscht. Es verbirgt seine Komplexität, indem es bloß eine einzige Suchbox auf der ersten Seite zeigt« (⌐ Norman 2004). Kleine Roboterprogramme, sogenannte *Webcrawler*, durchsuchen ständig das Internet und folgen den Links, die sie auf Webseiten finden. Was sie auf den Seiten finden, wird in einen Index geschrieben. Gibt jemand ein Suchwort bei GOOGLE ein, muss nicht das ganze Internet, sondern nur der Index durchsucht werden. Allerdings arbeiten die kleinen Suchprogramme (wie alle Computerprogramme) ziemlich stupide: Sie »verstehen« schließlich nicht, was sie auf den Webseiten zu lesen bekommen, sondern können lediglich das Vorhandensein eines bestimmten Worts in einer bestimmten Schreibweise feststellen. Wenn man bei GOOGLE »Butter« und »Toast« als Suchbegriffe eingibt, würde man schlimmstenfalls als Treffer auch alle Butterblumen sowie den Toast erhalten, den Onkel Alois auf den 75. Geburtstag von Tante Erna ausgesprochen hat.

Doch auch für das Problem der Relevanz haben Brin und Page einen Lösungsvorschlag gehabt: Die Webcrawler zählen auch die Links, die auf eine bestimmte Webseite verweisen, also die sogenannte Linkpopularität. Je höher die Zahl der Verweise, desto weiter oben in der Ergebnisliste steht eine Seite. »PageRank« heißt das bei GOOGLE, sinnigerweise mit dem Nachnamen eines der Erfinder spielend. Die quantitative Erfassung von Links ist ein wichtiges, aber bei Weitem nicht das einzige Kriterium für die Position einer Webseite in dem Ranking. Mehr als 200 Kategorien will GOOGLE abfragen, um die Reihenfolge der Suchergebnisse darzustellen. Um die Suchanfrage so schnell und effizient wie möglich zu bearbeiten, greift GOOGLE auf handelsübliche IBM-kompatible Personal Computer zurück, die allerdings in sehr großer Zahl in sogenannten Clustern zusammengeschaltet sind. Ein und dieselbe Anfrage kann auf diese Weise von vielen Rechnern gleichzeitig bearbeitet werden. Diese Computercluster sind Teil von Rechenzentren, von denen GOOGLE mittlerweile deren acht weltweit betreibt, zwei davon in Europa (Finnland und Belgien). Drei weitere sollen demnächst in Hongkong, Singapur und Taiwan entstehen, was auf die zunehmende Bedeutung Asiens für die Internetbranche hinweist.

Tipp: Google-Rechenzentren

Wer sich die GOOGLE-Rechenzentren mal ansehen will und mehr darüber erfahren möchte, für den hat die Suchmaschinenfirma eine eigene Website eingerichtet:

http://www.google.com/intl/de/about/datacenters/gallery/#/

Die geballte Rechenmacht macht die GOOGLE-Suchmaschine so schnell. Bis zu 1.000 Rechner sollen bei jeder einzelnen Suchanfrage aktiv sein. Als Richtwert strebt GOOGLE eine Antwortzeit von einer halben Sekunde an.

Was die Suchmaschine in dieser halben Sekunde auswirft, ist enorm. Einfache Suchbegriffe kommen schnell auf viele tausende, hunderttausende oder gar Millionen Antwortseiten. Wer dort als Suchbegriff das Wort »Google« eingibt, bekommt in »0,25 Sekunden« mehr als 13 Milliarden Treffer gemeldet!

GOOGLE sucht GOOGLE

Man muss diese 13 Milliarden Webseiten, auf denen das Wort Google vorkommt, nicht lesen. Man kann es auch gar nicht: Diese gigantischen Zahlen sind reines Marketing. GOOGLE listet in seinem Ranking nämlich nur die ersten 1.000 Treffer auf. Aber auch das ist für eine ökonomische Recherche viel zu viel. Was nottut, ist also, die Suche einzuschränken. Im Idealfall möchte der Journalist auf seine Suchanfrage genau *eine* Antwort, nämlich die richtige. Eine wichtige Sucheinschränkung nimmt GOOGLE schon selbst vor: Die Personalisierung. GOOGLE beobachtet nämlich seine

147

Nutzer und versucht, sich deren Interessen zu merken. »User Tracking« ist das Fachwort dafür. Schon wenn der Nutzer auf die GOOGLE-Seite surft, ohne noch eine einzige Suchanfrage gestartet zu haben, kennt der Suchmaschinenbetreiber das verwendete Computerbetriebssystem, die IP-Adresse und damit in der Regel den Standort, die Spracheinstellung und einige sensible technische Details mehr. Tests haben ergeben, dass Suchanfragen mit exakt denselben Suchbegriffen zur selben Zeit an zwei verschiedenen Orten unterschiedliche Ergebnisse liefern. Sitzt der Journalist in München und gibt dort nur das Suchwort »Kino« ein, so erhält er als Erstes das aktuelle Kinoangebot in dieser Stadt. GOOGLE geht es bei der Personalisierung nicht nur um die Effizienz der Suche, sondern vor allem auch darum, Geld zu verdienen. Mit den gespeicherten Daten (Stadt und Heimatland, Sprache, vergangene Suchen, angeklickte Links) kann ein Nutzerprofil erstellt werden, das im Extremfall auch Aufschlüsse über Hobbys, politische Ansichten oder gar die sexuelle Orientierung bietet. Auf diese Weise kann GOOGLE seinen Kunden, also der Werbeindustrie, versprechen, zielgenaue Werbung an den Mann und an die Frau zu bringen.

Der Nutzer ist nicht der Kunde von GOOGLE, sondern das Produkt, das verkauft wird.

Tipp: Google anonymisieren

Zu welchen Themengebieten GOOGLE Daten über seine Nutzer gespeichert hat, erfährt man, wenn man auf folgende Seite geht:
http://www.google.com/ads/preferences

Hier lassen sich Kategorien auch nachträglich wieder löschen oder die Speicherung unterbinden.

Das Einschränken von Suchanfragen im Internet sollte man also nicht GOOGLE überlassen. Hier muss man selbst aktiv werden. Die professionelle Internetsuche via GOOGLE & Co. unterscheidet Journalisten heute von Otto-Normal-User. Denn Suchbegriffe in Eingabefelder eingeben kann jeder. Aber die richtige Suchstrategie unterscheidet den Internetlaien vom Profi, entscheidet über Erfolg oder Misserfolg journalistischer Arbeit und erspart viel Zeit, Geld und Frustration. Um es noch einmal deutlich zu sagen:

Das ideale Ergebnis einer Internetrecherche ist, auf eine Suche exakt das eine richtige Ergebnis zu erhalten.

Richtig gesucht, heißt, besser gefunden. Wie sich Suchanfragen bei GOOGLE (und in anderen Suchmaschinen) sinnvoll eingrenzen lassen, darum geht es in den folgenden Abschnitten.

6.3   Vergiss W-Fragen!

Zu den Grundtugenden von Journalisten gehört es, die richtigen Fragen zu stellen. Journalistische Darstellungsformen wie Nachricht oder Bericht sind geradewegs dadurch definiert, dass sie, um aus dem Lehrbuch zu zitieren, »Antwort auf alle für das Thema relevanten journalistischen W-Fragen geben: Wer? Was? Wann? Wo? Wie? Warum? Woher/welche Quelle?« Auch die Kommunikationswissenschaft als diejenige akademische Disziplin, die sich wissenschaftlich mit dem Journalismus auseinandersetzt, definiert sich durch diese Fragen, die eingängig von Harold Dwight Lasswell in der nach ihm benannten Lasswell-Formel zusammengefasst sind und die verschiedenen Forschungsbereiche benennen: »Who says what in which channel to whom with what effect?« (Beck 2010: 125).

Alles schön und gut. Im Internetzeitalter gilt das allerdings nicht mehr. Kurz und knapp formuliert:

Vergiss die W-Fragen!

Bei der Internetrecherche mit Suchmaschinen wie GOOGLE sollte der Rechercheur nie Fragen formulieren. Man sollte also besser nicht ins Suchfeld der Suchmaschine eingeben: »Wer hat am 22. November 1963 auf Präsident Kennedy geschossen?« Denn GOOGLE ist, wie alle Computerprogramme, ziemlich eigensinnig: Stur sammeln die Webcrawler (sie werden manchmal auch Spider genannt) Einzelwörter, die sie auf Webseiten finden, um sie in einem Index abzulegen. Internetrecherchen in Frageform würden in unserem Beispiel also zuerst alle Webseiten auflisten, auf denen das Wort »wer« vorkommt. Das interessiert aber gar nicht. Stattdessen ist es viel besser, sich zu überlegen, welche Wörter vermutlich in der Antwort vorkommen:

> **Ermordung Präsident John F. Kennedy November 1963**

Vermutlich wird der erste Link, den GOOGLE hier aufführt, schon zu dem gewünschten Ergebnis führen. Es gibt dennoch ein Problem, das wiederum mit der »Dummheit« des Suchalgorithmus zu tun hat: Werden Suchbegriffe einfach nebeneinander geschrieben, ist nicht ganz klar, wonach GOOGLE eigentlich sucht. Tests haben ergeben, dass GOOGLE zuerst alle Webseiten sucht, auf denen beide Wörter zusammen vorkommen. Daneben bietet GOOGLE auf der Ergebnisseite im Zweifel aber auch alle Webseiten, die entweder nur das Wort »Ermordung« enthalten, oder all diejenigen, die das Wort »Kennedy« enthalten. Das erhöht die Zahl der Treffer natürlich exorbitant. Interessant sind aber nur solche Seiten, die sowohl das eine wie auch das andere enthalten. Die Auswahl der Suchwörter hat erheblichen Einfluss auf die Qualität einer GOOGLE-Recherche. Es lohnt sich darum, sich über die persönliche Auswahl von Keywords gründlich Gedanken zu machen: Welche Begriffe müssen unbedingt auf der gesuchten Webseite vorkommen, welche auf keinen Fall? In welcher Sprache sollen die Suchbegriffe vorkommen?

Tipp: Suchwörter bei Google

Man kann bei der Keyword-Suche in GOOGLE zwei Besonderheiten feststellen:

1. *Reihenfolge der Suchwörter:* Die Reihenfolge der Suchwörter drückt ihre Relevanz aus, das heißt, der Begriff, der im Suchfenster als Erstes steht, hat Priorität gegenüber den weiteren.
2. *Keyword Stuffing:* GOOGLE geht davon aus, dass ein Suchwort umso relevanter ist, je häufiger es vorkommt. Was Suchmaschinenspezialisten sich für die Gestaltung von Webseiten zunutze machen, kann auch bei der Suche hilfreich sein.

Außerdem ist das Ziel der journalistischen Recherche nicht nur, möglichst wenige, relevante Seiten zu finden, sondern auch, solche Seiten zu finden, auf die jemand anderes nicht so leicht stößt. Darum gilt die Regel:

Seltene Suchwörter sind üblichen Suchwörtern vorzuziehen.

Um die Suche entsprechend einzugrenzen, gibt es die sogenannten *Boole'schen Operatoren.* Es handelt sich dabei um Verknüpfungen zwischen Ausdrücken, die der Logik entstammen und zuerst von dem Mathematiker George Boole verwendet worden sind: AND, OR, NOT. Den AND-

Operator kann man auch mit dem Rechenzeichen + schreiben. Allerdings ändert GOOGLE immer mal wieder sowohl das Design der Suchergebnisseiten als auch die Suchregeln. So wurde vor einiger Zeit ausgerechnet der Plus-Operator und damit die AND-Funktion zugunsten des hauseigenen sozialen Netzwerks GOOGLE+ gestrichen. Eine Zeitlang diente das Pluszeichen dazu, Nutzer dieses Dienstes zu googeln. Doch auch diese Möglichkeit wurde wieder eingestellt, so dass nicht mehr ganz klar ist, was bei Eingabe eines Pluszeichens im GOOGLE-Suchfeld passiert.

Das Minus-Zeichen dagegen ist ein wichtiger Helfer, um die Zahl der Suchergebnisse stark einzuschränken. Wer beispielsweise Informationen über die Stadt München sucht, ohne all die vielen Hotelseiten geliefert zu bekommen, gibt ins Suchfeld ein:

München -Hotel

Auf diese Weise lassen sich nicht nur Hotelseiten ausschließen, sondern beispielsweise auch Shopping-Seiten, Selbsthilfe-, Forums- und Besserwisser-Seiten oder die beliebten Wikis, die sonst häufig die ersten Suchseiten komplett mit Beschlag belegen und journalistisch häufig irrelevant sind.

Es gibt eine ganze Reihe weiterer sehr hilfreicher Sonderzeichen, mit denen man die Internetrecherche mit GOOGLE sehr effektiv verfeinern kann. Die Anführungszeichen suchen genau nach der Phrase, wie sie zwischen den Zeichen steht. Das ist besonders hilfreich bei der Suche nach Personen:

Robert Meier

sucht nach Webseiten, auf denen Roberte und Meiers vorkommen, findet also z. B. auch Seiten, auf denen Robert Schulze und Florian Meier erwähnt werden. Besser schreibt man darum, um ein eindeutiges Ergebnis zu erhalten:

»Robert Meier«

Laut GOOGLEs eigenen Angaben sollen die Anführungszeichen auch den Bool'schen Plus-Operator ersetzen: Ein einzelnes Wort zwischen Anführungszeichen wird dann genau in dieser Schreibweise gesucht. Eine Liste mit Operatoren ist in der folgenden Tabelle verzeichnet.

Google-Operatoren

Minus-Zeichen (–)	Sucht nach Seiten, die nicht diesen Ausdruck enthalten.
Merkel -Angela	Findet alle Webseiten, die das Wort „Merkel", nicht aber das Wort „Angela" enthalten.
Anführungszeichen („")	Sucht nach exakt dieser Phrase in diesem Wortlaut.
„Robert E. Meier"	Findet Webseiten, die genau diesen Meier, aber nicht alle anderen Meiers dieser Welt nennen.
Asterisk-Zeichen (*)	Platzhalter: Anstelle des Sternchens kann ein x-beliebiges Wort stehen.
*Tier	Findet Webseiten, auf denen Ausdrücke wie „Haustier", „Wildtier", „Getier" etc. vorkommen. Das funktioniert, auch wenn GOOGLE in den eigenen Suchtipps anderes behauptet.
	Tipp: Wer nach Zitaten sucht, deren genauen Wortlaut man nicht mehr kennt, kombiniere Anführungszeichen und Asterisk: **„Morgenstund hat * im Mund"** findet den richtigen Wortlaut des Sprichworts.
OR	Ein großgeschriebenes OR sucht nach Webseiten, die entweder nur den einen oder nur den anderen Ausdruck enthalten (würde man OR kleinschreiben, würde GOOGLE nach dem Wort „or" suchen).
„Olympische Spiele 2014" OR „Fußball-WM 2016"	Findet Webseiten, die nur eines der beiden Sportereignisse benennen (aber nicht beide zusammen).
	Statt des Worts OR kann man auch den senkrechten Strich (Vertical Bar oder Pipe) verwenden (|), der aber auf deutschen Tastaturen mit Alt Gr < erzeugt wird.

Zwei Pünktchen (..)	Zwei Punkte vor einer Zahl oder zwischen zwei Zahlen sucht Webseiten innerhalb dieses Rankings.
2012..2015	Sucht Webseiten nur im Zeitraum zwischen den Jahren 2012 und 2015.
	Tipp: [..2008] sucht einfach alles bis zum Jahr 2008. Das funktioniert z. B. auch mit Wertsymbolen: [€150..€350] sucht nur in diesem Preissegment.
@, #	Neue Operatoren zur Suche in Social Media
@medienhektor	Sucht Twitteruser
#charliehebdo	Sucht nach populären Hashtags

Es gibt Wörter, die GOOGLE bei der Suche prinzipiell auslässt. Die nennt man *Filter-* oder *Stoppwörter*. Diese Wörter kann man also getrost bei der Suchanfrage weglassen. Statt [William und Kate] reicht es völlig, [William Kate] in das Suchfeld einzugeben. Auch Satzzeichen, Symbole etc. lässt GOOGLE in der Regel weg. Ausnahme: Operatoren und Währungssymbole, wenn sie, wie in den obigen Beispielen, genutzt werden.

Filterwörter bei Google

Deutsch: am, auf, an, bei, wie, wo, was, wer, wann, in, die, das, der, ein, eine, zu, nach, ich, von, vom.
Englisch: a, about, an, and, are, as, at, be, by, from, how, i, in, is, it, of, on, or, that, the, this, to, was, we, what, when, where, which, with.

Zum Speichern einer Suchanfrage muss man nur bei gedrückter Maustaste die URL der Ergebnisseite greifen und auf den Desktop ziehen: Schon lässt sich durch einen Doppelklick die gleiche Suche ein andermal wiederholen und das Ergebnisfenster erneut aufrufen. Alternativ kann man Google-Suchanfragen auch »bookmarken«, das heißt als Lesezeichen speichern.

Alle GOOGLE-Suchanfragen lassen sich speichern.

Seit 2011 bietet GOOGLE den Dienst GOOGLE INSTANT an: Damit wird die Suchanfrage schon während der Eingabe durch den Benutzer vervollständigt. GOOGLES Algorithmen überprüfen dabei, in welchen Wortkombinationen andere User bereits nach ähnlichen Zeichenketten gesucht haben und bieten diese zur schnellen Auswahl an. Laut GOOGLE vergehen bei der Suche zwischen zwei Tastenanschlägen der User 300 Millisekunden. Nur ein Zehntel der Zeit werde dagegen gebraucht, um einen Blick auf andere Teile der Website zu werfen. Statt also eine Kette von Suchbegriffen selbst einzutippen, beginne man nur mit den ersten Buchstaben und erhalte durch einen schnellen Blick mögliche sinnvolle Ergänzungen. Was diese Technologie verrät, ist aber noch etwas anderes: nämlich dass GOOGLE nicht vergisst. Alle früheren Suchanfragen der GOOGLE-Benutzer werden gespeichert, und auf sie kann vom Suchmaschinenbetreiber zu eigenen Auswertungen wieder zurückgegriffen werden. In puncto Recherche ist GOOGLE INSTANT aus zwei Gründen besonders problematisch: Zum einen können GOOGLE-Recherchen auf diese Weise zur *Selffulfilling Prophecy* werden. Man sucht dann nach Keywords gar nicht deswegen, weil man sich für sie interessiert, sondern weil GOOGLE sie einem anbietet. Zum anderen erhält man als Journalist nur noch solche Suchergebnislisten, die alle anderen auch bekommen, da das Autocomplete von GOOGLE INSTANT ja nichts anderes ist als die Hochrechnung vergangener, besonders beliebter Suchen anderer Nutzer: »Filter Bubble« (Siehe Kap. 7.1). GOOGLE INSTANT ist einer der besonders umstrittenen Dienste von GOOGLE und darum bereits mehrfach gerichtsaktenkundig. Denn aus der statistischen Hochrechnung häufiger Suchanfragen können in der öffentlichen Wahrnehmung Tatsachenannahmen werden: Aus Fragen werden dann Antworten. Ein Unternehmer etwa hat gegen GOOGLE geklagt, weil die Autovervollständigen-Funktionen den Namen seiner Firma immer wieder mit den Suchbegriffen »Scientology« und »Betrug« in Verbindung gebracht hatte. Der Bundesgerichtshof gab dem Kläger Recht, da er durch die GOOGLE-Funktion dessen Persönlichkeitsrechte verletzt sah. Auch die ehemalige deutsche First Lady Bettina Wulff hat GOOGLE verklagt, weil Nutzer, die ihren Namen in die Suchmaschine eingaben, an oberster Linie den Begriff »Rotlicht« als Vervollständigung angeboten bekamen.

Man kann mit sehr unsinnigen Eingaben die GOOGLE Suchmaschine auch zur Aufgabe bringen. Wenn man sehr große Ziffernfolgen eingibt, steigt GOOGLE aus und macht nicht mehr mit. Man kann es einfach ausprobieren und in das Suchfeld eingeben: *77777777..77777778*. Es erscheint folgende Anzeige:

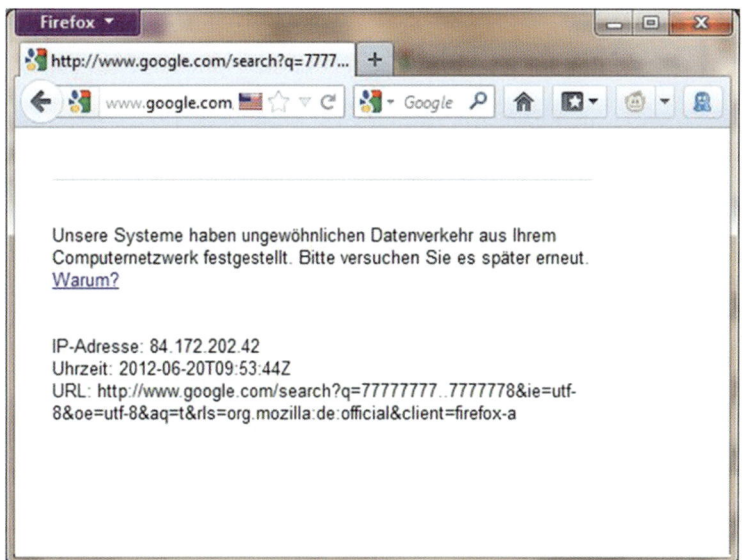

GOOGLE-Systemabsturz

Wahrscheinlich will GOOGLE damit unnötigen Datenverkehr verhindern, wenn sich bei der Suche einfach nur eine Taste am Computer verklemmt hat oder der Nutzer vor Übermüdung mit dem Kopf auf die Tastatur gefallen ist. Jedenfalls bringt auch der erneute Versuch rein gar nichts.

6.4   Noch mehr Suchtipps

Die Boole'schen Operatoren sind noch lange nicht die einzige Möglichkeit, die Internetrecherche bei GOOGLE effektiv einzugrenzen. GOOGLE bietet noch viel mehr Möglichkeiten, um eine Suche so zielgenau wie möglich zu gestalten.

Es ist darauf zu achten, den Suchbegriff immer direkt hinter den Doppelpunkt zu schreiben. Sonst sucht GOOGLE nach dem konkreten Ausdruck »filetype« oder »link«. Probeweise sollte man mal eine Weile einfach mit den verschiedenen Operatoren und Einschränkungsmöglichkeiten herumspielen. Wenn man sich an die verschiedenen Einsatzmöglichkeiten gewöhnt hat, mag man sie nie mehr missen.

155

Recherchen eingrenzen mit Google

filetype:	Sucht nach Dokumenten, die mit bestimmten Computerprogrammen hergestellt wurden.
filetype:pdf	Findet ausschließlich Dokumente im PDF-Format, die mit dem Programm Adobe Reader zu lesen sind. Analog findet [filetype:doc] nur Word-Dokumente.
intitle:	Sucht nur in der Titelzeile einer Webseite
intitle:Bundeszentrale	Findet nur Websites, in deren Titel das Wort »Bundeszentrale« vorkommt.
inurl:	Sucht nur in der Internetadresse nach dem Suchbegriff.
inurl:sport	Findet nur Internetadressen, die das Wort »Sport« enthalten.
inanchor:	Sucht nur nach Wörtern, die in einem Link auftauchen.
inanchor:Verbraucher	Findet Links auf Websites, in denen das Wort »Verbraucher« vorkommt (z. B. Links, die auf Verbraucherzentralen verweisen).
link:	Sucht nach Links
link:www.vatican.va	Findet Links auf die Website des Vatikans. Das kann praktisch sein, wenn man wissen möchte, wie viele Seiten auf www.vatican.va verweisen.
related:	Sucht nach Websites, die inhaltlich mit der Gesuchten in Beziehung stehen.
related:www.ard.de	Findet neben der ard-Website auch die aller teilnehmenden öffentlich-rechtlichen Sender.
info:	Gefolgt vom Namen einer Website sucht [info:] nach weiteren Informationen über diese Seite oder bietet weitere Optionen.
info:www.antimedien.de	Findet nicht nur die gesuchte Seite, sondern bietet auch weitere Informationen über Links, verwandte Seiten etc.

site:	Sucht nur Inhalte, die in einem bestimmten Internetauftritt enthalten sind.
site:sueddeutsche.de	Findet nur Beiträge, die im Onlineangebot der Süddeutschen Zeitung veröffentlicht sind.
	Tipp: Diese Einschränkung ist vor allem in Kombination mit weiteren Suchbegriffen sinnvoll. Man kann z. B. bestimmte Suchwörter ausschließlich im Webangebot einer bestimmten Zeitung oder Organisation suchen.

Zu einem wirklich mächtigen Werkzeug wird GOOGLE für die journalistische Recherche erst, wenn man die verschiedenen Operatoren miteinander verknüpft. All die verschiedenen Eingrenzungsmöglichkeiten lassen sich nämlich auch kombinieren, so dass sehr zielgenau konkrete Suchergebnisse recherchiert werden können. Wer sich beispielsweise daran erinnert, irgendwo im Webspace des Nachrichtenmagazins DER SPIEGEL einmal das Regierungsprogramm der hessischen SPD für die Wahlperiode von 2008 bis 2013 im pdf-Format gefunden zu haben, der kann so danach suchen:

site:spiegel.de Regierungsprogramm „SPD Hessen" 2008..2013 filetype:pdf

Bei der Personenrecherche, die bei der Story-basierten Methode ja zentral ist, lassen sich beispielsweise die Anführungszeichen und der Asterisk sinnvoll verknüpfen:

„Rainer * Rilke"

sucht nach allen sinnvollen Kombinationen des Namens, also auch nach »Rainer M. Rilke«, »Rainer Maria Rilke« und allen anderen.

Durch die Verknüpfung und Wiederholung von Operatoren lässt sich die Trefferwahrscheinlichkeit deutlich erhöhen. Wer z. B. auf der Suche nach Vertretern bestimmter Organisationen ist, aber die genaue Bezeichnung nicht kennt, kann mit dem OR-Operator gleich verschiedene Möglichkeiten austesten:

Bund OR Bündnis OR Dachverband OR Initiative OR Interessengemeinschaft OR Interessenverband OR Netzwerk OR Verband OR Vereinigung OR Verein OR Zusammenschluss

Mit dieser Suchmethode lassen sich durch Ergänzung der entsprechenden Keywords sowohl der Hauptverband der Bahn-Landwirtschaft wie auch die Organisation der vegetarisch oder vegan lebenden Menschen (VEBU) oder der Chess Boxing Club Berlin aufspüren.

GOOGLE **erlaubt die Eingabe von höchstens 32 Suchbegriffen. Diese Anzahl lässt sich aber erhöhen, indem man den Asterisk (*) und die Anführungszeichen (" ") als Operator nutzt.**

Wem es zu mühsam ist, all diese Verknüpfungs- und Einschränkungsmöglichkeiten auswendig zu lernen, der kann auch auf die »Erweiterte Suche«-Seite von GOOGLE gehen. Früher führte direkt neben dem Eingabefeld ein Link auf diese Seite. Heute muss man wissen, wo sie sich befindet, nämlich hier:

http://www.google.de/advanced_search

Auf dieser GOOGLE-Seite lassen sich viele Suchoptionen auch per Mausklick auswählen (siehe Abbildung unten).

6.5 Google-Ergebnisse einschränken

Wem die Internetrecherche mittels Operatoren zu lästig ist, für den hat GOOGLE noch eine bequemere Art, die Suchergebnisse im Nachhinein einzuschränken und damit treffgenauer zu machen. Nach einem Mausklick auf [Suchoptionen] bietet sich über den Suchergebnissen folgendes Bild mit Auswahlmöglichkeiten:

Verfeinerung der Suche

Google

Erweiterte Suche

Seiten suchen, die... | Geben Sie hierzu den Begriff in das Suchfeld ein.

alle diese Wörter enthalten: | Geben Sie die wichtigsten Wörter ein. glatthaar Coxterrier Brellzeehig

genau dieses Wort oder diese Wortgruppe enthalten: | Setzen Sie die gesuchten Wörter zwischen Anführungszeichen. "glatthaar terrier"

eines dieser Wörter enthalten: | Geben Sie oa zwischen allen gesuchten Wörtern ein. miniatur OR standard

keines der folgenden Wörter enthalten: | Setzen Sie ein Minuszeichen direkt vor Wörter, die nicht angezeigt werden sollen: -nussbaur, -"jack russell"

Zahlen enthalten im Bereich von: | bis | Setzen Sie 2 Punkte zwischen die Zahlen und fügen Sie eine Maßeinheit hinzu 10...35 Kilo, 300..500 Euro, 2010..2011

Ergebnisse eingrenzen...

Sprache: | alle Sprachen | Suchen Sie nur Seiten in der gewählten Sprache

Land: | alle Regionen | Suchen Sie Seiten, die in einem bestimmten Land veröffentlicht wurden

Letzte Aktualisierung: | ohne Zeitbegrenzung | Suchen Sie Seiten, die innerhalb des von ihnen angegebenen Zeitraums aktualisiert wurden

Website oder Domain: | Suchen Sie in einer Website, zum Beispiel: wikipedia.org, oder schränken Sie Ihre Ergebnisse auf eine Domain wie .edu, .org oder .gov ein

Begriffe erscheinen: | irgendwo auf der Seite | Suchen Sie nach Begriffen auf der gesamten Seite, im Titel der Seite, in der Webadresse oder in Links zu der gesuchten Seite

SafeSearch: | Kein Filter | Moderat | Strikt | Legen Sie mit SafeSearch fest, wie pornografische Inhalte gefiltert werden sollen

Dateityp: | alle Formate | Suchen Sie nach Seiten mit einem bestimmten Dateiformat

Nutzungsrechte: | nicht nach Lizenz gefiltert | Suchen Sie nach Seiten, die Sie kostenlos nutzen können

Erweiterte Suche

Erweiterte GOOGLE-Suche

Hier kann man zuallererst die Suche auf Bilder, Landkarten (»maps«), Videos oder Zeitungsartikel (»news«) einschränken. Hinter diesen Optionen stecken eigene mächtige Spezialsuchmaschinen von GOOGLE, die alle auch über eigene Internetadressen erreichbar sind: [bilder.google.de], [maps.google.de], [news.google.de] etc. Die Videosuche greift vor allem auf den populären Videodienst YOUTUBE zurück. Kein Wunder: YOUTUBE gehört GOOGLE und gilt weltweit als die nach der Eigentümerin selbst zweitbeliebteste Suchmaschine. In Zeiten des sekundären Analphabetismus suchen heute eben viele Menschen ihre Informationen nicht mehr schwarz auf weiß, sondern in Form von Bewegtbildern.

GOOGLE erfährt bei jeder Sucheingabe automatisch den Standort des Nutzers. Das lässt sich aber auch ändern, was großen Einfluss auf die Suchergebnisse und auch auf die Sprachauswahl haben kann. Darum bietet die folgende Auswahl an, explizit »Seiten auf Deutsch« oder »Seiten aus

Deutschland« zu suchen. Sehr sinnig kann auch sein, die Suche zeitlich einzuschränken, wenn man etwa ausschließlich aktuelle Informationen sucht. Wer sich beispielsweise für die sportliche Karriere von Uli Hoeneß in den letzten Jahren interessiert und nicht so sehr für seine Steuerhinterziehung, der kann beispielsweise nach [»Uli Hoeneß« 2000..2012] suchen, da seine Steuerdelikte erst im Jahr 2013 ruchbar wurden.

Die Option »Wortwörtlich« (englisch: verbatim) sucht die Suchbegriffe exakt so, wie man sie im Eingabefeld eingegeben hat, also z. B. auch inklusive der Stopp- oder Filterwörter, die GOOGLE sonst bei der Suche auslässt.

Am Ende der Suchergebnisseite listet GOOGLE »Verwandte Suchanfragen« auf. Das entspricht dem Befehl [related:]. Eine verwandte Suche zum Suchwort »Microsoft« listet z. B. auch »Apple« auf.

Die Option, nach Bildern, Karten, Videos, News und Produkten zu suchen, bietet GOOGLE auch am oberen Rand jeder Suchseite an. Geht man auf die entsprechenden Seiten, landet man direkt in den speziellen Suchmaschinen, die wiederum ganz eigene Möglichkeiten bieten, die Internetrecherche nach diesen speziellen Inhalten zu verfeinern. Teilweise, wie bei GOOGLE MAPS, handelt es sich im Grunde nicht mehr um reine Search Engines, sondern um ausgefeilte leistungsstarke Programme, die erheblichen Zusatznutzen anbieten.

Die GOOGLE Bildersuche klaubt aus den Weiten der Internetgalaxie alle Bilder und graphischen Darstellungen, die in Webseiten eingebaut sind und das Suchwort entweder im Titel oder in den Datei-Eigenschaften enthalten. Die Bildersuche bietet genau wie die normale GOOGLE-Suche eine erweiterte Suchseite an. Die findet sich unter:

`http://www.google.de/advanced_image_search`

Hier finden sich auf die visuelle Welt zugeschnittene Suchoptionen wie Farbangaben, Formatwünsche (z. B. Druckgröße oder Webauflösung) oder persönliche Präferenzen zu Jugendschutzkriterien bei der Bildersuche. Nicht nur im Familienkreis, sondern vor allem auch im Büro- und Redaktionsalltag ist es schließlich nicht immer angemessen, bei der Bildersuche nach [Pamela] zuerst eine große Zahl von Fotos einer großbusigen oder wenigbekleideten Blondine zu erhalten – obwohl das natürlich stark von der Redaktion abhängt …

Der Landkartendienst GOOGLE MAPS greift auf eine Vielzahl geografischer Dienste und Datenbanken zurück und hat dadurch ein Abbild der Welt im Internet geschaffen. Ein sehr mächtiges Recherche-Werkzeug für Journalisten, das auf vielfältige Weise zu nutzen ist. Ob die einfache Tou-

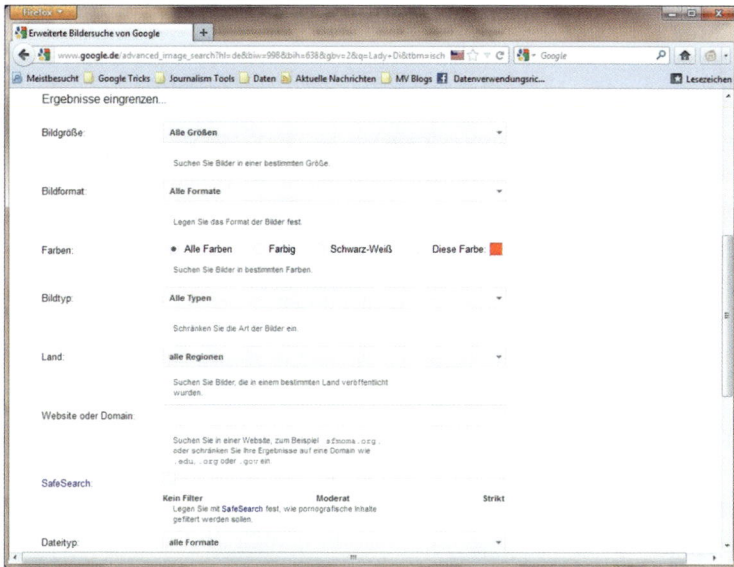

Erweiterte Bildersuche

renplanung (inklusive Kostenkalkulation), Drehortbesichtigungen oder Motivrecherchen – das alles ist heute mit GOOGLE MAPS vom Schreibtisch aus möglich. In die Suchmaschine GOOGLE MAPS ist heute der Dienst GOOGLE STREETVIEW integriert. Unter Datenschutzgesichtspunkten war dieser Service vor seiner Einführung heftig umstritten, als GOOGLE-Autos mit Street-View-Kameras durch deutsche Städte und über Landstraßen kurvten und dabei, wie sich später herausstellte, auch illegal die WLAN-Daten aus der Nachbarschaft gespeichert und in die USA gefunkt haben (⌁ Minor 2012). Allerdings befindet sich journalistische Recherche auch das eine ums andere Mal in Graubereichen des Datenschutzes, schließlich ist nichts journalistisch interessanter als Daten, die jemand anderes nicht freiwillig herausrücken will. Unter diesem Gesichtspunkt ist GOOGLE STREETVIEW ein für Journalisten hochinteressantes Produkt, das bei Internetrecherchen keineswegs ausgelassen werden sollte.

161

Tipp: Motivrecherche mit Google Earth

Die GOOGLE-MAPS-Suche bietet schon eine eigene webbasierte GOOGLE-EARTH-Applikation. Das eigentliche Desktop-Programm GOOGLE EARTH hat aber noch viel mehr zu bieten.
http://earth.google.com/intl/de/

Einfache Anfahrtsbeschreibungen oder digitale Drehvorbesichtigungen für Videoreporter sind hier möglich.

Man erreicht GOOGLE STREETVIEW, wenn man in der Kartenansicht von GOOGLE MAPS das kleine orangefarbene Männchen unter der Navigationseinheit auf die Straßendarstellung zieht und dort loslässt (drag and drop), wo man das Gelände erkunden möchte. Nun tut sich eine räumliche fotorealistische Straßenansicht auf, in der man sich per Mausklick drehen und bewegen kann. Das funktioniert auch in dem separaten Programm GOOGLE EARTH, dort sogar noch flüssiger. Auf diese Weise lässt sich per Internet herausfinden, ob eine Firma wirklich unter einer angegebenen Adresse existiert (und dort nicht etwa nur einen Briefkasten besitzt); ob man schon von der Straße aus mit der Kamera »sprechende Bilder« machen kann (wenn man etwa keine Drehgenehmigung für das Innere besitzt); wie die Nachbarschaft aussieht, was z. B. unter Umständen Rückschlüsse auf das soziale Milieu zulässt. Wie gesagt, datenschutzrechtlich ist das alles nicht unproblematisch. Zum Beispiel nutzen Wirtschaftsauskunfteien solche Geodaten, um die Kreditwürdigkeit einer Person zu bewerten, obwohl die normalerweise gar nichts dafür kann, wenn alle Nachbarn nur schäbige Autos fahren und keine Gardinen vor den Fenstern hängen.

Die Bildinformationen in GOOGLE STREETVIEW sowie die Satellitenaufnahmen in GOOGLE MAPS und EARTH sind nicht aktuell, sondern zum Teil Jahre alt.

Außerdem konnten in Deutschland Mieter und Hausbesitzer ihrer Erfassung in GOOGLE STREETVIEW widersprechen, sodass einzelne Häuser in dem Dienst heute unkenntlich gemacht sein können.

Nichts geht über den eigenen Augenschein! Nur wenn die persönliche Besichtigung eines Ortes aus finanziellen, zeitlichen oder anderen Gründen nicht möglich ist, sollte man auf GOOGLE MAPS & Co. zur Ortsrecherche zurückgreifen.

162

6.6   Google und das »Totengräber«-Problem

GOOGLE und Bestattungsunternehmer haben etwas gemeinsam: Kaum hat man neue Klienten, ist man sie wieder los. Wie jede kommerzielle Website ist aber auch GOOGLE daran gelegen, Nutzer möglichst lange auf der eigenen Seite zu halten. Denn je länger er auf der GOOGLE-Seite bleibt, umso länger ist er interessant für die Werbekunden von GOOGLE. Darum geht GOOGLE dazu über, immer mehr Informationen direkt auf der eigenen Ergebnisseite anzubieten, statt nur einen Link zu einer fremden Seite zu offerieren. Rechenaufgaben, Wetterberichte, Kinoprogramm, all das und noch viel mehr kann GOOGLE mittlerweile schon allein beantworten. Programmiertechnisch ist die Aufgabe gar nicht so trivial, bedeutet sie doch den Übergang von der schlüsselwortorientierten Internetsuche zur sogenannten *semantischen Suche*, bei der Beziehungen zwischen den Suchwörtern hergestellt werden. Hier eine kleine Übersicht:

Semantische Google-Suche

Wetterbericht	Das Wort »Wetter« gefolgt vom Ortsnamen, z. B. [Wetter Stuttgart]
Börsenkurse	Einfach die Wertpapierkennnummer eingeben, z. B. [515100] für BASF
Sportergebnisse	Namen des entsprechenden Sportvereins eingeben, und GOOGLE zeigt Spielergebnisse und nächste Termine z. B. [FC Bayern München]
Taschenrechner	Rechenaufgabe mit den Symbolen + – * / eingeben, z. B. [(5*9+3)^3]
Einheiten umrechnen	GOOGLE kann verschiedene Maßeinheiten (Längen, Gewichte, Maße, Währungen) umrechnen, z. B. [13 Meilen in Kilometer] Tipp: Temperaturen umrechnen geht auch ganz einfach, wenn man die Anfangsbuchstaben der Temperatureinheiten nimmt, z. B. [28 c in f] rechnet aus, was 28 Grad Celsius in Fahrenheit sind.
Definitionen	GOOGLE erklärt Begriffe, dazu muss nur »definiere« vor das Suchwort geschrieben werden, z. B. [definiere Redaktion]

Karten	Landkarten werden angezeigt, wenn vor den Suchort das Wort »Karte« geschrieben wird, z.B. [Karte Bamberg]
Regional suchen	Schreibe die Postleitzahl hinter das Suchwort z.B. [Pizzeria 50677]
statistische Daten	GOOGLE versucht auch, statistische abfragbare Daten direkt darzustellen, z.B. [Bevölkerung Großbritannien] Tipp: Diese Suche basiert wiederum auf einem eigenen GOOGLE-Dienst, nämlich publicdata. Den erreicht man auch unter der Adresse http://www.google.de/publicdata/directory
Kino	Das Wort Kino gefolgt von einem Ortsnamen bietet das aktuelle Kinoprogramm, z.B. [Kino Köln]
Paketverfolgung	Paketnummer Ihres UPS-, Fedex- oder UPS-Pakets ins Suchfeld eingeben z.B. [1Z9999W99999999999]
Zeitzonen	»Zeit« gefolgt von einem Ortsnamen sagt, wie spät es ist z.B. [Zeit Peking].

6.7 Weitere Google-Dienste und -Programme

Ganz schön viel, was eine Suchmaschine wie GOOGLE zu bieten hat? Das war noch gar nichts. Wir stehen immer noch ganz am Anfang des Googleuniversums. Bis vor Kurzem war eine Auswahl weiterer GOOGLE-Dienste noch auf der ersten Ergebnisseite abrufbar, indem man auf »mehr« klickte. Mittlerweile findet man unter dem »mehr«-Button nur noch Verweise auf solche Dienste, mit denen GOOGLE vor allem der eigenen Umsatzsteigerung Rechnung tragen möchte, z.B. den hauseigenen App-Store oder den lukrativen Fluginformationsdienst. Die Ausnutzung der monopolistischen Marktmacht, die GOOGLE damit an den Tag legt, ist Grund für etliche gerichtliche Auseinandersetzungen. Die journalistisch interessanten Dienste, die den größeren Teil des Funktionsumfangs von GOOGLE ausmachen, momentan erreichbar, wenn man auf die kleine Mosaikfläche in der GOOGLE-Kopfzeile klickt und dort »mehr« wählt. Oder man gibt direkt die URL der GOOGLE-Produktseite ein:

https://www.google.de/intl/de/about/products/

Dort findet man eine Übersicht über viele, aber längst nicht über alle GOOGLE-produkte:

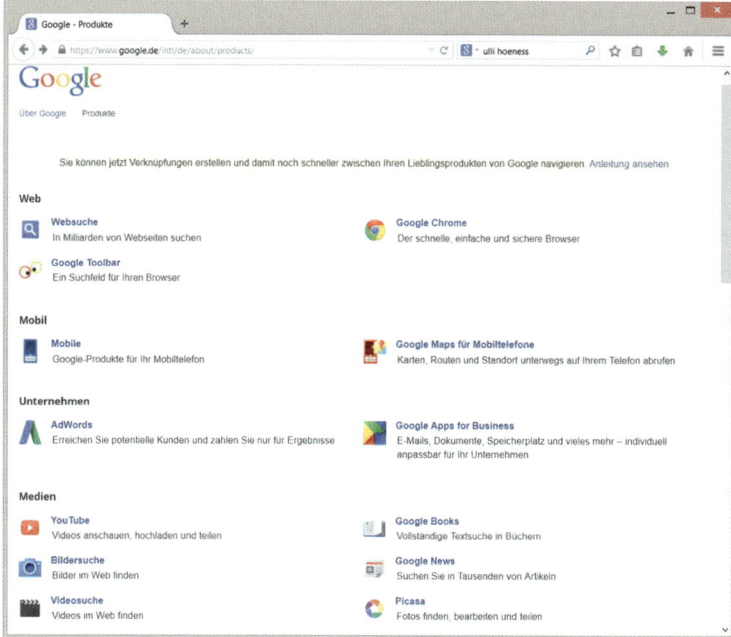

Übersicht über GOOGLE-Produkte

Hierunter verbergen sich wiederum ausgefeilte Dienste und Programme, die jedes für sich den Arbeitsalltag von Journalisten erleichtern können. Das Übersetzungsprogramm von GOOGLE ist auch über die Adresse

http://translate.google.de

erreichbar und bietet Spontanübersetzungen aus dem Deutschen und ins Deutsche an. GOOGLE ist ungeheuer sprachmächtig und beherrscht mehr als 100 Sprachen und Dialekte, darunter auch tschechisch, estnisch und sogar klingonisch. Wer hier einen Text des englischen Dichters Oscar Wilde eingibt, darf keine Übersetzung auf dem Niveau des Dichterfürsten Goethe erwarten. Aber als schnelle Hilfe oder als Wörterbuch, wenn einem das berühmte Wort auf der Zunge liegt, aber leider wieder einmal partout nicht rauskommen will, ist der Service sehr nützlich.

GOOGLE TRANSLATE **sollte wirklich nur als Arbeitshilfe genutzt werden. Auf keinen Fall sollte man Texte veröffentlichen, die man mit diesem Dienst ins Deutsche übersetzt hat, denn dazu sind die Übersetzungen zu fehlerhaft.**

Sehr praktisch ist GOOGLE TRANSLATE für fremdsprachige Recherchen. Mithilfe dieses Dienstes kann man z. B. Suchbegriffe ins Russische übersetzen, dann die entsprechenden russischsprachigen Websites finden und sich diese wieder ins Deutsche übersetzen lassen.

GOOGLE BOOKS, die Büchersuche, ist ein äußerst anspruchsvolles, aber auch wiederum umstrittenes Projekt, das sich vorgenommen hat, bis zum Jahr 2015 über 15 Millionen Bücher in gescannter Form im Internet verfügbar und im Volltext durchsuchbar zu machen. Es basiert auf zwei verschiedenen Konzepten, nämlich GOOGLE PRINT und GOOGLE LIBRARY. GOOGLE PRINT ist eine Kooperation mit Verlagen, die ihre lieferbaren Bücher über GOOGLE im Internet durchsuchbar machen. GOOGLE LIBRARY ist der anspruchsvollere Teil der Büchersuche. Der kalifornische Suchspezialist arbeitet hier mit großen, ja weltberühmten universitären Bibliotheken zusammen und scannt sukzessive deren Bestände, um sie digital auswerten zu können und ins Internet zu stellen. Die ehrgeizige Unternehmung hat erheblichen, auch internationalen Ärger verursacht, vor allem wegen unterschiedlicher Regelungen in Sachen Urheberrecht in verschiedenen Ländern. Das führte dazu, dass aktuell lieferbare Bücher zumeist nicht vollständig in GOOGLE BOOKS durchstöbert werden können.

Tipp: Aktuelle Bücher vollständig lesen

Aktuelle Bücher sind in GOOGLE BOOKS zumeist nicht vollständig zu lesen. Bei GOOGLE liegen sie aber dennoch vollständig gescannt vor. Und der Suchmaschinenbetreiber wechselt regelmäßig diejenigen Seiten, die nicht angezeigt werden. Kleine Freeware-Hilfsprogramme wie der IDOWNLOADER versprechen, GOOGLE BOOKS langfristig im Hintergrund zu beobachten und die entsprechenden Seiten zu »grabben«, sobald sie verfügbar sind. Dazu sollte man seinen Computer natürlich nicht ausschalten …

Die Bücher, die in GOOGLE BOOKS eingestellt sind, lassen sich leider nicht einfach runterladen und auf der eigenen Festplatte speichern oder ausdrucken. Dies ist aber häufig für die Recherche unerlässlich, wenn man Ergebnisse dokumentieren will. Die einfachste Möglichkeit ist hier, Screenshots vom Browserfenster zu machen: Unter Windows geht das mit der Print-Taste der Tastatur oder mit Zusatzprogrammen wie dem SNIPPING TOOL. Es gibt aber auch Hilfsprogramme, die das erledigen und die gescannten Buchseiten als Bilddatei oder als PDF-Dokument »grabben«, sprich: vom Internet auf die Festplatte überspielen.

Bibliotheken

Wer sich für Bücher interessiert, für den gibt es übrigens noch zwei weitere praktische Tipps:
• Geh in die Bibliothek!
• Geh in die Bibliothek!

Im Ernst: Die großen Staats- und Universitätsbibliotheken in den Landeshauptstädten und bekannten Universitätsstädten sind unerlässliche Werkzeuge für jeden Journalisten und Rechercheur. Hier wird seit Jahrhunderten wertvolles Wissen gespeichert und zur Verfügung gestellt. Man sollte eines nie aus dem Auge lassen: Das Internet ist erst seit 1993 für die breite Öffentlichkeit nutzbar. Vor dieser Zeit fanden Informationen darum nicht massenhaft ins WWW. Außerdem sind die praktischen Vorteile des Mediums Buch gegenüber dem Computer nicht von der Hand zu weisen: Die Usability eines Buches ist einzigartig, es funktioniert sogar bei Stromausfall und kann – anders als ein Laptop oder iPad – häufig sogar noch dann benutzt werden, wenn es ins Badewasser geplumpst ist …

Die Shopping-Suche durchforstet E-Commerce-Seiten und stellt Produktübersichten zusammen, die nach Preis oder nach Bewertung sortiert angezeigt werden können. Für Verbraucherjournalisten kann das ausgesprochen hilfreich bei Preisrecherchen oder für eine erste Marktübersicht sein.

GOOGLE BLOGGER ist ein eigener Blogdienst, auf dem GOOGLE kostenlosen werbefinanzierten Webspace für den eigenen Internetauftritt in Form eines Weblogs, also eines Internettagebuchs, zur Verfügung stellt.

Neben der Bildersuche bietet GOOGLE auf der Produktseite noch seinen Fotodienst PICASA an. Hierbei greift man auf Bildmaterial zurück, das über die GOOGLE Bildersoftware PICASA in Webalben veröffentlicht wurde. Es handelt sich in aller Regel um privates Fotomaterial. Auf der Ergebnisseite einer solchen PICASA-Suche lässt sich auch die Quelle eingrenzen sowie die freie Verwendbarkeit eines Fotos prüfen.

 Niemals und über keinen Kanal ungefragt Fotos veröffentlichen, die man über die GOOGLE-Bilder-Suche gefunden hat!

Ähnlich verhält es sich mit der Videosuche, die in einem gewissen Spannungsverhältnis zur YOUTUBE-Suche steht. Bevor GOOGLE jedoch das Videoportal YOUTUBE für ein paar Milliarden Dollar gekauft hat, versuchte die Firma sich an einem eigenen Dienst namens GOOGLE VIDEO, der mittlerweile in die Produktseite abgestiegen ist. Eine Suche hier ergibt aufgrund der zum Teil unterschiedlichen Datenbasis andere Ergebnisse als die YOUTUBE-Suche und findet beispielsweise auch solche Videos, die Leute auf ihrer Webseite veröffentlicht haben.

Der unter Recherchegesichtspunkten relevanteste Dienst, der hier zu finden ist, heißt GOOGLE SCHOLAR. Scholar ist das englische Wort für Wissenschaftler, und was sich hinter diesem Suchdienst verbirgt, ist nichts Geringeres als eine wissenschaftliche Datenbank mit Aufsätzen, Essays und Statistiken, die häufig sogar als PDF- oder Word-Dokumente hinterlegt sind und sofort heruntergeladen werden können. Den Dienst erreicht man auch unter der Adresse:

scholar.google.de

Es kann hilfreich sein, den Operator [filetype:] hier von vornherein in die Suche zu integrieren, um nur nach Dokumenten zu suchen, die man auch aus dem Internet herunterladen kann. Auf der Ergebnisseite von GOOGLE SCHOLAR ist aber auf der rechten Seite jedes einzelnen Treffers auch vermerkt, wenn es sich um ein bestimmtes Programmdokument wie PDF oder DOC handelt. Die SCHOLAR-Suche hat auch einen eigenen Operator, der hilfreich sein kann, nämlich [author:]. Wer in die Suchzeile eingibt:

Photosynthesis author:„John T. O. Kirk"

erhält von GOOGLE nur Arbeiten, die besagter John T. O. Kirk als Autor über die Photosynthese veröffentlicht hat, und nicht Aufsätze, in denen der Name John Kirk z. B. in irgendwelchen Fußnoten vorkommt.

Die GOOGLE-Blogs-Suche recherchiert ausschließlich in Weblogs. Mit dieser Suchmaschine zu arbeiten, kann journalistisch sinnvoll sein, wenn das Meinungsspektrum der Blogosphäre abgefragt werden soll. Viele auch investigative Leistungen und ein bedeutender Teil der Medienkritik sind heute schon in Blogs abgewandert. Internetseiten wie der BILDBLOG oder CARTA in Deutschland und die HUFFINGTON POST in den Vereinigten Staaten sind große journalistisch geprägte Blogs, die aktuelle und relevante Informationen präsentieren. Die Blogsuche findet sich auch unter der Internetadresse

www.google.de/blogsearch

PANORAMIO ist ein Foto-Sharing-Service im Besitz der Firma GOOGLE, der vor allem dazu dient, georeferenzierte Bilder in GOOGLE EARTH zur Verfügung zu stellen. Digitale Fotos speichern zumeist auch geografische Daten ab, die sogenannten Geo-Tags, die auch im Nachhinein noch recherchieren lassen, wo eine Aufnahme gemacht wurde. PANORAMIO verknüpft solche getaggten Fotos mit den Geodaten in GOOGLE EARTH, sodass sich zu vielen Orten der Welt, gerade den touristisch und journalistisch interessanten, auch (private) Fotos in häufig sehr guter Qualität ansehen lassen.

»Texte & Tabellen« ist eine webbasierte Office-Suite, mit der sich im Internetbrowser Textdokumente und Tabellenkalkulationen bearbeiten lassen. Der Vorteil gegenüber selbstständigen, auf dem eigenen PC installierten Officeprogrammen: Die Dateien lassen sich auch mit anderen über das Internet teilen und sogar gemeinsam bearbeiten, inklusive Versionskontrolle. Unter kollaborativ arbeitenden Recherchejournalisten erfreut sich diese Programmsammlung großer Beliebtheit. Sie vereinfacht beispielsweise auch gemeinsame Recherchen über Ländergrenzen hinweg. Die Journalisten von NDR und SÜDDEUTSCHER ZEITUNG, die in internationaler Kooperation den *Offshore-Leak* recherchiert haben, nutzten dazu diese GOOGLE-Suite. Dafür sind allerdings gewisse Einschränkungen im Funktionsumfang hinzunehmen.

169

Google Hacks

Unter dem Titel GOOGLE Hacks finden sich im Internet zahlreiche Seiten (es gibt auch Buchveröffentlichungen unter diesem Titel), die das Letzte aus GOOGLE herausholen wollen. Der Begriff »Hacks« deutet irrigerweise darauf hin, dass es sich um illegale Praktiken handeln würde. Die Suchoperationen selbst sind allerdings rein technische Vorgänge, die erst einmal nur Ergebnisseiten produzieren. Erst wenn man tatsächlich mit GOOGLE-Hilfe in geschützte fremde Webseiten eindringt oder Dokumente öffnet, kann man in den juristischen Graubereich geraten.

- *In Fremdsprachen suchen:* Viele journalistisch interessante Seiten liegen in anderen Sprachen, vorzugsweise in Englisch, vor. Mit der Suchsprache Englisch und der abgeschalteten Autolokalisierung erhält man auf google.com relevantere Ergebnisse.
- *Suchen, was andere verheimlichen wollen:* Gute Keywords hierfür sind »not for publication«, »secret«, »not for official use«, »confidential« oder Ähnliches. In Kombination mit den Operatoren [site] und [filetype] kann man auf diese Weise schnell herausfinden, wie unbekümmert manche Internetnutzer geheime Dokumente ins Netz stellen. Ein Beispiel: [»secret« OR »confidential« OR »not for publication« filetype:doc OR filetype:docx site:firmenname.com]
- *Sicherheit überprüfen:* Wer überprüfen will, wie sicher geschützte Bereiche von Webseiten sind, kann den vorhergehenden Trick auch mit Suchbegriffen wie »password«, »username« etc. und »Filetype:xls« und diversen URLs von Firmen und Institutionen ausprobieren. Es ist frappant, wie schnell man auf diese Weise auch an ganze Listen von geheimen Passwörtern und anderen Sicherheitslecks kommen kann.
- *URL-Manipulation:* Aus der Form bestimmter Internetadressen lässt sich oft ablesen, wie Webseiten aufgebaut sind und wie sich weitergehende Informationen durch simple Manipulation der Adresse ermitteln lassen. Wer z. B. nach den Drucksachen des Bundestags sucht, findet etwa diese URL: [http://dipbt.bundestag.de/doc/btd/18/021/1802130.pdf] Ersetzt man die letzten zwei Ziffern durch 29, 28, 27 etc., erhält man weitere Dokumente des Deutschen Bundestags im PDF-Format. Mit diesem simplen Trick haben Betrüger 200.000 Kundendaten der Citibank ausspioniert: Nachdem sie sich mit einem gültigen Kennwort in den Sicherheitsbereich der Bankwebseite eingeloggt hatten, mussten sie nur noch in der URL immer einen Zähler hochsetzen, um an höchstvertrauliche Bankdaten zu gelangen.

6.9 Hört das mit Google denn überhaupt nicht mehr auf?

Nein. GOOGLE verhält sich in gewisser Weise wie der Weltraum. Das Universum dehnt sich bekanntlich ständig aus (obwohl trotzdem die Parkplätze immer knapper werden), und auch GOOGLE will und will kein Ende finden. Denn es gibt weitere GOOGLE-Dienste, die selbst auf der Produkteseite nicht aufgeführt sind. Hier noch drei interessante GOOGLE-Dienste, die für Recherchen interessant sein können.

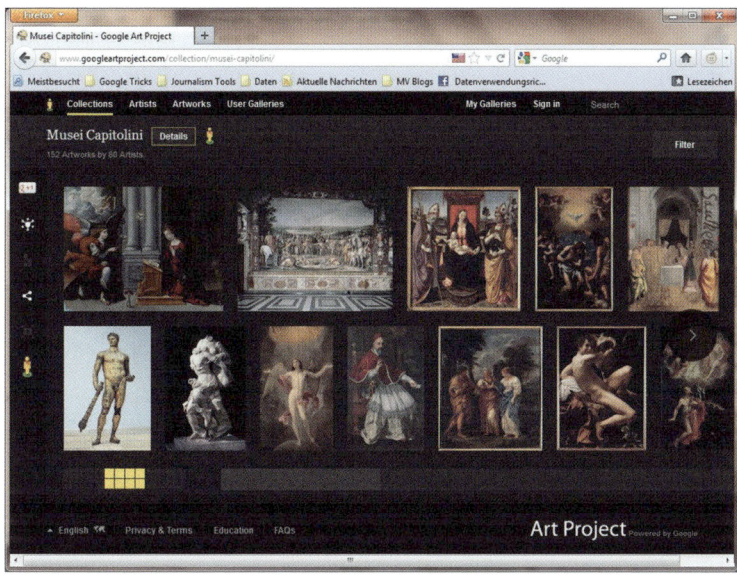

GOOGLE-Artproject

Eine einzigartige webbasierte Kunstsammlung findet sich unter der Webadresse

http://www.googleartproject.com

Mehr als 470 Museen und Sammlungen wurden seit dem Start des Projekts im Februar 2011 mit mehr als 80.000 Kunstwerken in die Kollektion aufgenommen. Die Besonderheit: Die Museen lassen sich digital durchstreifen, die Gemälde und Skulpturen liegen in hochaufgelösten Abbildungen im Gigabytes-Bereich vor. Möglich macht das die gleiche Technologie, die auch hinter GOOGLE STREETVIEW steht sowie ein eigens konstruierter Fotoroboter, der auf den Namen Gigapan hört und in zwei Nächten ein ganzes Museum digital aufnehmen kann.

Zu den etwas bizarreren Programmen, die GOOGLE online anbietet, gehört ein Hochzeitsplaner, der sich unter der Adresse

http://www.google.com/wedding

findet. Auch der GOOGLE MERCHANDISE STORE

http://www.google-store.com

mit Devotionalien der Internetfirma ist wohl nur etwas für eingefleischte GOOGLE-Fans.

Ein Service, der für die journalistische Recherche allerdings alles andere als uninteressant ist, stellt GOOGLE TRENDS dar. Es handelt sich um nichts Geringeres als die Suche der Suchen, nämlich die Möglichkeit, herauszufinden, welche Suchbegriffe bei GOOGLE in welchen Zeiträumen und wo auf der Erde eingegeben wurden. Daraus lassen sich nicht nur medien-

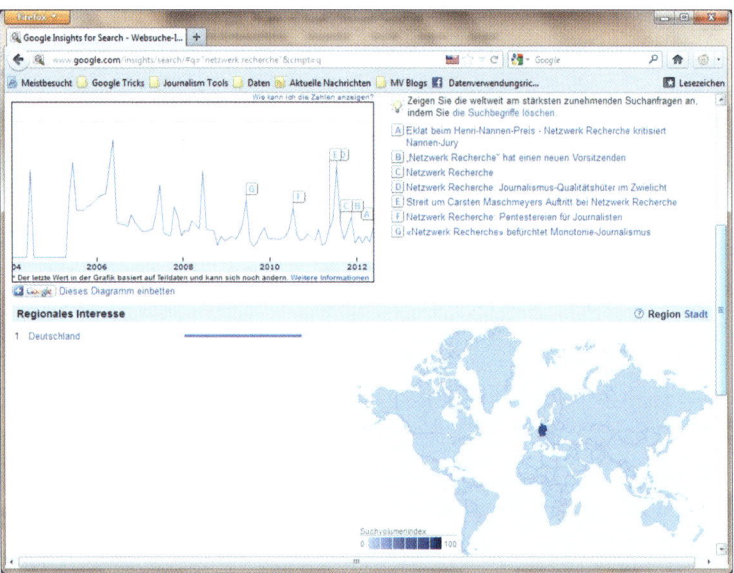

GOOGLE TRENDS

172

politisch, medienethisch und medienpädagogisch hochinteressante Rück-schlüsse ziehen.

Es lassen sich auch verwandte Suchbegriffe recherchieren, die Relevanz und Aktualität von Themen in bestimmten Zeitfenstern überprüfen und sogar bestimmte Prognosen erstellen. So wird GOOGLE TRENDS schon dafür eingesetzt, um die Ausbreitung kontagiöser Krankheiten, wie z. B. der Virusgrippe, zu verfolgen, Bundestagswahlergebnisse nachzuverfolgen oder gar die Gewinner des Eurovision Song Contests vorherzusagen.

Der GOOGLE PUBLIC DATA EXPLORER

http://www.google.com/publicdata/directory

bietet Statistiken aus öffentlichen Quellen wie z. B. Eurostat, der Welt-bank, OECD und anderen und bereitet sie graphisch, in Diagrammen oder auf Landkarten auf.

Man kann Google auch automatisch recherchieren lassen. Das geht mit dem Dienst GOOGLE ALERTS. Hierbei handelt es sich um einen sogenann-

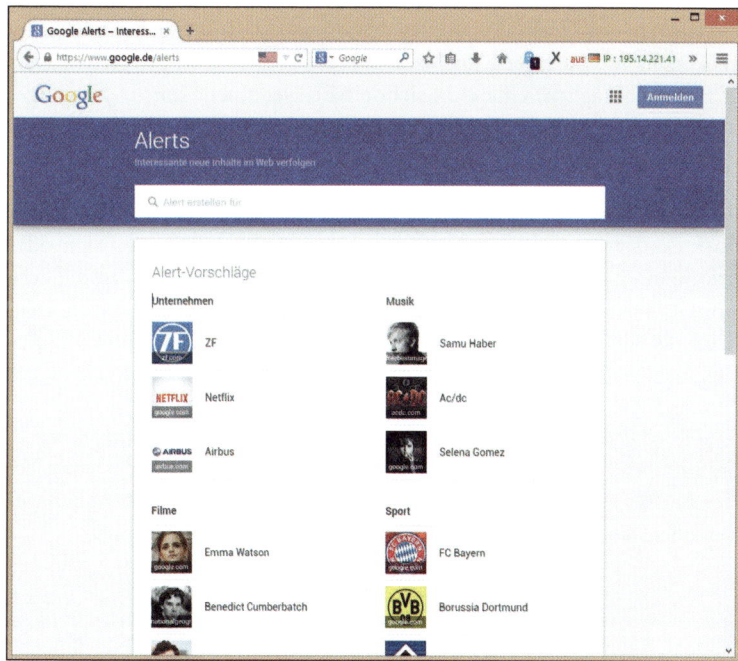

Automatische Informationen mit GOOGLE ALERT

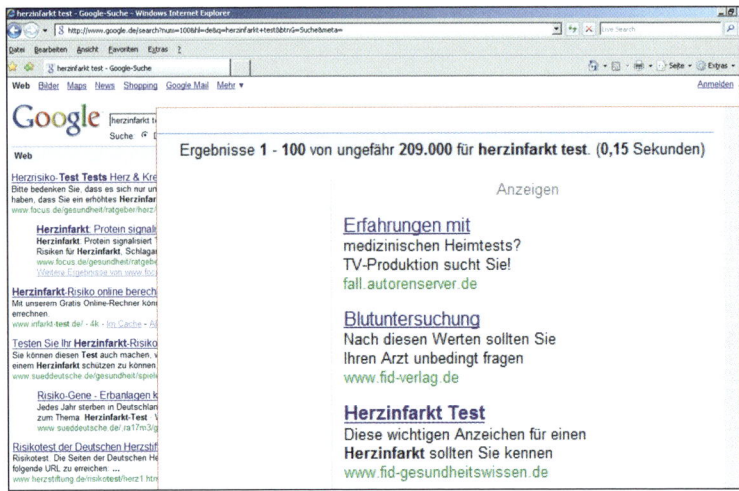

Recherche mit GOOGLE ADWORDS

ten Current-Awareness-Dienst, bei dem man bestimmte Suchbegriffe oder Personennamen definiert und von GOOGLE in einem festgelegten Turnus (z. B. einmal täglich) eine Nachricht erhält, wenn neue Suchtreffer eingehen oder die Positionen der Suchergebnisse sich geändert haben.

Ein letztes Werkzeug, das GOOGLE für die journalistische Recherche bietet, ist ausgerechnet die Anzeigenabteilung. Journalisten können sich mit GOOGLE ADWORDS beispielsweise auf die Suche nach Protagonisten oder Informanten machen. Mit ADWORDS kauft man sich für bestimmte Suchwörter, die andere Leute in der Suchmaschine eingeben, auf der GOOGLE-Ergebnisseite ein und landet dann in der Spalte mit den Sponsored Links. Bezahlt werden muss nur, wenn jemand auch tatsächlich auf den Link des Anzeigentextes klickt (Pay-per-click).

Die ADWORDS lassen sich auch regional eingrenzen, so dass man nur in bestimmten Regionen oder Städten mit seiner Anzeige auf der GOOGLE-Ergebnisseite erscheint. Damit lässt sich die Recherche auf das Sendegebiet oder das Verbreitungsgebiet der eigenen Publikation einschränken.

Literatur & Links

101 Tipps und Tricks für die GOOGLE-Suche (in englischer Sprache):
http://www.techradar.com/news/internet/web/101-google-tips-tricks-and-hacks-462143

Tippsammlung für die Recherche mit GOOGLE (diesmal auf Deutsch):

http://www.netzwelt.de/news/74551-tipps-tricks-fuers-professionelle-googlen.html

Dicker Schmöker, der neben Suchtipps auch viele weitere GOOGLE-Programme beschreibt:

Philip Kiefer (2010): *Die ultimative Google-Bibel.* Düsseldorf.

Der ehemalige NEWSWEEK-Chefredakteur dringt ins Innere der Suchfirma vor:

Steven Levy (2012): *Google Inside: Wie Google denkt, arbeitet und unser Leben verändert.* Frechen.

Kritische Bestandsaufnahme, vor allem was den Datenschutz angeht:
Jens Kilgenstein (2011): *Ist Google böse? Was die Suchmaschine über Sie weiß und wie Sie sich wehren können.* Rostock.

Zu guter Letzt

Wer in das Suchfeld von GOOGLE [tilt] eingibt, kann überrascht beobachten, was passiert!

7 Jenseits von Google

Was man in diesem Kapitel lernt

Warum GOOGLE nicht alles ist + welche Suchmaschinen es noch gibt + wie man auch ohne GOOGLE Presseartikel, Bilder und Videos, Sounds und Musik, Geo-Informationen, kulturhistorische, lokale und Personen-Informationen findet + wie man ökologisch im Internet recherchieren kann + wie man FACEBOOK, TWITTER und die Blogosphäre durchsucht + und ob Kuratieren wirklich im Gegensatz zum Recherchieren steht.

7.1 Suchmaschinen-Alternativen

»Don't be evil« (»Tue nichts Böses«) – das ist das Firmenmotto des kalifornischen Suchmaschinenanbieters GOOGLE (Batelle 2005: 167). Überprüfen kann das, wer statt auf die gewöhnliche Suchseite der Internetfirma aus Mountain View/California die Internetadresse www.google.org eingibt. Hier demonstriert GOOGLE seine soziale Ader, führt Hilfs- und Umweltprojekte vor, die die Firma unterstützt, zeigt, wie Nichtregierungsorganisationen Beistand von dem Suchmaschinenbetreiber erhalten können, und führt das eigene Engagement für Kultur- und Bildungseinrichtungen vor. Ja, GOOGLE tut Gutes. Dennoch hat das Image von GOOGLE so stark gelitten, dass es schon Buchtitel gibt, die rundheraus fragen: »Ist Google böse?« (Kilgenstein 2011) und in denen der Suchmaschinenbetreiber sich als »Datenkrake« oder »weltgrößte Detektivagentur« schmähen lassen muss (ebd., S. 11). Selbst Apologeten kommen nicht umhin festzustellen: »Googles Sammelwut, was Daten betrifft, ist legendär« (Kiefer 2010: 478).

Die Suchmaschine der Firma GOOGLE dominiert nicht nur im deutschsprachigen Raum, sondern weltweit derart, dass der Suchmaschinen-Spezialist Wolfgang Sander-Beuermann von der Leibniz-Universität Hannover feststellt: »Der Markt ist zerstört« (Meier 2012). Nicht nur bei der einfachen Websuche hat GOOGLE die Nase vorn: Durch die Vielzahl ihrer Zusatzangebote und Firmenzukäufe wie die Videoplattform YOUTUBE

177

oder den Werbevermarkter DOUBLECLICK erstreckt sich GOOGLES Einfluss heute beinahe über das gesamte Internet. Für Jeff Jarvis ist der Erfolg von GOOGLE so beispielhaft, dass seiner Meinung nach jeder, der im Internet reüssieren wolle, sich fragen müsse: »Was würde Google tun?« (Jarvis 2009). Der Erfolg hat auch mit der Qualität von GOOGLE zu tun: Selbst wenn GOOGLE längst keine Zahlen mehr zu diesem Thema veröffentlicht, kann man davon ausgehen, dass Billionen von Webseiten indiziert sind und in GOOGLE-Rechenzentren, die quer über den Globus verteilt sind, ständig für die Internetrecherche zur Verfügung stehen, um das selbsterklärte Ziel zu verwirklichen, jede Suchanfrage innerhalb einer halben Sekunde beantwortet zu haben. In einem berühmt gewordenen Zehn-Punkte-Plan (»Ten things we know to be true«) hat GOOGLE dieses Selbstverständnis formuliert: »Großartig ist für uns noch nicht gut genug« (⏚ GOOGLE Inc. o. J.). Aber selbst wenn GOOGLE Billionen von Internetseiten indiziert hat, gehen Schätzungen doch davon aus, dass maximal 20 Prozent der im Internet verfügbaren Informationen dadurch erfasst sind: Mit der nach wie vor dramatischen Dynamik des Internets können GOOGLES Webcrawler nicht mithalten, was gravierende Folgen für den recherchierenden Journalisten hat:

> »Dieses Vertrauen in einzelne Suchmaschinenanbieter – allen voran Marktführer Google – ist problematisch. Denn die Beschränkung auf eine Suchmaschine führt dazu, immer automatisch einen Teil der möglichen Suchergebnisse auszuschließen. Suchmaschinen erfassen immer nur einen Teil des Internets [...], so dass die Nutzung nur einer Suchmaschine systematisch ganze Teile des Internets aus den Ergebnislisten ausschließt. Dies mag für einen privaten Suchmaschinennutzer nicht weiter relevant sein; vor dem Hintergrund einer journalistischen Suchmaschinennutzung ist dieser Aspekt jedoch kritisch zu betrachten, da eine unabhängige Berichterstattung die unabhängige Prüfung möglichst aller relevanten Quellen bedingt« (Machill u. a. 2007: 50).

Durch das User Tracking und die Personalisierung von Suchergebnissen stimmen darüber hinaus die Ergebnisse, die zur gleichen Zeit mit denselben Begriffen an zwei verschiedenen Orten von zwei verschiedenen Personen durchgeführt werden, nicht überein. Diese Personalisierung der Suchergebnisse führt aber dazu, dass aktuelle Suchverläufe den vergangenen Suchverläufen angepasst werden, sprich: der GOOGLE-User findet nur das, was er ohnehin schon gefunden hat. Der amerikanische Internet-

Aktivist Eli Pariser hat dafür den Ausdruck »Filter Bubble« geprägt (Pariser 2012: 117 ff.).

Die erkaufte Höherplatzierung von Werbelinks und die Suchmaschinenoptimierung von Webseiten verfälschen die GOOGLE-Suchergebnisse zusätzlich: Seit dem Jahr 2000 verkauft die Firma nämlich die ersten Suchergebnisse auf jeder Ergebnisseite sowie in der rechten Randspalte kontextsensitiv an den Höchstbietenden. Diese Anzeigen sind zwar farblich abgegrenzt und gekennzeichnet, dennoch haben viele Nutzer Probleme, die Werbeergebnisse von den eigentlichen Suchergebnissen zu unterscheiden. Aber auch Suchtreffer, die nicht als Werbung markiert sind, können gegen Geld weiter oben auf der Suchseite gelandet sein: Firmen und PR-Agenturen betreiben sogenannte *Suchmaschinenoptimierung* (Search Engine Optimization, SEO), um sich bei GOOGLE besser zu platzieren. Es ist viel dran an der Vermutung, dass alle Suchtreffer jedenfalls kommerziell interessanter Keywords, die auf der ersten Ergebnisseite von GOOGLE stehen, nur aufgrund von Geldleistungen der ein oder anderen Art dort gelandet sind.

Andere Suchmaschinen ergeben andere Suchergebnisse.

Der Journalist ist also in der Pflicht, nie nur eine Suchmaschine zu besuchen, sondern stets auch alternative Search Engines abzufragen. Es gibt darüber hinaus für spezielle Fragestellungen häufig spezialisierte Suchmaschinen, die entsprechend verfeinerte Fundstellen bieten können.

Allgemeine Suchmaschinen

Die Suchmaschinen YAHOO! und BING sind gewaltige Recherchewerkzeuge, die ebenfalls mit riesigen eigenen Indices das Internet erschließen. Mittlerweile sind die beiden eine strategische Allianz eingegangen, sodass YAHOO! auf den Index von BING zurückgreift und nicht mehr selbst Webseiten indiziert. Bei beiden funktionieren die auch von GOOGLE bekannten Suchoperatoren. Dennoch hat jede Suchmaschine ihre Eigenheiten.

YAHOO! (de.yahoo.com) war der erste echte Internetgigant, bevor GOOGLE kam. Bis heute versucht YAHOO!, mehr Portal als nur Suchmaschine zu sein und mit allerlei Zusatzangeboten die User auf der eigenen Seite zu halten. Die Besonderheit bei YAHOO! ist, dass anders als bei GOOGLE auch die Operatoren [AND] (+) und [AND NOT] eingesetzt werden können. Außerdem hat YAHOO! kein Limit bei der Anzahl der Suchwörter, es können also auch mehr als 32 Suchbegriffe gleichzeitig recherchiert werden.

BING (www.bing.de) ist die Suchmaschine, mit der die Softwarefirma Microsoft seit 2009 GOOGLE direkt den Kampf angesagt hat. Durch strukturierte Ergebnisseiten soll gegenüber dem Marktführer ein Mehrwert geschaffen werden. Dabei bemüht sich Microsoft, mit allerlei Zusatzsuchdiensten wie einem eigenen Karten-, Bilder- und Videoangebot zum Marktführer GOOGLE aufzuschließen. Als kleine Extravaganz bietet BING an, dass sich direkt nach IP-Adressen recherchieren lässt. Mit dieser Methode lässt sich z. B. herausfinden, welche Domains auf ein und demselben Server zu finden sind. Außerdem bietet BING einen eigenen Suchoperator für RSS-Feeds. Der Suchterm [feed:palästina] findet also Kanäle, die Nachrichten und Informationen zu Palästina sammeln.

Suchmaschinen wie STARTPAGE (startpage.de) oder DUCKDUCKGO (duckduckgo.de) legen vor allem Wert auf Datenschutz und zeigen, dass sinnvolle Suchanfragen auch ohne User Tracking möglich sind. Deswegen sind sie besonders in der Hackerszene sehr beliebt. DUCKDUCKGO wurde vom amerikanischen MIT-Absolventen Gabriel Weinberg gegründet und greift neben der eigenen Search Engine auch auf die Dienste anderer Suchmaschinen zurück. Deswegen wird DUCKDUCKGO auch als Hybridsuchmaschine bezeichnet. In sogenannten »Zero-click-Boxen« werden Antworten

Microsofts Suchmaschine BING

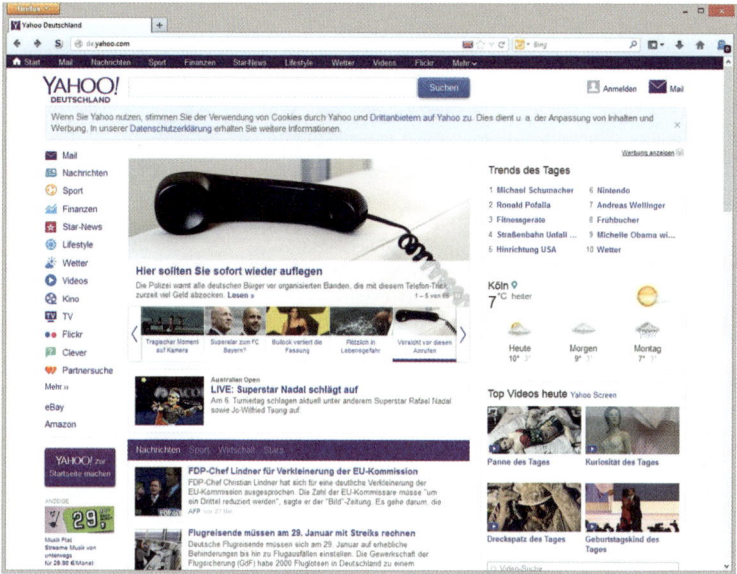

Suchmaschine und Portal YAHOO!

auf entsprechend erkannte Fragen direkt auf der Ergebnisseite gegeben, ohne dass Links auf externe Webseiten gefolgt werden müsste. Zu den vielen sinnvollen Funktionen des Suchdienstes gehört auch die, Shopping-Seiten von vornherein aus den Suchergebnissen herausfiltern zu können. Webseiten, die hauptsächlich Inhaltsmühlen oder Linkfarmen darstellen, wie DEMAND MEDIAS (ehow.com), werden ebenfalls herausgefiltert, da Weinberg sie für schlechte Qualität hält, »ausschließlich dafür erstellt, die Seite beim GOOGLE-Suchindex weit nach oben zu bringen«.

STARTPAGE basiert auf dem Metasuchdienst IXQUICK aus Holland (und ist entsprechend auch unter der Adresse www.ixquick.de erreichbar). Eine Metasuchmaschine ist ein Dienst, der selbst keine Crawler oder Spider durchs Internet schickt, sondern die Ergebnisse vieler anderer Suchma-schinen durchforstet und zusammenfasst. Auch bei STARTPAGE steht der Datenschutzgedanke im Vordergrund. STARTPAGE lässt einen Zugriff auf den Suchindex von GOOGLE zu, umgeht dabei aber die User-Erfassung. Es werden weder die IP-Adressen der Nutzer erfasst, noch Cookies auf dem Computer hinterlassen. Ein kostenloser Proxy-Server ermöglicht sogar kostenlos das anonyme Surfen durchs Internet.

Tipp: Alternative Suchmaschinen

- de.ask.com (viertgrößte Suchmaschine mit deutschsprachigem Angebot)
- www.blekko.com (bezieht Anwenderinformationen mit in die Suche ein)
- www.dmoz.org (eine der letzten freien Web-Directories)
- www.fireball.de (spezialisiert auf deutschsprachige Websites)
- www.lycos.com (war mal Dotcom-Gigant, heute noch als Suchdienst dabei)
- www.tixuma.de (zahlt einen Teil der Werbeeinnahmen an die User zurück)
- www.yandex.com (in Osteuropa und vor allem Russland starker GOOGLE-Konkurrent)

Einen kommentierten Überblick über eine große Fülle verschiedener Websites gibt es unter:
http://sprint.informationswissenschaft.ch/allgemeine-suche/suchdienste/

Metasuchmaschinen können sehr wertvoll für die journalistische Recherche sein. Was Metasuchmaschinen angeht, kommt eine der besten geradewegs aus Deutschland. Die Informatiker der Universität Hannover pflegen METAGER (www.metager.de). Direkt auf der Startseite von METAGER erreicht man die »persönlichen Einstellungen«. Hier ist zu sehen, auf welche Vielfalt von Internetressourcen dieser Dienst zugreift, und diese sind nach den persönlichen Präferenzen aus- und abwählbar. Auch METAGER verzichtet auf die Speicherung jeglicher personenbezogener Daten bei der Internetrecherche. METAGER bietet mit »Code-Search« auch die Möglichkeit, im Internet direkt nach Programmiercode zu suchen.

Die Suchmaschine WOLFRAMALPHA (www.wolframalpha.com) geht einen grundsätzlich anderen Weg, um Informationen aus dem Internet aufzubereiten. Die Suchmaschine wurde von dem britischen Mathematiker und Physiker Stephen Wolfram entwickelt, der bereits mit der Software »Mathematica« eines der meistgenutzten mathematisch-naturwissenschaftlichen Programme geschaffen hat. WOLFRAMALPHA stellt in der Regel keine Links zu anderen Webseiten her, sondern bereitet die gesuchten Informationen, bevorzugt aus dem mathematisch-naturwissenschaftlichen Bereich, übersichtlich auf der eigenen Seite auf.

182

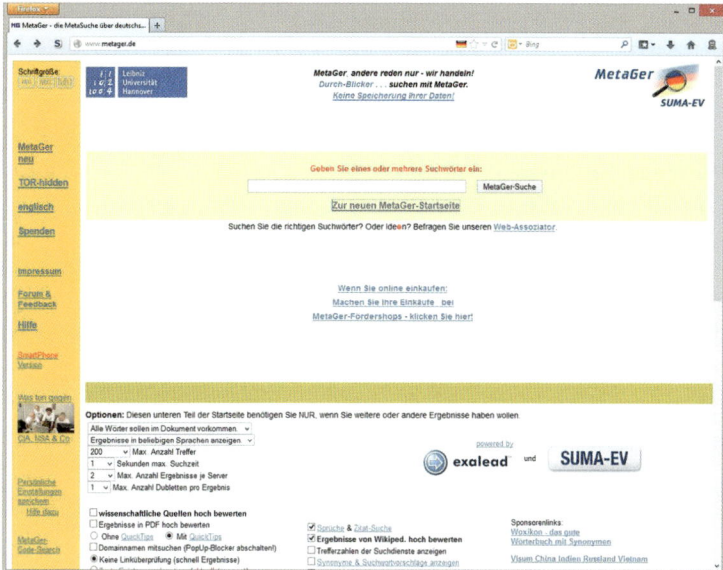

Die deutsche Metasuchmaschine METAGER

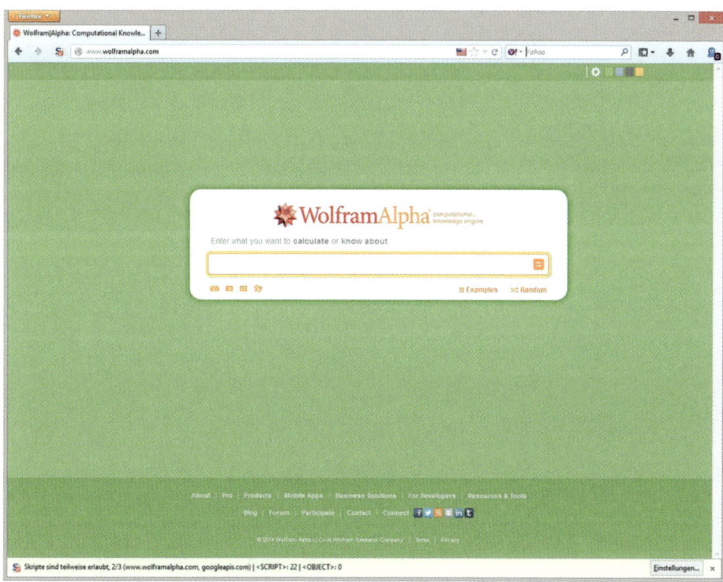

Die wissenschaftliche Suchmaschine WOLFRAMALPHA

Neben diesen allgemeinen Suchmaschinen gibt es noch eine Vielzahl spezialisierter Suchdienste im Internet, von denen im Folgenden einige für die journalistische Recherche besonders wichtige vorgestellt werden sollen.

Pressesuchdienste

Journalistische Texte sind oft die erste Quelle für die Recherche. Früher war das Leben da einfacher: Man las SPIEGEL und SÜDDEUTSCHE, die Wochenzeitung DIE ZEIT und, wenn es sich nicht vermeiden ließ, die BILD, und dann war man ungefähr auf dem Wissensstand, den alle anderen Journalisten auch hatten. Heute hat man im Internet Zugriff auf Myriaden von journalistischen Inhalten. Sich darin zurechtzufinden, muss nicht zwangsläufig mit News-Aggregatoren wie GOOGLE NEWS geschehen. Spezialisierte Suchmaschinen wie PAPERBALL.DE, WAGON.DE oder PRESSINI.DE bieten Zugriff auf die kostenlosen journalistischen Angebote im Netz, häufig mit sehr intelligenten Filtermöglichkeiten. Viele Zeitungen und Magazine bieten darüber hinaus ganz oder auszugsweise ihre eignen Archive auf den hauseigenen Webseiten an. Bei SPIEGEL ONLINE etwa kann man Spiegelartikel bis in die 1940er-Jahre recherchieren, ein großer Teil davon liegt als PDF-Dokument im Originallayout vor. Wer bereit ist, für die professionelle Recherche journalistischer Inhalte etwas Geld zu bezahlen, ist bei den Diensten GENIOS.DE und LEXISNEXIS.DE am besten bedient. Große Medienhäuser oder Rundfunkanstalten besitzen in der Regel den Zugang zu einer dieser Datenbanken.

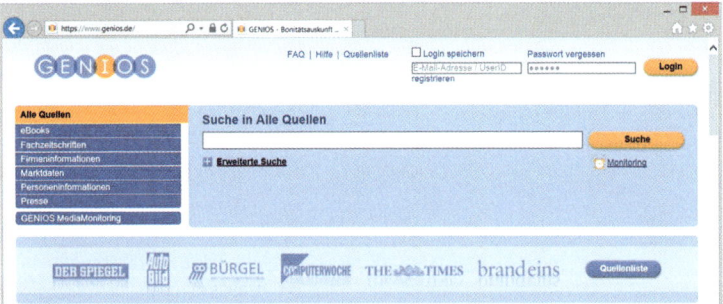

GENIOS, eine große kommerzielle Pressedatenbank

Videos und Bilder suchen

Auch bei der Suche nach bewegten Bildern muss es nicht immer YOUTUBE sein. BLINKX.COM und VIMEO.DE sind andere Videoplattformen im Internet, auf denen man teils ohne die Restriktionen von YOUTUBE nach Filmausschnitten suchen kann.

Die Bildersuche im Internet ist für Journalisten besonders wichtig, da heute im Netz ein großer Bilderpool zur Verfügung steht, der auch in der Presse, im eigenen Onlinemagazin oder Blog genutzt werden kann. Neben den Bilder-Suchseiten von GOOGLE und YAHOO! hat sich die schwedische Firma PICSEARCH.DE als drittgrößte Bildersuchmaschine im Internet etabliert. TINEYE.COM ist eine reverse Bildersuche, das heißt, wenn man ein Foto hochlädt, sucht diese Bildersuchmaschine nach ähnlichen Motiven. Soziale Netzwerke, in denen sich Fotografen treffen, wie FOTOCOMMUNITY. DE oder FLICKR.COM bieten natürlich auch eine Fundgrube an Bildmaterial. Die deutsche Bilderdatenbank PIXELIO.DE versammelt mittlerweile mehr als eine halbe Million Fotos, die unter verschiedenen Lizenzbedingungen, aber zumeist frei genutzt werden können. Auch PIXABAY.DE bietet gemeinfreie Fotos an. Die Search Engine CC SEARCH (search.creativecommons.org)

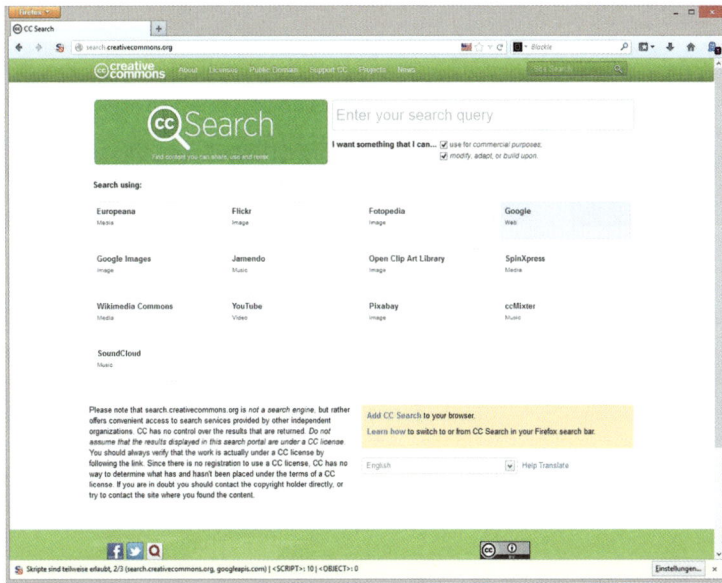

Creative-Commons-Suche mit CC SEARCH

ist ein mächtiges Werkzeug, das verschiedene frei verfügbare Suchmaschinen und Datenbanken und Netzwerke nicht nur nach gemeinfreien Bildern und Fotos absucht, sondern auch nach Sounds und Videos.

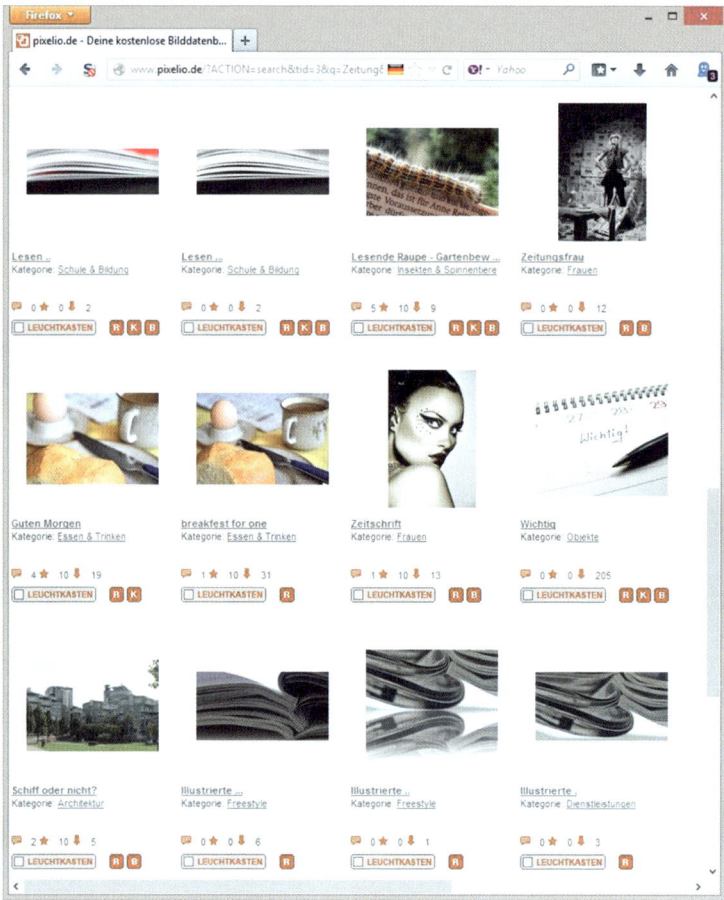

PIXELIO bietet lizenzfreie Fotos

Sounds und Musik suchen

Jemand sucht für einen aktuellen Videobeitrag, ein Hörfunkfeature oder eine Multimediareportage nach Sounds und Musik? Auch hier gibt es im Internet eine große Auswahl. SONOTON.DE ist ein kommerzieller Anbieter von Industriemusik, die als Hintergrundmusik bei Film und Fernsehen ausgesprochen beliebt ist. Journalisten müssen bei SONOTON keinen Cent bezahlen und bekommen eine riesige Auswahl von Musiken, Atmos und Geräuschen kostenlos über das Netz und auf Wunsch sogar als Audio-CD geschickt. Finanziert wird das ausschließlich über die GEMA-Gebühren, die bei jeder Ausstrahlung des Beitrags fällig werden. Auch UBM-MEDIA.COM funktioniert nach dem gleichen Prinzip. Für die Musik- und Sound-recherche bieten sich auch FINDSOUNDS.COM oder SOUNDJAX.COM an. Der Musiksuchdienst MUSGLE.COM beschreitet einen eigenwilligen Weg: Er nutzt die Search Engine von GOOGLE, modifiziert sie aber so, dass nur musikalisch relevante Ergebnisse ausgegeben werden. Innovativ sind Musiksuchdienste wie MIDOMI.COM oder SHAZAM.COM. Letzterer ist vor allem durch seine Smartphone-App bekannt geworden und so populär, dass er mittlerweile ins iPhone-Betriebssystem integriert ist. Es handelt sich dabei um klanggesteuerte Musiksuche: Bei MIDOMI singt oder summt man mittels eines am PC angeschlossenen Mikrofons die Melodie, die einem durch den Kopf geht, und der Suchdienst verrät, um welchen Titel es sich handelt. SHAZAM macht es noch bequemer: Einfach das Smart-phone in Richtung Musikquelle halten, wo gerade ein Titel läuft, der einen interessiert, und schon erfährt man Titel und Interpret.

Vorsicht bei der Verwendung von Sound und Musik im Internet! Da auf Internet-Veröffentlichungen in der Regel weltweit zugegriffen werden kann, sind häufig eine Vielzahl von Rechten verletzt.

Tipp: Lizenzfreie Musik im Internet

Es gibt einige Internetseiten, die sich auf rechtefreie Musiken speziali-siert haben, für die also auch keine GEMA-Gebühren fällig werden und mit denen z. B. Podcasts oder Multimediareportagen unterlegt werden können:
http://www.jamendo.com/de
http://www.gemafreie-welten.de

Musikprogramme wie der »Magix MusicMaker« sind darauf spezialisiert, Musikstücke aus vorgefertigten Patterns und Samples herzustellen. Auch diese lassen sich problemlos und ohne GEMA-Gebühren im Internet verwerten.

Geografische Informationen

Auch zu GOOGLE EARTH gibt es Alternativen. Die schon erwähnte Suchmaschine WOLFRAMALPHA.COM hat Stärken in der Darstellung geografischer Informationen. Daneben gibt es Internetdienste, die komplett auf Geodaten spezialisiert sind. GEONAMES.ORG und MAPQUEST.COM bieten ähnlich wie TAGZANIA.COM eine Vielzahl an geografischen Daten, Kartenmaterial und vieles mehr. Eine Suchmaschine, die sich ganz auf die Themen Reisen und Tourismus spezialisiert hat, ist METEORA.DE.

Kulturgeschichte

Journalismus ist ein meritorisches Gut und stellt selbst ein Kulturprodukt dar. Verweise auf den großen Schatz unserer Kulturgeschichte, auf Kunst und Literatur, machen aus dem Schreiberling eine Edelfeder. Das Internet ist auch in dieser Hinsicht ein Füllhorn an Gutem, Wahrem und Schönem. Das Projekt GUTENBERG.ORG beziehungsweise das deutschsprachige GUTENBERG.SPIEGEL.DE haben sich zur Aufgabe gemacht, die Weltliteratur kostenlos zur Verfügung zu stellen. Enthusiasten haben dazu weltweit literarische Schätze gescannt und per Texterkennungssoftware computerlesbar gemacht.

 Die Texte des Projekt Gutenberg sind nicht unbedingt zitabel. Die Digitalisierung erfolgte oft durch Amateure und nicht nach editionskritischen Grundsätzen (weswegen es Literaturwissenschaftler manchmal gruselt). Also, zur Sicherheit doch mal das korrekte Zitat in der guten alten Goethe-Gesamtausgabe nachschlagen!

Die großen Staats- und Universitätsbibliotheken bieten über die fulminante Büchersuche hinaus – die digital in der Regel mit einem Programm namens OPAC (Online Public Access Catalogue) funktioniert – häufig einen enormen Fundus an Originalquellen, Scans von alten Büchern und Handschriften und viele Zusatzinformationen. Gute Anlaufstellen sind hier die Münchner Staatsbibliothek (www.bsb-muenchen.de) oder die

Göttinger Universitätsbibliothek (www.sub.uni-goettingen.de), die beispielsweise in bester Auflösung Scans der berühmten Gutenberg-Bibel, des
ersten gedruckten Buchs, bereithält. In internationaler Perspektive ist die
Webseite der Library of Congress in Washington erste Wahl (www.loc.gov).

Personensuche

Es gibt verschiedene Dienste im Internet, die nach Personen suchen können. In der Regel sammeln Dienste wie YASNI.DE oder 123PEOPLE.DE Informationen zu bestimmten Namen aus externen Quellen und sind darum
eigentlich auch nichts anderes als Metasuchmaschinen oder Metacrawler.

**Bei personenbezogenen Informationen aus Personensuchmaschinen
benötigt man stets eine zweite Quelle. Schließlich ist die Verwechs-
lungsgefahr groß, gerade bei beliebten und häufig vorkommenden
Namen wie »Markus Müller«.**

Die Website NAMECHK.COM sucht nach Nutzernamen in einer Vielzahl
sozialer Netzwerke. Was ursprünglich vielleicht dazu gedacht war, seinen
Wunschnamen als Alias in einem Social Network verwenden zu können,
kann heute auch zur Personenrecherche eingesetzt werden.

Im journalistischen Alltag ist oft auch wichtig, wer einem über eine
bestimmte Person etwas erzählen kann. Hier sind im Internet Dienste wie
STAYFRIENDS.DE hilfreich. STAYFRIENDS will eigentlich dazu da sein, ehemalige Klassenkameraden aus Schulzeiten wiederzufinden. Aber das sind
natürlich oft genau die Personen, die besonders intime Details aus der
Vergangenheit kennen. Für Journalisten eine unerschöpfliche Quelle.

Tipp: Freund bleiben hilft beim Freunde finden

Freundschaftsnetzwerke wie STAYFRIENDS.DE kontrollieren häufig die Richtigkeit der Angaben nicht. Man kann sich also im Prinzip als Schüler jeder
beliebigen Klasse in jeder beliebigen deutschen Schule ausgeben, und
schon kommt man an die Daten der Schulfreunde einer Zielperson heran!

Personen, Telefonnummern und Adressen lassen sich häufig nach wie vor
sehr gut über TELEFONBUCH.DE recherchieren. Interessanter ist es aber
mittlerweile oft, die E-Mail-Adressen zu erfahren, die bei der Telekom als

189

Betreiber von TELEFONBUCH.DE zumeist nicht hinterlegt sind. E-Mail-Adressen werden in Deutschland nicht registriert. Dazu ist es auch viel zu einfach, sich über die vielen kostenlosen Provider neue E-Mail-Adressen zuzulegen. Die Tochterfirma DeTeMedien bietet aber unter EMAIL-VERZEICHNIS.DE einen Suchdienst eigens zu diesem Zweck an. WHOWHERE.COM ist ein englischsprachiger Dienst, der aber auch deutsche E-Mail-Adressen finden kann.

Lokale Informationen

Wirklich spannenden Geschichten spielen bekanntlich zuhause. Wer also wirklich spannende Informationen recherchieren will, ist auf lokale Informationen angewiesen. Wie vormals in der analogen Welt ist auch im Internet GELBESEITEN.DE eine gute Adresse (ähnlich sind YELLOWWEB.DE oder KLICKTEL.DE). Die lokale Suche von YAHOO (DE.LOCAL.YAHOO.COM) hat sich ganz auf regionale Information verlegt. SUCHEN.DE ist eine deutsche Suchmaschine, die sich auf die lokale Suche spezialisiert hat. Ganz auf die Suche nach regionalen Dienstleistern konzentriert ist die Suchmaschine KENNSTDUEINEN.DE. Die Website ONLINESTREET.DE basiert auf Nutzervorschlägen und bietet neben einem Webkatalog auch ein Straßenverzeichnis und Informationen zu Bankleit- und Postleitzahlen. Ein klassischer Webkatalog, der Informationen auf Länder- und Städteebene auflistet, ist DASVERZEICHNIS.DE. Einige auf die lokale Suche spezialisierte Search Engines wie NEOMO.DE oder FINDO.DE haben mittlerweile aufgegeben oder sich umfirmiert: Die Marktmacht von GOOGLE & Co. ist offenbar zu groß, um als Suchmaschinenanbieter kommerziell bestehen zu können. Journalistisch ist das durchaus bedauerlich (Haarkötter 2013c: 96 ff.).

Tipp: Global denken, lokal recherchieren

Wenn es um Kommunalpolitik geht, kommt der Journalist nicht um Stadt- und Gemeindeverwaltungen herum. Der Deutsche Städtetag hat auf seiner Webseite eine Liste aller seiner Mitgliedskommunen inkl. Internetadressen erstellt:
http://www.staedtetag.de/mitglieder/index.html

Informationen und Ansprechpartner erster Klasse findet man natürlich auch bei den Kollegen der 347 Tageszeitungen, die es in Deutschland

gibt. Eine Liste aller Zeitungen nebst ihrem Internetauftritt hat der Bund der Deutschen Zeitungsverleger (BDZV) veröffentlicht:
http://www.bdzv.de/zeitungen-online/zeitungswebsites/

Auf Bundesland- und Regionalebene gibt es einige Informationsanbieter, die in ihrem Bereich weiterhelfen können. Dazu zählen:
baylink.de (für den Freistaat Bayern)
der-dalles.de (für Hessen und die Rhein-Main-Region)
Hamburg-web.de
mecksuche.de (für Mecklenburg-Vorpommern)
nrw-suchmaschine.de
ruhrlink.de
saweb.de (für Sachsen-Anhalt)
thueringen-suchmaschine.de

Ökologisch suchen

Nachhaltigkeit ist auch in Medienhäusern und im Journalismus mittlerweile ein Thema. Darum haben sich Programmierer von Suchmaschinen Gedanken gemacht, wie die Internetsuche ökologischer gestaltet werden könnte. ECOSIA.ORG verspricht ökologisches Surfen. Die Einnahmen von ECOSIA, das sich als »social business« versteht, werden für den Schutz der Regenwälder gespendet. ECOSIA wird dabei von BING, der Suchmaschine von Microsoft, und YAHOO! unterstützt.

Suchmaschinen haben einen relativ hohen Primärenergiebedarf, denn die großen Serverparks mit ihren gigantischen Speicherplätzen sind natürlich erst mal große Energieverschwender. Die Firmen GOOGLE und FACEBOOK bauen ihre neuen Rechenzentren in Europa darum nördlich des Polarkreises, weil dort weniger Energie für die Kühlung und Klimatisierung benötigt wird.

Die Suchmaschine BLACKLE.COM greift auf die Search Engine von GOOGLE zurück, das aber vor einem schwarzen Hintergrund. Bedenkend, dass die Suchseite eine der meistbesuchten Seiten im Internet ist, lässt sich der Stromverbrauch von Laptops im Sinne der »green IT« dadurch beachtlich senken. Noch ein letzter Tipp: Drastische Energieeinsparung erreicht man, wenn man an dieser Stelle mal den PC ausschaltet und die Recherchen in der Eisdiele um die Ecke fortsetzt …

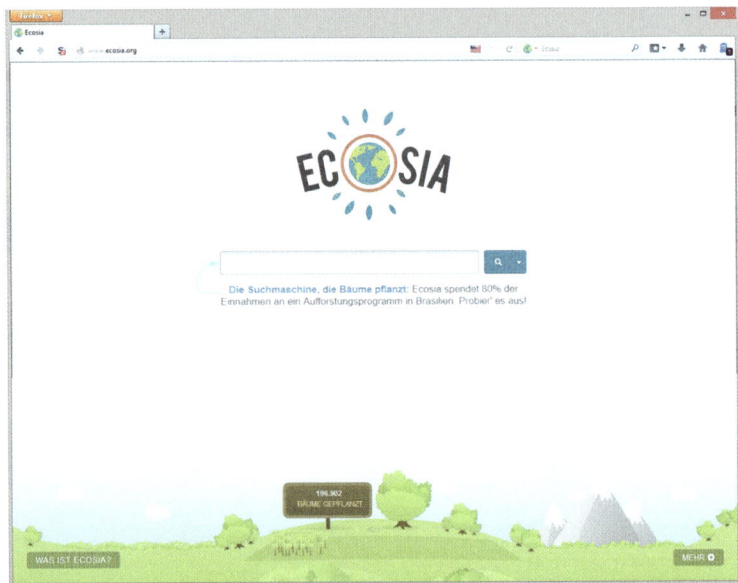

Ökologisch suchen mit ECOSIA

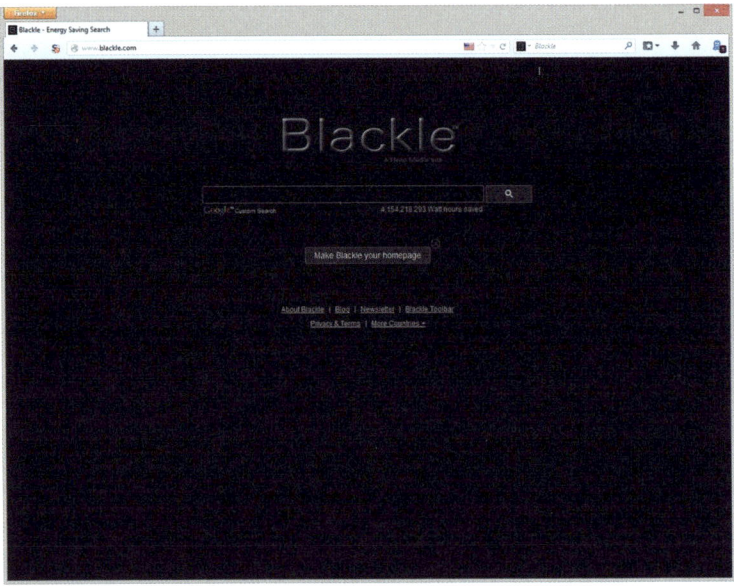

Suchen bis einem schwarz wird: Blackle

7.2 Recherchieren in sozialen Netzwerken

Social-Media-Suche allgemein

Ein nicht unbedeutender Teil der Internetkommunikation findet mittlerweile in sozialen Netzwerken wie FACEBOOK oder XING, TWITTER oder LINKEDIN statt. Nach einer Umfrage von NEWS AKTUELL, einer DPA-Tochter, recherchieren mehr als 40 Prozent der Journalisten in sozialen Netzwerken, um Informationen zu finden (⌐ News Aktuell 2012). Hier finden sich nicht nur brandaktuelle Informationen (der Zugriff auf Osama Bin Laden durch US-Militärs wurde zuerst über TWITTER gemeldet). Es finden sich auch Interviewpartner und Informanten zu investigativen Themen. Um in diesen sozialen Netzwerken professionell recherchieren zu können, ist es nötig, dass man dort einen Account hat. In den meisten Diensten lassen sich solche Accounts aber auch anonymisiert anlegen beziehungsweise man kann dort statt mit dem Klarnamen unter Pseudonym auftreten.

Es gibt einige Internetdienste, die sich darauf spezialisiert haben, Social Media durchsuchbar zu machen. Dazu zählen SOCIALMENTION.COM, KGBPEOPLE.COM oder WHOSTALKIN.COM. Mit TOPSY.COM kann man Gesprächen in Social Media folgen und hat dabei die Möglichkeit, die Suche nach Datum, Netzwerk, Tweets, Bildern oder Sprache einzugrenzen.

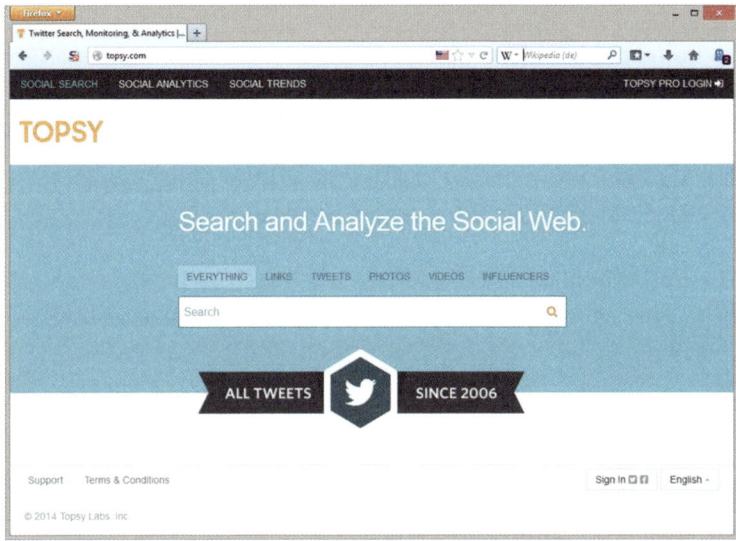

Social-Media-Suche mit TOPSY

193

PLURAGRAPH.DE ist eine Plattform für Social-Media-Benchmarking und Social-Media-Analyse im nicht kommerziellen Bereich. Ziel ist eine möglichst vollständige Auflistung der Social-Media-Aktivitäten von gemeinnützigen Organisationen, Politik, Kultur und Verwaltung. PLURAGRAPH bezieht sich auf Organisationen und Personen im deutschsprachigen Raum, also u. a. in Deutschland, Österreich, der Schweiz, Liechtenstein und Luxemburg. Die Rankings, die PLURAGRAPH erstellt, basieren auf der Zahl der Fans oder Follower, die eine Social-Media-Seite hat.

In Facebook recherchieren

Das im Jahr 2004 als studentisches Projekt an der Harvard University gestartete FACEBOOK ist heute, selbst wenn man Superlativen äußerst skeptisch gegenüber steht, das größte Kommunikationsnetzwerk, das es in der Geschichte jemals gegeben hat. Potentiell kann man über FACEBOOK mit mehr als 1,3 Milliarden Menschen direkt in Kontakt treten. Diese Zahl ist allerdings, wie viele von Computerfirmen veröffentlichte Zahlen, mit Vorsicht zu genießen und eher als Marketing-Gag anzusehen: Denn in Wahrheit kann man sich über FACEBOOK lediglich mit 5.000 anderen Menschen »anfreunden«, danach ist Schluss.

Grundsätzlich dienen die Social Media journalistisch zu zwei unterschiedlichen Zwecken:
1. um ein eigenes Netzwerk aufzubauen:
    also mit Quellen in Kontakt bleiben, auf eigene Veröffentlichungen hinweisen und die Aktivitäten der anderen verfolgen;
2. um Informationen von anderen zu finden:
    dazu zählen neben Postings auch Kommentare, Mediendaten (also Bilder, Videos etc.) und Kontaktdaten.

Der erste Anlaufpunkt für eine Recherche ist die Suchleiste von FACEBOOK selbst. Hier kann man nicht nur nach Namen anderer Nutzer suchen, sondern auch nach Orten oder den sogenannten Hashtags. Hashtags sind die ursprünglich aus TWITTER bekannten Themen- oder Schlüsselbegriffe, die mit dem #-Zeichen markiert werden und die auch FACEBOOK im Jahr 2013 übernommen hat.

Die einfache FACEBOOK-Suchleiste

FACEBOOK GRAPHSEARCH, momentan nur auf Englisch

Für englischsprachige Nutzer hat FACEBOOK die eigene Suchfunktion erheblich aufgerüstet. GRAPHSEARCH heißt das Werkzeug jetzt und erlaubt es, auch die Fotosammlungen anderer Benutzer, Kommentare und Likes zu durchsuchen. Auf Deutsch steht diese Erweiterung noch nicht zur Verfügung. Aber wer in den Kontoeinstellungen die Sprache auf »english (US)« einstellt, kann GRAPHSEARCH auch hierzulande nutzen (Stand: März 2015).

Über den FACEBOOK-Auftritt von Personen, mit denen man auf FACEBOOK nicht befreundet ist und die ihre FACEBOOK-Profilseite (die auch »Timeline« heißt) nicht öffentlich gestellt haben, kann man trotzdem allerhand erfahren. Dazu benutzt man in einer Suchmaschine wie GOOGLE den Operator [site:facebook.com] gefolgt von dem betreffenden Nutzernamen. Auf diese Weise kann man Kommentare und auch Postings von Usern finden, die irrigerweise glauben, auf FACEBOOK nicht öffentlich unterwegs zu sein. FACEBOOK selbst stellt auch einige interessante Informationen zur Verfügung: Klickt man auf Fan-Seiten, die z. B. viele Medien gerne als FACEBOOK-Auftritt nutzen, auf den Button über den »Gefällt mir«-Angaben, erhält viele Informationen über die Nutzung dieser Seite. Wer statistische Daten über den eigenen FACEBOOK-Auftritt erhalten möchte, gibt die URL www.facebook.com/insights ein. Es ist auch möglich, (fast) alle eigenen Nutzerdaten, also Freundesliste, alte Postings, hochgeladene Bilder und Ähnliches, herunterzuladen. Dazu geht man in FACEBOOK in die »Kontoeinstellungen« und findet dort die klickbare Zeile

195

»Lade eine Kopie deiner FACEBOOK-Daten herunter«. Was man allerdings aus dieser Kopie nicht ersehen kann, ist z. B., welche Like-Buttons man geklickt hat oder welche Apps welche Daten von FACEBOOK erhalten haben (⬧ Wiese 2012). Es gibt auch externe Anwendungen wie z. B. das Plug-in »ArchiveFacebook« für den Internetbrowser »Firefox«. Allerdings ist es laut den Nutzungsbedingungen von FACEBOOK verboten, dass externe Anwendungen auf den Datenbestand zurückgreifen.

Recherchieren auf Twitter

Gerade der Kurznachrichtendienst TWITTER erfreut sich unter Journalisten großer Beliebtheit: Der schnelle und bündige Zugriff auf eine häufig zeitnahe Information hat sich als Themen- und Story-Fundgrube erwiesen. Während des »Arabischen Frühlings« und den zumeist friedlichen Revolutionen in Algerien, Tunesien oder Ägypten spielte TWITTER sowohl in der internen Kommunikation der politischen Opposition wie in der Information einer internationalen Öffentlichkeit eine nicht zu unterschätzende Rolle (Hermann 2011: 19). Wichtig ist gerade hier die Verifikation von Information und Informant. Idealerweise hat man mit einer personalen Quelle auf TWITTER auch in der Lebenswelt Kontakt und damit einen weiteren Rückkanal für Nachfragen. Hilfreich kann bei der Verifikation einer TWITTER-Quelle auch ein Werkzeug wie GEOCHIRP.COM sein. Auf dieser Website kann man Twitterer und deren Tweets in einer bestimmten Region suchen. Es kann aber auch dazu dienen, zu überprüfen, ob der Verfasser eines Tweets wirklich aus der Gegend stammt, aus der er es behauptet.

Die Suchzeile von TWITTER lässt nach anderen Nutzern, Orten, Tweets und Hashtags suchen. Möchte man seine Suche noch verfeinern, bietet der Kurznachrichtendienst eine erweiterte Suche unter der Adresse https://twitter.com/search-advanced an. Hier kann man, ähnlich wie in der erweiterten Suche von GOOGLE, Keywords und Hashtags näher bestimmen, Standorte definieren oder festlegen, ob Re-Tweets mit einbezogen werden sollen oder nicht. Die Hashtags selbst sind dabei eine erstklassige Recherchehilfe: Unter Hashtag versteht man bei Twitter eine Verschlagwortung im Fließtext. Gekennzeichnet werden diese Schlagwörter durch das vorangestellte Doppelkreuz (#). Mithilfe des Hashtags lassen sich in kürzester Zeit Tweets zu ein und demselben Thema von sehr vielen unterschiedlichen Leuten finden.

Ein von Journalisten gern genutztes Programm ist das TWEETDECK. Es handelt sich dabei letztlich um ein neues Frontend für den Kurznachrich-

TWEETDECK **als persönlicher Nachrichten-Ticker**

tendienst, das einen großen Vorteil bietet: Man kann Kolumnen mit den Updates von Nachrichten, Aktivitäten, Followern oder den Tweets anderer Nutzer nebeneinander und gleichzeitig laufen lassen. Auf diese Weise lässt sich TWEETDECK zum persönlichen Nachrichten-Ticker ausbauen.

TAME.IT ist ein recht neuer Dienst des Berliner Start-ups Tazaldoo, das als Suchmaschine für TWITTER-Nachrichten dient. Es lässt sich nach Hashtags, Links und nach Tweeps (Twitter People) suchen. BACKTWEETS.COM hat sich als Suchmaschine für Links innerhalb von Tweets etabliert. TWELLOW.COM möchte so etwas wie die »Gelben Seiten« für TWITTER werden: Suchergebnisse werden nach der Zahl der Follower gelistet.

TWITTER ist, mit einem Wort des britischen Forschers Alfred Hermida, ein »awareness system«, also ein Bewusstmachungs- oder Wahrnehmungssystem, und liefert eine Art »Para-Journalismus« (☝ Hermida 2009: 2). Die Vielfalt von Meinungen, die sich zu einzelnen Themen auf TWITTER versammelt findet, legt den Versuch nahe, den Dienst in der Meinungsforschung einzusetzen. Kommunikationsforscher der Rutgers University in New Jersey

197

haben ein Social Media Information Lab gegründet. Dort entwickeln sie VOX CIVITAS, ein webbasiertes Programm, das Tweets nach bestimmten Hashtags oder Keywords statistisch analysiert, um Themenkarrieren nachzuzeichnen. Das Programm führt aber auch semantische Gefühls-Analysen durch und kann dadurch prozentual angeben, ob die Stimmung für ein Thema positiv oder negativ ausfällt (http://sm.rutgers.edu/vox/event/). In kleinerem Maße leistet die Website TWEETSTATS.COM Ähnliches: Sie liefert für einen Twitterer die Nutzer, mit denen er sich besonders häufig austauscht – und auch die Hashtags der wichtigsten Themen.

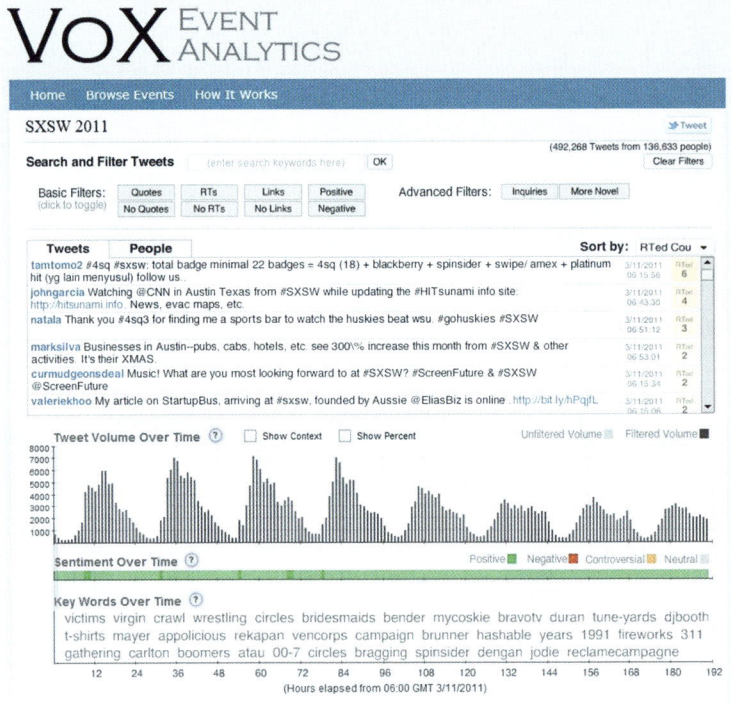

VOX CIVITAS – Meinungsforschung mit TWITTER

Die Blogosphäre journalistisch nutzen

Blogs haben sich als ernstzunehmende Informationsquelle etabliert. Ursprünglich als Onlinetagebücher entstanden (Weblog: Internet-Tagebuch), sind sie heute eine der prototypischen neuen Darstellungs- und Präsentationsformen. Neben den unzähligen privaten Blogs zu auch abgelegenen Hobbys und den unvermeidlichen Katzenbildern haben sich auch seriöse Kanäle der Informationsweitergabe gebildet. In Deutschland sollen nach einer Erhebung des Instituts für Demoskopie Allensbach schon 2007 fast neun Prozent der Computernutzer einen eigenen Blog betrieben haben, weltweit gibt es nach einer Nielsen-Studie mehr als 180 Millionen Blogs (✐ Meyer-Lucht 2007; ✐ Nielsen 2012).

Neben der GOOGLE BLOGSEARCH gibt es noch andere Dienste, die sich ganz darauf spezialisiert haben, Inhalte in der Blogosphäre zu finden: BLOG-ALM.DE, BLOGGEREI.DE oder BLOGGERALARM.COM sind Blogverzeichnisse, die zu nichts anderem da sind. Der Blogdienst RIVVA.DE arbeitet etwas anders: Er analysiert Zitate und Verlinkungen aus Blogs und kann damit eine Art Ranking der aktuell am meisten diskutierten Blogartikel erstellen. Auf diese Weise kann RIVVA auch Querverweise zwischen Blogs herstellen.

Legt RIVVA einen Schwerpunkt auf die Bewertung von Blogs, so fungieren andere Dienste eher als News-Aggregatoren für Nachrichten aus den sozialen Medien. Im deutschsprachigen Raum ist das etwa 10000FLIES.DE. Aus einer Liste von mehreren tausend Nachrichtenseiten und Blogs werden hier täglich die fünfzig meistgeklickten aus dem Fliegenschwarm der Social Media herausgefiltert. Man kann aber – und das macht 10000FLIES zu einer echten Blog-Suchmaschine – nach eigenen Kriterien und in einem frei wählbaren Zeitraum filtern. Ähnliches leistet auch VIRATO.DE: Die Website stellt die virale Verbreitung von Themen besonders aus den Bereichen Kultur, Sport, Politik und Wirtschaft dar. Man kann Zeiträume selbst festlegen und bestimmen, ob nur Blogs oder z. B. nur Nachrichtenportale abgefragt werden sollen. Hinter der Nachrichtenauswahl von FILTR.DE steckt kein Algorithmus, sondern echte redaktionelle Arbeit: Vor allem zu Themen aus dem Technikbereich werden hier im Stundentakt Postings und aktuelle News gesammelt.

Der vermutlich erfolgreichste Social-News-Aggregator im englischsprachigen Raum ist REDDIT.COM. Hier bestimmen die Nutzer aktiv über das Ranking der Themen: Mit Pfeilsymbolen lässt jede Nachricht sich ständig höher- oder niedrigerstufen. Monatlich beteiligen sich auf der REDDIT-Website mehr als 100 Millionen Besucher an den Abstimmungen, und damit dreimal so viele, wie NEW YORK TIMES ONLINE an Lesern besitzt (vgl. ⚲ Tanriverdi 2014).

Einen interessanten Service bietet auch SUEDDEUTSCHE.DE: In einer eigenen »Presseschau« werden die von FACEBOOK- und TWITTER-Nutzern meistempfohlenen Artikel von Onlineredaktionen erfasst, darunter ZEIT ONLINE, SPIEGEL ONLINE, THE NEW YORK TIMES und THE GUARDIAN. Das Angebot ist erreichbar unter: http://www.sueddeutsche.de/app/facebook-twitter-presseschau.

7.3   Kuratieren statt recherchieren?

Als im März 2011 nach einem Tsunami im Pazifik das Atomkraftwerk von Fukushima in Japan kollabierte, herrschte auch bei den Medien Ausnahmezustand. Live-Ticker der großen onlinejournalistischen Formate erweckten die Anmutung von »Echtzeitjournalismus«, auch wenn das Katastrophengebiet evakuiert war und die allermeisten Journalisten sich im 300 Kilometer entfernten Tokio oder im noch weiter entfernten Yokohama befanden. In dieser Situation wurde TWITTER vielleicht zum ersten Mal das, was der Name schon länger vorgab, nämlich ein Kurznachrichtendienst, und verursachte damit »Schockwellen im Mediensystem« (⚲ Esser 2011): Über TWITTER kamen die ersten Meldungen über die Erdstöße, hier meldeten sich Augenzeugen und Betroffene zu Wort. Der Tsunami im Pazifik löste vielleicht tatsächlich aus, was Julia Schröder in der STUTTGARTER ZEITUNG eine »mediale Plattenverschiebung« nannte (⚲ Schröder 2011): Erstmals konnten die klassischen Medien, insbesondere Tageszeitungen und TV-Nachrichtenkanäle, medial und quotenmäßig nicht von der Katastrophe profitieren, Wochenzeitungen verbuchten einen Auflagenrückgang, der Buchmarkt brach in den Wochen nach dem Unglück sogar ein (vgl. ⚲ Skalli 2011).

Wer in der damaligen Situation als Nachrichtenredakteur die Lage überblicken wollte, musste nicht nur den Ticker und die aktuellen Fernsehsendungen, sondern vor allem die Netzressourcen und die sozialen Medien auf dem Radar haben. Und die Zuschauer bekamen nicht mehr redigierte Nachrichten, sondern den Originalton des Netzes, das Gezwitscher von TWITTER und die Postings aus FACEBOOK & Co. zu lesen und zu hören. *Kuratieren* wird diese neue journalistische Tätigkeit genannt, auch wenn Kritiker sie nicht für sonderlich journalistisch halten. Der Medienjournalist Jakob Steinschaden hat es auf die griffige Formel gebracht:

»Kuratieren statt recherchieren« (⌁ Steinschaden 2013: 50). Und Daniel Weber, Chefredakteur der Schweizer Zeitschrift NZZ FOLIO, wird zitiert mit der Aussage: »Wer kuratieren will, soll ins Museum. Journalisten sollen schreiben« (⌁ Langer 2011).

Aber sind Kuratieren und Recherchieren wirklich so ein großer Widerspruch? Der in Australien lehrende Kommunikationswissenschaftler Axel Bruns sieht den Journalismus auf dem Weg vom *Gatekeeping* zum *Gatewatching*, womit er auch die Praxis des Kuratierens beschreibt:

> »Der Begriff *Gatewatcher* ist nützlicher als ›Gatekeeper‹ oder ›Bibliothekar‹: Gatewatcher beobachten, welches Material verfügbar und interessant ist, und identifizieren nützliche neue Informationen mit der Absicht, dieses Material in strukturierte und aktuelle Berichte einfließen zu lassen« (⌁ Bruns 2008: 9).

Der Onlinejournalist Markus Bösch sieht die Zukunft des Recherchejournalismus im Kuratieren von Informationen:

> »Aggregieren ist auf jeden Fall ein zentraler Bestandteil zukünftiger journalistischer Arbeit. Journalisten haben kein Monopol mehr auf Nachrichten, Informationen sind für jedermann fast in Echtzeit verfügbar. Wir erleben gerade einen Übergang vom Gatekeeping zum Gatewatching« (Oswald 2011: 31).

Auch die klassischen Medien haben das Kuratieren für sich entdeckt. Im Fernsehen werden in Sendungen wie »hart aber fair« TWITTER-Kommentare vorgetragen, die Wahlberichterstattung kennt eigene Social-Media-Redakteure, die vor laufender Kamera FACEBOOK-Postings verkünden dürfen. Der Branchendienst MEEDIA hat für das neue Berufsbild satirisch die Bezeichnung »Twitter-Tussi« gefunden (⌁ Winterbauer 2012).

Fürs Kuratieren von Online-Nachrichtenquellen und aus den sozialen Netzwerken steht mittlerweile eine ganze Reihe an Web-Tools zur Verfügung. Diese Werkzeuge sind alle echte Recherchehilfsmittel, denn sie bieten in aller Regel in userfreundlicher Art die Möglichkeit, aus *einer* Oberfläche heraus in verschiedenen sozialen Medien nach Keywords, Hashtags, Themen oder Personen zu suchen. In besonderem Maße etabliert hat sich STORIFY.COM. Inhalte aus TWITTER, FACEBOOK, YOUTUBE, AUDIOBOO, FLICKR und Blogs können auf einer Website mit eigener URL oder in einem Rahmen auf der eigenen Website dargestellt werden. Die Möglichkeit, STORIFY-Sammlungen im eigenen Onlineauftritt zu integrieren, hat

() Storify by **Süddeutsche Zeitung**   il y a 15 jours

Storify by Süddeutsche Zeitung

den Dienst für die Onlineausgaben vieler etablierter Medien attraktiv gemacht. So veröffentlicht SUEDDEUTSCHE.DE regelmäßig STORIFY-Sammlungen mit ausgewählten Tweets zu aktuellen Themen.

Ähnlich funktionieren auch STORYFUL.COM und SCOOP.IT. Gerade für den mobilen Bereich sind einige Apps entwickelt worden, die als einfache Newsreader daher kommen, aber gute Werkzeuge für Onlinerecherchen sein können: Ob NEWSIFY oder FLIPBOARD, UNDRIP oder STUMBLEUPON – sie alle erschließen in Zeiten des Information Overload auf verschiedene Weise nach persönlichen Präferenzen die Weiten des Internet.

METTA.IO ist ein Multimedia-Werkzeug, das seine Stärken im Kuratieren von Videos und Bewegtbildmaterial aller Art hat. YOUTUBE-Clips und andere Schnipsel lassen sich in METTA.IO beliebig aneinanderreihen, kürzen, schneiden und mit Text versehen. Große Kenntnisse in Videoschnitt oder Audiobearbeitung sind nicht nötig. Wie bei den meisten Kuratier

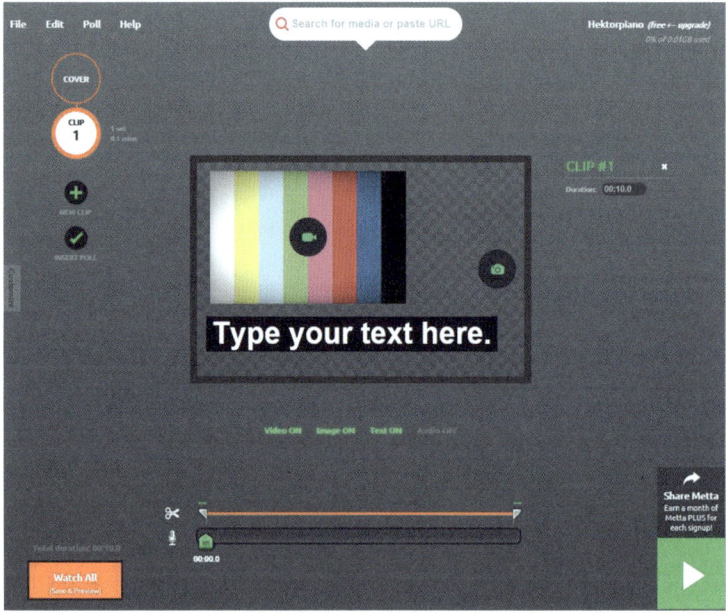

METTA, ein multimediales Kuratierwerkzeug

werkzeugen erfolgt die Materialrecherche direkt in der Kuratieroberfläche. Also auch ein echtes Recherchewerkzeug. Im Bereich der multimedialen Präsentation, ob webbasiert oder als mobile App, gibt es unzählige neue Werkzeuge, die Recherche mit Darstellung verbinden und für die neue journalistische Tätigkeit des Kuratierens beeignet sind. Die wenigsten sind für den journalistischen Gebrauch systematisch erschlossen oder evaluiert.

Auch eine Präsentationssoftware wie »Prezi« ist fürs Kuratieren geeignet. Eigentlich ist »Prezi« die kreativere Stiefschwester von Powerpoint & Co. Aber das Programm erlaubt auch den direkten Zugriff auf YOU-TUBE-Clips, FACEBOOK- und TWITTER-Postings und ist darum auch ein Kuratier- und Recherchewerkzeug. Die Präsentation dieses Materials in scheinbar frei schwebenden Ebenen entweder als Stand-alone-Fassung oder im Webbrowser kann sehr eindrucksvoll geraten. Auch die neuesten Versionen von Microsoft Office bieten über die neu einzubindenden Apps die Möglichkeit, direkt aus dem Office heraus auf Webinhalte, FLICKR und Social Media zuzugreifen. Dem Kuratieren im Büro- und Redaktionsalltag steht also nichts mehr im Wege.

Literatur & Links

Es gibt nicht sehr viel brauchbare Literatur für Journalisten in Bezug auf soziale Netzwerke. Eine leicht verständliche Einführung ist:
Manuel Ziegler (2012): *Facebook, Twitter & Co. – Aber sicher! Gefahrlos unterwegs in sozialen Netzwerken.* München.

In kritischer Perspektive, mit Hintergrundinformationen zu den wirtschaftlichen Verflechtungen:
Sascha Adamek (2011): *Die Facebook-Falle. Wie das soziale Netzwerk unser Leben verkauft.* München.

Der ZDF-Journalist Martin Giesler hat eine Linkliste mit wertvollen Werkzeugen für den digitalen journalistischen Alltag erstellt. Hier finden sich auch viele Tipps für die Social-media-Recherche:
http://martingiesler.de/tools-for-journalists/

Zu guter Letzt

Öfter mal abschalten: Mediziner raten, nie länger als 15 Minuten auf einen Monitor zu schauen. Ein gelegentlicher Blick aus dem Fenster justiert die Augen wieder und schont die Gesundheit.

8 Oberwasser im Datenmeer

Was man in diesem Kapitel lernt

Was Datenjournalismus sein soll + was die Open-Data-Bewegung damit zu tun hat + wo man Datenquellen findet + welche Datenbanken es für Datenbanken gibt + welche Foren und Mailinglisten Datenjournalisten nutzen + wie man aktiv nach Datensätzen im Internet suchen kann + was mit Daten schieflaufen kann + und ob das alles noch etwas mit Journalismus zu tun hat.

8.1 Zum Begriff Datenjournalismus

Manche Recherchen beginnen mit einer einfachen Frage. So fragten sich Reporter der Wochenzeitung DIE ZEIT, in welchen Landkreisen in Deutschland es eigentlich die meisten Schusswaffen gibt. Beim Versuch, das in Erfahrung zu bringen, merken sie, dass das niemand so genau weiß, »und die einzige Behörde, die die Daten haben könnte, rückt sie nicht heraus« (⌂ Wiedemann-Schmidt 2014). Zwar müssen seit Januar 2013 alle Städte und Kreise die in ihrer Region registrierten Waffenbesitzer an das Nationale Waffenregister (NWR) beim Bundesverwaltungsamt in Köln melden. Allerdings haben manche Landkreise genau eine Meldebehörde, andere aber deren zehn, insgesamt gibt es darum in Deutschland gut 550 Waffenbehörden. Und das Bundesverwaltungsamt wollte den ZEIT-Rechercheuren die gesammelten Daten selbst unter Berufung auf das Informationsfreiheitsgesetz (mehr dazu im folgenden Kap. 9) nicht herausrücken. Was folgt, ist journalistische Kernerbeit: Die ZEIT-Journalisten fragen von Bundesland zu Bundesland und von Landratsamt zu Landratsamt jede entsprechende Behörde einzeln ab. Zwei Monate Recherchearbeit, um am Ende eine interaktive Karte erstellen zu können, die Deutschland als Waffenland zeigt: Detailliert ist die regionale Verteilung legaler Pistolen, Revolver und Gewehre sichtbar. Verschiedene Folgerungen können aus diesem Datenmaterial gezogen werden: Die ZEIT-Rechercheure haben herausgefunden, dass mindestens 27 Menschen im Jahr 2013 durch legale Schusswaffen ums Leben kamen – Selbstmorde ausgenommen. 27 weitere Tötungen erfolgten durch Waffen, die entweder illegal waren oder deren Herkunft unbekannt war. Die Hälfte der Schusswaffentoten in Deutschland war also Opfer legaler Waffen. Eine weitere überraschende Erkenntnis: Der Landkreis mit der höchsten legalen Schusswaffendichte in Deutschland ist ausgerechnet Lüchow-Dannenberg, wo auch das Atommülllager Gorleben liegt.

Was die ZEIT-Journalisten in diesem Fall betrieben haben, ist Datenjournalismus. Dieser Datenjournalismus, der seit Kurzem im Journalismus fast schon modisch zitiert wird, ist einerseits die logische Konsequenz des *Information Overload*: Die Informationsmassen, die ein Journalist heute zu bewältigen hat, können so enorm sein, dass an eine traditionelle Herangehensweise, also z. B. das schlichte Lesen von Quellen und Dokumenten, nicht mehr zu denken ist. Es herrscht eine neue Form von *Informationsasymmetrie*, bei der Daten längst nicht mehr mit der Geschwindigkeit verarbeitet werden können, mit der sie eingehen. Andererseits offeriert dieser Datenjournalismus auch die Möglichkeit, an neue Erkenntnisse zu gelangen, die anders gar nicht zu erzielen wären. Das zeigt beispielhaft die ZEIT-Story zum Waffenland Deutschland: Was die ZEIT-Rechercheure herausgefunden haben, war selbst den deutschen Behörden nicht bekannt. »Einst

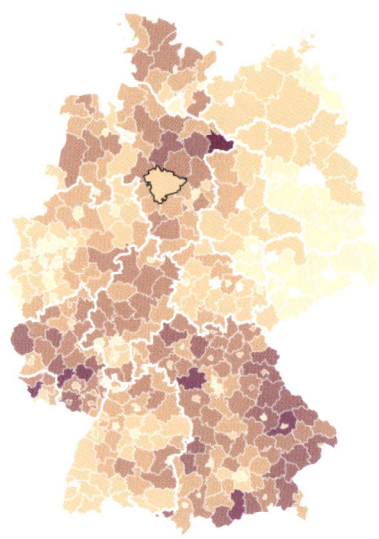

ZEIT-Grafik Schusswaffenland Deutschland

waren Informationen rar und der größte Teil unserer Anstrengungen fiel darauf, sie zu jagen und zu sammeln«, erklärt Phil Meyer, einer der Mitbegründer dieser Journalismusrichtung. »Jetzt, wo Information im Überfluss da ist, geht es mehr darum, sie zu verarbeiten« (zit. n. Gray u. a. 2012: 6; übers. H. H.).

Der *Datenjournalismus* oder englisch »Data Driven Journalism« wird häufig auch synonym mit dem Begriff »Computer Assisted Reporting« verwendet. Als Geburtsjahr wird häufig das Jahr 1952 angegeben. In diesem Jahr nutzte der private US-amerikanische Fernsehsender CBS einen Großrechner, um Voraussagen für die Präsidentschaftswahlen errechnen zu können (Houston 2004: 5). Prognostiziert worden war von allen Auguren des politischen Systems ein Kopf-an-Kopf-Rennen zwischen Dwight Eisenhower und seinem Gegenkandidaten Adlai Stevenson. Walter Cronkite, der Washington-Korrespondent von CBS NEWS, nutzte einen Computer des Typs »Remington Rand UNIVAC«, um auf der Basis von Umfragen eine Wahlprognose abzugeben. Der Computer ermittelte allerdings, anders als alle anderen Voraussagen, einen Erdrutschsieg für Eisenhower. CBS wagte erst nicht, dieses Ergebnis zu veröffentlichen, und machte sich sogar öffentlich lächerlich, als die Prognose doch über den Sender ging – um anschließend Recht zu behalten. Seitdem ist der Einsatz von Prognosen gerade in der Wahlberichterstattung nicht mehr wegzudenken (↻ Cox 2000: 6; ↻ Garrison 1999).

In Deutschland war es vor allem die Kommunikationswissenschaftlerin Elisabeth Noelle-Neumann, die die Methoden der empirischen Sozialforschung eingeführt hat. Noelle-Neumann war bereits in den Jahren 1937/38 als Stipendiatin in den USA und machte sich dort mit der neu entstandenen Wissenschaft der Demoskopie vertraut. 1947 gründete sie das Institut für Demoskopie Allensbach, das neben Marktforschung vor allem mit Bundestagswahlprognosen auf sich aufmerksam machte. Diese mithilfe von Computern errechneten demoskopischen Voraussagen wurden vor allem von den öffentlich-rechtlichen Rundfunkanstalten in Auftrag gegeben, sodass man diese als die Vorreiter des Computer Assisted Reporting in Deutschland bezeichnen kann.

Systematisch ausgebaut zu einem journalistischen Handwerkszeug wurde der Datenjournalismus dann in den 1960er-Jahren von Journalisten wie Phil Meyer mit seinem »Präzisionsjournalismus« (vgl. Kap. 2.3). Meyer war auch der erste, der die fünf Grundregeln der Datenrecherche aufgestellt hat (Meyer 2002: 7). In der Fassung von Paul Bradshaws Onlinejournalism-Blog werden diese Regeln gerne als die »Umgekehrte Pyramide des Datenjournalismus« wiedergegeben (↻ Bradshaw 2011):

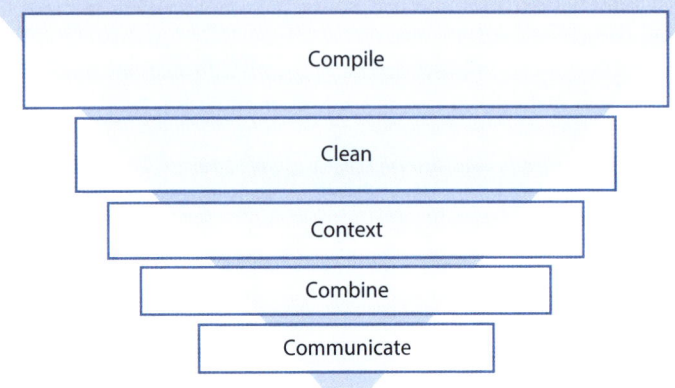

Umgekehrte Pyramide des Datenjournalismus

Daten müssen zuerst recherchiert und gesammelt werden (*Compile*). Dann müssen sie »gesäubert«, also aufgeräumt und in Form gebracht werden, also z. B. von einem Webformular in das Tabellenprogramm »Excel« oder eine andere Auswertungssoftware übertragen werden (*Clean*). Hierauf müssen die Daten überprüft werden. Denn wie jede andere Informationsquelle auch müssen Daten (gerade solche aus dem Internet) nicht vertrauenswürdig sein. Wichtig ist darüber hinaus, zu einem Datensatz stets auch das Codebuch zu erhalten. Wenn beispielsweise bei demographischen Daten das weibliche Geschlecht den Zahlenwert 1 und das männliche 2 erhält, bleibt der Datensatz unverständlich, wenn das dazugehörige »Wörterbuch« nicht mitgeliefert wird (*Context*). Nun können die Daten ausgewertet, die nötigen Schlüsse gezogen und diese veröffentlicht werden (*Combine* und *Communicate*).

Informationen werden im Datenjournalismus nicht nur auf eine neue Art und Weise beschafft, sie sollen auch in neuartiger Form dargestellt werden. Der Datenjournalismus folgt damit den Ideen von Adrian Holovaty, dessen Text »A fundamental way newspaper sites need to change« auch als Manifest des Computer Assisted Reporting gilt (↻ Holovaty 2006). Nach Holovaty geht es nicht mehr darum, Nachrichten statt auf gedrucktem Papier nun auf Webseiten oder Smartphones darzustellen. Da Informationen, aus denen Journalisten ihre Geschichten spinnen, heute als strukturierte Daten vorliegen, müssen sie auch adäquat präsentiert werden:

»Nehmen wir mal an, eine Zeitung hat einen Bericht über ein lokales Feuer veröffentlicht. Diesen Bericht auch auf dem Handy lesen zu können, ist nett und praktisch. Hurra, Technologie! Aber was ich wirklich möchte, ist, die Rohdaten dieser Geschichte einsehen zu können, eins nach dem anderen auf verschiedenen Ebenen, und ich brauche eine Infrastruktur, um alle Details in Beziehung setzen zu können: Datum, Uhrzeit, Ort, Opfer, Notrufnummer, Entfernung von der Feuerwache, Name und Dienstjahr der Feuerwehrleute, die Zeitspanne, innerhalb derer die Feuerwehr ankam – zusammen mit den Informationen vorangegangener Brände. Und der zukünftigen, wann immer sie sich ereignen werden« (ebd.).

Holovaty hat auch selbst vorgemacht, wie er sich das vorstellt: Der Journalist und Webentwickler gründete 2005 CHICAGOCRIME.ORG, eine News-Website, auf der er Daten des Chicago Police Department in GOOGLE MAPS übertrug. Daraus entwickelte sich die preisgekrönte Webseite EVERYBLOCK, ein frühes Beispiel für hyperlokalen Journalismus: Nachrichten aus der Nachbarschaft waren hier kombiniert mit offiziellen kommunalen Daten und einem Forum. Eine Grundvoraussetzung für diese wie für jede Form von Datenjournalismus ist, dass Daten überhaupt öffentlich zur Verfügung stehen. Dafür setzt sich insbesondere die Open-Data-Bewegung ein, die eng mit dem Datenjournalismus verflochten ist.

8.2 Die Open-Data-Bewegung

Die Open-Data-Bewegung setzt sich dafür ein, grundsätzlich Datenbestände öffentlich zu machen. Das bezieht ausdrücklich auch copyrightgeschützte Daten ein, was der Bewegung auch Kritik eingebracht hat. Die Open-Data-Bewegung geht davon aus, dass es prinzipiell demokratiefördernd ist, wenn Daten öffentlich sind (Barnickel/Klessmann 2012: 148). Entsprechend plädiert man insbesondere für *Open Government*, also die Publikationspflicht für alle Daten, die mit Regierungs- und Verwaltungshandeln in Zusammenhang stehen (Hilgers 2012: 631).

Im angloamerikanischen Raum ist diese Form des Computer Assisted Reporting auch deswegen dem deutschen Sprachraum um Jahre, wenn nicht Jahrzehnte voraus, weil dort andere Vorstellungen von Datensicherheit, Datenschutz und dem »Amtsgeheimnis« herrschen. Vorreiter der Open-Data-Bewegung waren die USA. Nach seiner ersten Wahl war es

209

eine von Präsident Barack Obamas ersten Amtshandlungen, die Daten-schätze der US-Regierung unter der Adresse http://data.gov frei zugäng-lich zu machen. Über tausend Datensätze mit Wetteraufzeichnungen und zu Energie, Umwelt und Ressourcenverbrauch, aber auch Datenmaterial der NASA stehen seitdem online. Auch die britische Regierung hat seit dem Jahr 2009 unter der Internetadresse http://data.gov.uk mehrere tau-send nicht personenbezogene Datensätze veröffentlicht. Die britische Zei-tung THE GUARDIAN ist einer der Vorreiter in Sachen Datenjournalismus. Im Datablog der Zeitung (http://www.guardian.co.uk/news/datablog) können die neuesten Tendenzen des Computer Assisted Reporting ver-folgt werden. In der US-amerikanischen Journalistenausbildung hat das Computer Assisted Reporting längst einen festen Platz. Hier heißen die drei Säulen des Journalismus: »people, paper, data« (⌂ Söfjer 2010). Was man in den Vereinigten Staaten schon früher erkannt hat: Daten sind das »neue Öl«, oder besser: Rohöl, wie der amerikanische Marketingmanager Michael Palmer schon 2006 postulierte (⌂ Palmer 2006). Wie Rohöl müssen Rohdaten durch die journalistischen Raffinerien, um zu Informa-tionstreibstoff zu werden.

Seit in Ansätzen Informationsfreiheit herrscht, hat der Datenjournalis-mus auch in Deutschland Fahrt aufgenommen. 2007 gründete sich bei der DEUTSCHEN PRESSEAGENTUR (DPA) die erste rein datenjournalistische Redaktion namens »RegioData«, die sich komplett auf die Recherche und Visualisierung großer Datenmengen spezialisiert hatte. Lokalzeitungen wurden von dieser Redaktion gezielt mit Infografiken beliefert, die Daten-sätze von Landkreisen, Raumordnungsregionen oder Arbeitsamtbezirken auswerteten. Auch die Wochenzeitungen DIE ZEIT (http://blog.zeit.de/open-data) und FREITAG (www.freitag.de/autoren/datenblog), das Nach-richtenmagazin DER SPIEGEL (www.spiegel.de/thema/daten) und die alter-native TAGESZEITUNG (blogs.taz.de/open-data) haben mittlerweile Daten-redaktionen und betreiben im Internet Datenblogs, in denen sie von ihren neuesten Recherchen berichten.

Tipp: Open-Data-Portale

Das Datenportal für Deutschland:
  https://www.govdata.de/
Der Open-Data-Service von Baden-Württemberg:
  http://www.daten.rlp.de/

Das Open-Data-Portal des Freistaats Bayern:
http://www.opendata.bayern.de/
Open-Data-Portal des Landes Berlin:
http://daten.berlin.de/
Das Open-Data-Portal der Hansestadt Hamburg:
http://daten.hamburg.de/
Das Open-Government-Data-Portal von Rheinland-Pfalz:
http://www.daten.rlp.de/
Das Offene Daten-Portal der Republik Österreich:
http://www.data.gv.at/
Offene Behördendaten der Schweiz:
http://opendata.admin.ch/
Das Open-Data-Portal Großbritanniens:
http://data.gov.uk/
Das Open-Data-Portal der US-Regierung:
http://www.data.gov/
Das Datenportal der Weltbank:
http://data.worldbank.org/
Das Open-Data-Portal der Europäischen Union:
http://open-data.europa.eu/en/data/
Ein Überblick über weitere Open-Data-Portale in Europa:
http://ec.europa.eu/digital-agenda/en/open-data-portals
Ein Überblick der US-Regierung über internationale Datenportale:
http://www.data.gov/opendatasites

Einen datenjournalistischen Scoop landete die RegioData der DPA, als sie nach langem Tauziehen die Daten über die EU-Agrarsubventionen durchforsten konnte. Heraus kam unter anderem, dass die größten Subventionsempfänger nicht etwa Landwirte, sondern große Konzerne wie Nestlé und die Südzucker AG sind (vgl. ⌁ Schulzki-Haddouti 2010).

Die Olympia-Zielvereinbarungen und das Informationsfreiheitsgesetz

Das Bundesinnenministerium fördert den deutschen Spitzensport mit knapp 133 Millionen Euro jährlich. Doch geht es dabei nicht um Wohltaten, sondern um ein Geschäft auf Gegenseitigkeit: In einer »Zielvereinbarung« mit dem Deutschen Olympischen Sportbund (DOSB) ist nämlich genau festgelegt, wie viele Medaillen für dieses Geld bei Olympischen Spielen gewonnen werden müssen. Weil der DOSB mit diesen Zielvorgaben de facto die Vergabe von Steuermitteln an die einzelnen Sportverbände kontrolliere, verlangten zwei Journalisten des WAZ-Rechercheteams Akteneinsicht nach dem Informationsfreiheitsgesetz und klagten über mehrere Jahre durch die Instanzen. Als dann im Olympiajahr 2012 endlich diese Zielvereinbarungen vorlagen, war die Öffentlichkeit überrascht, wie detailliert das Bundesinnenministerium die Medaillensiege einplante. So hatten die Leichtathleten die Vorgabe, eine Medaille im Sprint, drei in den Mehrkämpfen und Sprungdisziplinen, davon eine Gold, vier in den Wurfdisziplinen, auch davon eine in Gold, zu erkämpfen. Für diese Ziele gab es einen regelrechten »Vier-Jahres-Plan«. Für diesen Zeitraum standen nach Berechnungen der F.A.Z. insgesamt 850 Millionen Euro zur Verfügung: Eine einzige olympische Medaille kostete demnach 30 Millionen Euro.

Für die hartnäckige Recherche mussten die WAZ-Journalisten einen hohen Preis zahlen: Das Bundesinnenministerium hatte die Anfrage nach dem Informationsfreiheitsgesetz in lauter einzelne Anträge aufgeteilt, für den jeweils ein eigener Kostenbescheid erging. Die Gebühren für die journalistische Beschwerde beliefen sich am Ende in der Summe auf fast 15.000 Euro. Dabei waren viele Angaben in den ausgehändigten Akten auch noch geschwärzt. Auch gegen den Kostenbescheid und die Schwärzungen klagen die Journalisten nun. Denn mit der willkürlichen Gebührenfestlegung lässt jedes journalistische Auskunftsrecht sich im Nachhinein wieder relativieren (⌂ Drepper 2012; ⌂ Drepper 2013).

So wie bei der Suchmaschinen-Recherche die Regel gilt, keine Fragen zu stellen, so wird häufig behauptet, dass auch beim Datenjournalismus eine erkenntnisleitende Frage oder Hypothese nicht unbedingt am Anfang der Recherche stünde. Datenjournalisten arbeiten nach dieser Ansicht gerne ergebnisoffen, besorgen sich Daten auf gut Glück, filtern sie, sortieren sie und finden gerade dadurch oft spannende Geschichten.

Es mag sein, dass Datenjournalismus manchmal auch durch Zufall im Datenmeer auf journalistisch verwertbare Funde stoßen. Ein methodisches Vorgehen ist das allerdings nicht: Gerade im Angesicht schier endloser Datenmassen scheint eine erkenntnisleitende Hypothese und eine Storybasierte Recherche der beste Weg, um die sprichwörtliche Stecknadel im Datenheuhaufen zu finden. Die über 300.000 Dokumente der »Iraq War

Logs«, die WIKILEAKS veröffentlicht hat, sind erst dann greifbar, wenn man sich mit einer recherchestrukturierenden Hypothese an die Arbeit macht. In diesem Fall etwa kann die Hypothese gelautet haben: Amerikanische Soldaten töten unter Umständen im »Krieg gegen den Terror« auch wehrlose Zivilisten. Es mehren sich darum auch unter Journalismusforschern die Stimmen, die dafür plädieren, auch datenjournalistische Recherchen als Geschichten aufzufassen, die den Regeln der Narratologie beziehungsweise des Storytelling folgen (Lampert/Wespe 2011: 11). Was nämlich droht, wenn man in Zeiten des Information Overload nicht geschichtenzentriert recherchiert und arbeitet, ist die Präsentation der Fülle von Material aus der »Gerümpeltotale«: »Gerümpel bedeutet: Es liegt zu viel ungeordnetes, nicht brauchbares Material herum« (ebd.: 29).

Selten bekommen Datenjournalisten die begehrte Ware, also Datensätze, freiwillig und vollständig. Der häufigere Fall ist, dass Daten aus dem Internet beschafft und aufbereitet werden müssen. Die meisten Internetseiten basieren im Hintergrund auf Datenbanken, aus denen die Seite im Moment der Nutzereingabe erst generiert wird. Die Kunst des Datenjournalismus besteht darin, an das Rohmaterial dieser Datenbanken heranzukommen, egal ob es sich dabei um die Fahrpläne der Deutschen Bahn, die Abflugzeiten internationaler Flughäfen oder eine vollständige Liste aller Abgeordneten im Berliner Reichstag inklusive ihrer Nebenverdienstangaben handelt. »Screen Scraping« oder auch »Web Scraping« heißen diese Techniken.

Tipp: Screen Scraping

Für das Screen Scraping gibt es in einfachen Fällen Zusatzprogramme für Webbrowser, sogenannte Add-ons, in schwierigeren Fällen spezielle Programme, wie sie auch Computerhacker benutzen, und in ganz hartnäckigen Lagen müssen auch Programmierkenntnisse aufgewendet werden. Auch für Letzteres weiß das Internet Rat. Das Onlineportal VWORKER bietet unter dem Motto »rent a coder« günstig Programmierer an, die kleine Hilfsprogramme maßschneidern können. Umstritten ist, ob das Web Scraping in allen Fällen legal ist. Das Oberlandesgericht Frankfurt/Main geht in einem Urteil davon aus, dass Datenbanken grundsätzlich nicht dem Urheberrecht unterliegen und dann ausgewertet werden dürfen, wenn die Daten auch sonst im Internet frei zugänglich sind (🖱 Ulbricht 2009).

8.3 Wo Daten zu finden sind

Datenbanken-Datenbanken

Im Zentrum eines Buches, das sich mit Recherche beschäftigt, steht die Frage, wo Datenbestände aufzutreiben sind. Schätzungen gehen davon aus, dass nur ca. 20 Prozent der Informationsressourcen im Internet von normalen Suchmaschinen wie GOOGLE gefunden werden können. Im Umkehrschluss heißt das, dass 80 Prozent der im Internet verfügbaren Informationen Teil des »unsichtbaren Internets« sind, das auch als *Hidden Web, Deep Web, Deepnet* oder *Invisible Web* bezeichnet wird (Scheeren 2012: 2). Ein wichtiger Teil dieser Ressourcen ruht in Datenbanken. Hier finden Suchmaschinen unter Umständen die Startseiten, für tiefergehende Recherchen muss man aber eigene Datenbankabfragen starten.

Gute Anlaufstellen für frei zugängliches Datenmaterial sind die großen Staats- und Universitätsbibliotheken in Deutschland. Neben häufig guten Linklisten mit Verweisen auf weitere Informations- und Datenquellen bieten diese Einrichtungen häufig auch selbst Material in großer Fülle an. Ein herausragender Ausgangspunkt ist der »Karlsruher Virtuelle Katalog«, der letztlich eine Metasuchmaschine darstellt und 500 Millionen Medien in Katalogen weltweit durchsuchen kann (http://www.ubka.uni-karlsruhe.de/kvk.html).

Das Hochschulbibliothekszentrum des Bundeslands Nordrhein-Westfalen (http://www.hbz-nrw.de) bietet neben vielen bibliografischen Informationsquellen auch einen weltweiten Suchmaschinenindex, der auch spezielle vertikale Suchmaschinen verzeichnet und sich darum ebenso zur Datenrecherche eignet. Ein gutes Beispiel für Open Data im öffentlichen Raum stellt beispielsweise die Universitätsbibliothek Köln dar: Sie gibt den gesamten Datenbestand ihres Katalogs frei. Durch die Freigabe der Daten wird es jedem möglich, die Daten herunterzuladen, zu modifizieren und für beliebige Zwecke zu nutzen. Denn in der journalistischen Recherche will man in der Regel nicht nur einzelne Datenabfragen, sondern die gesamte Datenbank (http://opendata.ub.uni-koeln.de).

Tipp: Datenbanken-Datenbanken

Im Internet sind nicht nur Datenbanken zu finden, sondern es stellt auch selbst eine gigantische Datenbank dar. Es gibt darum im Netz auch Datenbanken, die nichts als Listen mit anderen Datenbanken enthalten. Das

Datenbank-Infosystem (DBIS) hält eine große Liste mit vor allem wissenschaftlich orientierten Datenbanken vor:
  http://rzblx10.uni-regensburg.de/dbinfo/fachliste.php?bib_id=hsb)

Die *Internet-Datenbank* listet über 360 verschiedene Datenquellen nach
Rubriken sortiert auf:
  www.internet-datenbanken.de

Auch der *Info-Runner* ist ein Recherche-Tool, mit dem man direkten Zugriff
auf Datenbanken und Archive hat:
  www.inforunner.de

Thedatahub ist ein von der Open Knowledge Foundation betriebenes Verzeichnis, in dem man nach strukturierten Daten suchen, sie teilen und frei
bearbeiten kann:
  http://datahub.io

Die *Datacouch* erlaubt es, Tabellen hochzuladen und zu teilen, sodass
andere Datenjournalisten damit weiterarbeiten und ihre Ergebnisse wiederum mitteilen können:
  http://commons.codeforamerica.org/apps/datacouch

Ein Onlinedienst, der dabei helfen will, Daten etwa aus TWITTER, aus PDF-
Dokumenten oder dem Web zu strukturieren, ist *ScraperWiki*:
  https://scraperwiki.com/

Ein ständig aktualisiertes Verzeichnis von Datenbankverzeichnissen ist
der *Datacatalog*:
  http://datacatalogs.org

Foren und Mailinglisten

Gerade bei Datenjournalisten darf man getrost davon ausgehen, dass sie
äußerst netzaffin sind. In Internetforen und Mailinglisten finden sich darum viele Gleichgesinnte, die häufig bei Datenrecherchen und -analysen
die gleichen Probleme haben wie man selbst. Die *Question&Answer-Site*
GETTHEDATA.ORG ist ein guter Ort, um einerseits die Fragendatenbank
nach dem eigenen Problem zu durchsuchen oder selbst eine neue Frage zu
lancieren. Auch QUORA.COM hat einen Fragebereich, in dem man seinen
Datenkummer posten kann. Eine gute Adresse für den Austausch mit
anderen Datenrechercheuren ist die Website DATADRIVENJOURNALISM.NET.

Hier kann man auch die entsprechende Mailingliste abonnieren. In den USA gibt es ein National Institute for Computer-Assisted Reporting (NICAR), das der Vereinigung Investigative Reporters and Editors (IRE) angehört. Auf deren Website (www.NICAR.ORG) finden sich Informationen, Austausch und auch viele Links zu Datenquellen.

Tipp: Wayback-Machines

Websites ändern sich ständig, sie können umbenannt werden, die Adresse wechseln oder gänzlich verschwinden. Manchmal sucht man aber gerade nach einer bestimmten Information, die man vor einiger Zeit noch im World Wide Web gesehen zu haben glaubt. Für diesen Zweck gibt es Wayback-Machines. Die bekannteste ist das INTERNET ARCHIVE (archive.org). Millionen von Internetseiten mit all ihren dazugehörigen Daten sind in einer riesigen Datenbank archiviert und auf diese Weise auch konserviert. Auch Internetsuchmaschinen speichern häufig ältere Versionen jener Websites ab, die sie in ihrem Index führen. Bei der GOOGLE-Suche reicht es z. B., vor das Suchwort [cache:] zu schreiben, dann durchsucht GOOGLE solche gespeicherten Versionen.

Aktive Suche nach Datenressourcen

Man kann das Internet auch selbst aktiv nach Datenressourcen durchsuchen und ist nicht darauf angewiesen, dass entsprechende Quellen in Datenbanken gelistet sind. In einem ersten Schritt nutzt man dazu die üblichen Suchmaschinenoperatoren, um Suchmaschinen wie GOOGLE, YAHOO! oder BING nach entsprechenden Datensätzen abzufragen. Daten in Tabellenform lassen sich dort suchen, indem man an die Suchbegriffe anfügt:

`filetype:XLS OR filetype:CSV`

Geodaten sucht man mit folgendem Operator:

`filetype:SHP`

Ganze Datenbestände kann man suchen, indem man an die Keywords anhängt:

`Filetype:MDB OR filetype:SQL OR filetype:DB`

Man kann auch innerhalb von URLs, also den Internetadressen, nach Daten und Datenbanken Ausschau halten. Dabei googelt man beispielsweise folgendermaßen:

inurl:downloads filetype:xls

Auf diese Weise sucht die Search Engine nach allen Excel-Dateien (.xls), die in der Internetadresse das Wort »Download« enthalten. Man kann die Suche nach Datendateien auch auf ganz bestimmte Seiten konzentrieren. Möchte man z. B. Daten des Bundesinnenministeriums, gibt man Folgendes ein:

site:bmi.bund.de filetype:xls

Ähnlich kann man auf derselben Website nach anderen Filetypes oder einfach nach dem Suchbegriff »Datenbank« suchen. Will man erst einmal ein bisschen stöbern und gucken, was die Website vielleicht anzubieten hat, kann man auch als Keyword »sitemap« eingeben:

Site:bmi.bund.de sitemap

Tipp: Website-Betreiber recherchieren

Wer im Internet und in Datenbanken recherchiert, sollte auch wissen, mit wem er es zu tun hat. Informationen über die Personen oder Institutionen, die Websites betreiben, bieten sogenannte Whois-Dienste. In Deutschland ist die wichtigste www.denic.de. Wer dort im Suchfeld eine Internetadresse angibt, erfährt Name und Anschrift des Seitenbetreibers sowie das Datum, seitdem die Seite online ist. Bei Seiten, deren Server im Ausland sind, kann Denic in der Regel nicht weiterhelfen. Hier muss man auf internationale Whois-Dienste ausweichen:

www.arin.net	USA
www.ripe.net	Europa
www.lacnic.net	Lateinamerika/Karibik
www.apnic.net	Asien/Pazifik
www.afrinic.net	Afrika

8.4   Recherchen im Hidden Web

Suchmaschinen finden nicht alles im Internet. Es gibt sogar Stimmen, die behaupten, dass der weitaus größte Teil der im Internet verfügbaren Daten durch Search Engines nicht auffindbar ist. Dieser, sozusagen versteckte Teil des Internets wird auch als *Hidden Web* oder *Deep Web* bezeichnet, während der Suchmaschinen zugängliche Teil des Internets auch als *Surface Web* bezeichnet wird. Nach einer Studie, die Michael K. Bergman im Jahr 2001 angestrengt hat, soll schon damals das Hidden Web mehr als 400-mal so groß wie das Surface Web gewesen sein (🕮 Bergmann 2001: 1). Zu den für Keyword Search nicht zugänglichen Bereichen zählen insbesondere themenspezifische Datenbanken, aber auch der anonymisierte Teil des Internets, in dem sich Hacker ebenso treffen wie Waffenhändler und Pornoringe. Die Webcrawler der großen Search Engines erfassen in der Regel nur statische Webseiten, nicht aber dynamische Seiten, also solche, die erst bei Nutzereingabe aufgebaut werden, wie die Zugauskunft. Allein die sechzig größten Websites im Hidden Web sollen Daten verwalten, die die Größe des Surface Web um den Faktor 40 übersteigt. Hierzu zählen beispielsweise das National Climatic Data Center oder die NASA (ebd.: 6).

Hilfreich bei der Recherche können Datensammeldienste wie z. B. die großen Reiseportale á la EXPEDIA.DE, FLUEGE.DE oder AB-IN-DEN-URLAUB. DE sein. Sie lesen per Screen Scraping die Daten verschiedener Reise- und

The Opaque Web	Webseiten, die prinzipiell indiziert werden könnten, aufgrund der technischen Leistungsfähigkeit aber nicht werden.
The Private Web	Webseiten, die indiziert werden könnten, aber wegen Zugangsbeschränkungen nicht werden.
The Proprietary Web	Webseiten, die nur mit einem Passwort zugänglich sind.
The Truly Invisible Web	Webseiten, die aus technischen Gründen nicht indiziert werden können (Datenbanken, Dokumente, die in Browsern nicht angezeigt werden können, oder komprimierte/verschlüsselte Daten).

Chris Sherman und Gary Price unterscheiden in ihrer Studie »The Invisible Web« vier verschiedene Typen der »Invisibility« im Hidden Web. (Sherman/ Price 2001: 70 ff.)

Fluganbieter aus und bieten sie übersichtlich auf einer Seite an. Für viele journalistisch interessante Datenbanken, die kommerziell nicht so lukrativ sind wie der Reisesektor, fehlen allerdings solche Screen Scraper.

Journalistisch von hohem Interesse ist jener Bereich des Truly Invisible Web, in dem anonym verkehrt wird, und das aus zwei ganz unterschiedlichen Gründen. Zum einen kann es auch für Journalisten wichtig sein, im Netz anonym zu recherchieren. Zum anderen finden sich im anonymen Teil des Hidden Web Daten und Informanten, an die anders als anonym gar nicht heranzukommen ist.

Anonymität kann Selbstzweck sein: Nicht erst seit dem NSA-Skandal ist bekannt, dass Geheimdienste Telefon-, Internet- und E-Mail-Verkehr beinahe beliebig belauschen können. Journalisten sind aber keine Erfüllungsgehilfen von Staatsanwälten, und erst recht nicht von Geheimdiensten. Der Schutz und die Geheimhaltung von Rechercheergebnissen gerade vor staatlichen Stellen ist darum wesentlich auch für die Pressefreiheit.

NSA-Skandal

Am 20. Mai 2013 setzt sich der amerikanische Geheimdienstmitarbeiter Edward Snowden auf der Insel Hawaii in ein Flugzeug und fliegt nach Hongkong. Dort bittet der US-amerikanische Geheimdienstmitarbeiter um politisches Asyl. In den nächsten Tagen steht er den beiden GUARDIAN-Reportern Glenn Greenwald und Ewen MacAskill sowie der Dokumentarfilmerin Laura Poitras in einem Hongkonger Hotelzimmer Rede und Antwort und übergibt ihnen als »top secret« klassifizierte Dokumente des US-amerikanischen Geheimdiensts NSA. Was Snowden damit ins Rollen bringt, ist nichts Geringeres als ein globaler Überwachungsskandal, in dessen Zentrum die NSA sowie der britische Geheimdienst GCHQ stehen. Diese Dienste haben spätestens seit 2007 mit Programmen wie »Prism«, »XKeyscore« oder »Boundless Informant« den Telekommunikations- und Internetverkehr weltweit und verdachtsunabhängig abgehört und die Daten auf Vorrat gespeichert. Was die folgenden Enthüllungen, an denen neben dem GUARDIAN auch die WASHINGTON POST und DER SPIEGEL maßgeblich beteiligt waren, offenlegen, ist, dass auch die Handytelefonate von dutzenden Staatschefs und Regierungsmitgliedern (unter anderem der deutschen Bundeskanzlerin Angela Merkel) abgehört wurden, dass Botschafts-, Uno- und EU-Räumlichkeiten verwanzt wurden und dass weltweit 50.000 Computernetzwerke mit Schadsoftware infiziert wurden. Der US-amerikanische Senator John McCain im SPIEGEL-Interview: »Warum sie es getan haben? Ich glaube, weil sie es konnten.«

Das Datenvolumen, das bei diesen gigantischen Abhöraktionen anfällt, ist enorm: Die Speicherkapazitäten des Utah Data Center, das im Auftrag der NSA gebaut wurde, soll zwischen 12 Exabyte (1 EB = 10^{18} Byte) und 1 Yottabyte (1 YB = 10^{24} Byte) umfassen. Das entspricht, umgerechnet auf die Weltbevölkerung, zwischen 1,4 Megabyte und 140 Gigabyte pro Person! Wie effektiv die globale Ausspionierung der Weltbevölkerung ist, das ist auch innenpolitisch in den USA sehr umstritten. Kritische Stimmen monieren, dass das schiere Volumen der gespeicherten Daten sich selbst automatisierten Auswertungsverfahren verweigert.

Auch die Datenmassen, die Edward Snowden aus den US-amerikanischen Geheimdienstspeichern entwendet hat, sperrt sich gegen herkömmliche journalistische Auswertung: Geschätzt 1,7 Millionen Dokumente soll Snowden bei seiner Flucht aus den USA außer Landes geschafft haben. Gefischt hat er sie mit einer Technik, wie sie auch Suchmaschinen wie Google verwenden, nämlich mit einem Webcrawler (Greenwald 2014: 55 ff.; Rosenbach/Stark 2014: 56 ff.; ⌂ Bleich 2013).

Um den eigenen Datenverkehr zu schützen, hat der Whistleblower Edward Snowden das Live-Betriebssystem TAILS verwendet. TAILS steht für »The amnesic incognito live system«. Es basiert auf dem Open-Source-Betriebssystem LINUX und lässt sich von einem USB-Stick oder einer DVD starten. Auf diese Weise hinterlässt der Nutzer auf dem verwendeten Computer keinerlei Spuren. Für die Kommunikation werden alle E-Mails mit der Verschlüsselungssoftware GNUPG (GNU PRIVACY GUARD) codiert. Auch dieses Programm ist im Internet frei erhältlich und für alle gebräuchlichen Betriebssysteme verfügbar.

Im Zentrum von TAILS steht aber das TOR-Netzwerk. TOR ist die Abkürzung für »The Onion Router« und dient der Verschlüsselung von Internet-Verbindungsdaten. Alle Inhalte, die über das Internet verschickt werden sollen, werden dabei über ständig wechselnde Routen gesendet. Die Daten werden mehrfach verschlüsselt und auf diese Weise wie eine Zwiebel (engl. onion) immer besser geschützt. Der Internetsurfer muss nur ein Client-Programm, einen sogenannten Onion-Proxy, installieren. Fortan werden alle Suchanfragen im Internet über ständig wechselnde Internetserver gelenkt und sind nicht mehr nachvollziehbar. Wer sicher gehen will, dass er nun im Netz anonym unterwegs ist, kann auf Webseiten wie www.whatismyipadress.com gehen und wird feststellen, dass die eigene IP-

Edward Snowden

Adresse, also die eindeutige Kennung des eigenen Computers im Internet, nicht mehr auf einen Server der Deutschen Telekom oder eines anderen Netzanbieters in Deutschland verweist, sondern womöglich auf Server in Holland, den USA oder irgendwo in der Südsee.

Tipp: Anonymisierungs-Software

Das Live-Betriebssystem »Tails« findet sich unter
https://tails.boum.org

Das TOR-Netzwerk kann man am besten mit dem »TOR Browser Bundle« nutzen. Das ist nichts anderes als ein modifizierter Firefox-Browser, der den TOR-Launcher sowie den TOR-Client bereits enthält und sehr einfach zu installieren ist:
https://www.torproject.org

Wer verschlüsselte E-Mails senden und empfangen will, nutzt am besten GNUPG. Das ist eine freie Weiterentwicklung von »Pretty God Privacy« (PGP):
https://www.gnupg.org

Nicht nur die Internetsurfer sind im TOR-Netzwerk anonym unterwegs. Auch Internetanbieter können TOR nutzen, um unerkannt Webdienste anzubieten. Hierzu nutzt man die *Hidden Services,* also die versteckten

Dienste von TOR. Das sind Webadressen, die ganz anders aussehen als normale Internetadressen und mit einem normalen Internetbrowser auch nicht aufzurufen sind. Sie haben also nicht die Form http://www.internetadresse.com, sondern sehen beispielsweise so aus: http://zqktlwi4fecvo6ri.onion. Die Hidden Services sind für die journalistische, aber auch die kriminalistische Recherche sehr interessant, weil ihre Anonymität natürlich auch von Waffen- und Drogenhändlern, von Kinderpornoringen und Leuten, die andere justiziable Dinge verabreden wollen, genutzt werden können. Um in solchen Bereichen des Internets recherchieren zu können, benötigt man *Introduction Points*, also Startplätze, die auf weiterführende Links im Onion-Netzwerk verweisen. Sehr beliebt ist hier THE HIDDEN WIKI, das auf kommerzielle Anbieter ebenso verweist wie auf E-Mail-Anonymisierer oder Politgruppen. Es gibt auch eigene TOR-Suchmaschinen wie TORSEARCH oder TORCH, die sich über Introduction Points gut finden lassen.

Über die Sicherheit des TOR-Netzwerks wird unter Fachleuten viel diskutiert. Es scheint als ausgemacht, dass jemand, der die Ein- und Ausstiegspunkte des Netzwerks kontrollieren könnte, die Anonymität eines TOR-Nutzers knacken könnte. Eine Selbstauskunft des US-Geheimdiensts NSA, die durch die Snowden-Veröffentlichungen bekannt wurde, verrät allerdings, dass die Geheimagenten offensichtlich nicht sehr erfolgreich bei ihren Versuchen waren, TOR zu dechiffrieren (Ball u. a. 2013).

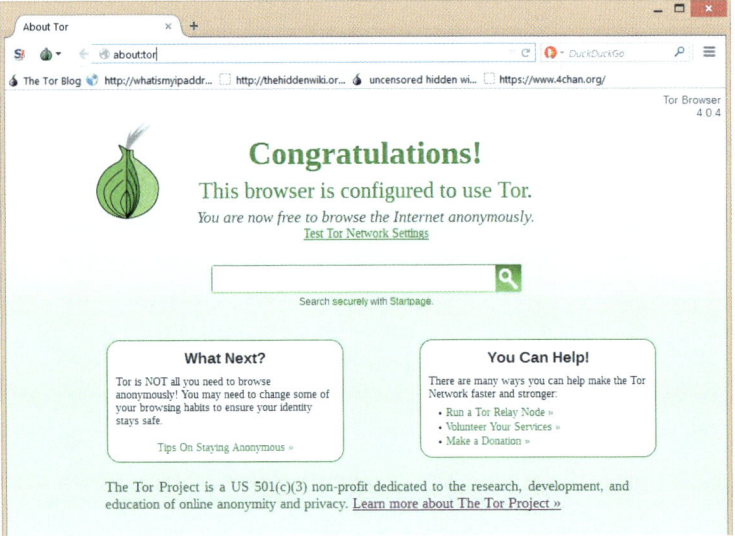

Der TOR-Browser: Anonym im Internet

Checkliste: Anonym im Internet surfen

Es reicht nicht aus, einen Anonymisierer wie das TOR BROWSER BUNDLE zu installieren, um sich wirklich sicher und anonym im Internet zu bewegen. Es ist auch nötig, das eigene Surfverhalten zu ändern:

- *Englischsprachige Versionen von Websites besuchen*: Da die mit Abstand meisten Internetnutzer englischsprachig sind, versteckt man sich am besten in dieser großen Masse. Die Auskunft über die eigene Muttersprache (deutsch oder noch kleinere Sprachgruppen wie holländisch) schränkt den Nutzerkreis unnötig ein. Also z. B. google.com statt google.de wählen.
- *Browser-Plug-ins nicht aktivieren*: Dienste wie Flash, Quicktime, Realplayer oder andere können so manipuliert werden, dass sie die echte IP-Adresse auskundschaften.
- *Kein Filesharing betreiben*: Bei Filesharing-Software wie Bit-Torrent wurde beobachtet, wie sie direkte Internetverbindungen aufgebaut haben, obwohl sie die Proxy-Server von TOR benutzen sollten.
- *Verschlüsselte Webadressen benutzen*: TOR verschlüsselt nur den Datenverkehr innerhalb des Netzwerks. Die Verschlüsselung auf der Webseite, die man gerade aufrufen will, obliegt dem Betreiber dieser Webseite. Also immer [https://] statt [http://] aufrufen.
- *In anonymen Netzwerken keine Dokumente öffnen*: Dokumente des Typs doc oder pdf können Weblinks enthalten, die außerhalb von TOR geöffnet werden können. Auf diese Weise kann die echte IP-Adresse sichtbar werden.
- *Nicht nur anonym surfen, wenn's brenzlig ist*: Wer nur dann E-Mails anonymisiert oder TOR nutzt, wenn er brisante Recherchen vorhat, weist mit einem riesengroßen Zaunpfahl auf sich hin. Darum besser auch im Alltag Anonymisierer benutzen.

8.5 Der Datenjournalismus von morgen

Handelt es sich dann beim Datenjournalismus überhaupt noch um Journalismus oder ist er, nach einer Formulierung David L. Altheides und Robert P. Snows, in den Zustand des »Postjournalismus« übergegangen (Altheide/Snow 1991: 51)? Tracy Schmidt vom US-amerikanischen Nachrichtenmagazin TIME meinte schon im Jahr 2007, Foren wie WIKILEAKS könnten sich »zu einem ebenso wichtigen journalistischen Werkzeug wie der *Freedom of*

223

Information Act entwickeln« (⌖ Schmidt 2007). Andere Stimmen meinen, dass »für eine zeitgemäße und zukunftsfähige Journalismusforschung ein neuer Journalismusbegriff erforderlich« sei (⌖ Engesser 2012).

An was es dem auf Datenrecherchen basierenden Journalismus als sehr junger Richtung des Journalismus noch gebricht, ist ein Qualitätsbewusstsein und ein Qualitätsmanagement. Zu häufig wird das technisch Machbare allein für das Gute gehalten. Einen Durchbruch wird er aber in der journalistischen Praxis wie in der journalistischen Ausbildung nur erleben, wenn er wirklich zu einem »wissenschaftlichen Journalismus« wird und sich an wissenschaftlichen Maßstäben messen lässt. Fragen nach Visualisierung und graphischer Repräsentation, die momentan noch im Vordergrund der Debatten stehen und dem Datenjournalismus den Vorwurf des »visualisation porn« eingebracht haben (⌖ Matzat 2011), rücken dann in den Hintergrund. Stattdessen müsste über statistische Auswertungsprobleme, Messgenauigkeit, Codierfragen und Datenmanipulation diskutiert werden.

Literatur & Links

Einige der Vorreiter der Datenjournalismusszene haben sich zusammengetan und ein Datenjournalismus-Handbuch verfasst (in englischer Sprache):
> http://datajournalismhandbook.org/1.0/en/index.html

Das Buch gibt es auch in einer Printausgabe:
Jonathan Gray u. a. (2012): *The Data Journalism Handbook. How Journalists Can Use Data to Improve the News.* Sebastopol/CA.

Technikjournalistisch ist die Zeitschrift cʼt aus dem Heise Zeitschriften Verlag so etwas wie DER SPIEGEL unter den Computerzeitschriften. Wer über die neuesten Trends auf dem Laufenden sein will, wird um dieses Magazin nicht herumkommen. Die Website des Heise Zeitschriften Verlags bietet neben einem Tech-Newsticker auch eine enorme Fülle evaluierter Freeware-Software und mit dem Onlinemagazin TELEPOLIS auch einen Ort für kritische Reflexion im und übers Web:
> www.heise.de
> www.telepolis.de

Vorreiter in Deutschland sind die Journalisten und Programmierer von OpenDataCity:
> http://www.opendatacity.de

Zu guter Letzt

Seit der Snowden-Affäre ist auch vielen Journalisten bewusst geworden, dass die eigenen Daten geschützt werden müssen. Wer sich mit den Werkzeugen zur Datensicherheit nicht auskennt, kann eine *CryptoParty* besuchen. Solche Partys werden von Mitgliedern der Digitalen Bürgerrechtsbewegung weltweit veranstaltet. In Deutschland finden Crypto-Partys in 30 Großstädten regelmäßig statt. Die Termine findet man unter der Internetadresse:

www.cryptoparty.in

In der Schweiz gibt es CryptoPartys in Zürich. In Österreich finden CryptoPartys in Graz, Innsbruck und Wien statt. Dafür gibt es eine eigene Webseite:

www.cryptoparty.at

9 Alles, was Recht ist

Was man in diesem Kapitel lernt

Wie weit Journalisten zu weit gehen dürfen + welche Rechte sie nach den Landespressegesetzen haben + wie man mithilfe des Umweltinformationsgesetzes und des Verbraucherinformationsgesetzes recherchieren kann + was das Informationsfreiheitsgesetz ist + wie man Anfragen stellt und was sie kosten + wo die Grenzen journalistischer Recherche liegen

Nicht nur das Recherchieren ist eine Kunst: Der Journalismus allgemein wird in Deutschland rechtlich zur Kultur gezählt. Und Kultur ist Ländersache. Gleichzeitig gibt es nationale Rundfunk- und Fernsehsender und mit dem Internet ein internationales, wenn nicht globales Medium, das rechtlicher Regelung bedarf. Diese medienrechtliche und medienpolitische Ausgangslage, die auch »institutionell hoffnungslos zersplittert« ist (Hachmeister/Anschlag 2013: 10), macht die juristische Betrachtung journalistischer Recherche nicht einfacher: Die rechtlichen Regelungen können unter Umständen von Bundesland zu Bundesland, von der Landes- zur Bundesebene und erst recht im internationalen Vergleich erheblich variieren. Der deutsche Gesetzgeber hat es sich bei dieser Unübersichtlichkeit einfach gemacht und seine gesetzgeberische Verantwortung wegdelegiert: Presse-, Medien- und vor allem Rundfunkrecht sind in hohem Maße Richterrecht und »weitgehend durch die Rechtsprechung des Bundesverfassungsgerichts geschrieben worden« (Ladeur 2013: 34). Die Rundfunkstaatsverträge der Ministerpräsidenten sind ebenso wie die entsprechenden Verfassungsgerichtsurteile durchnummeriert, um einen Anschein von Systematik zu wahren.

Hinzu kommt, dass das Presserecht, die Angelegenheiten des öffentlich-rechtlichen Rundfunks und die neueren Rechtsgebiete rund um Internet und E-Commerce in ganz unterschiedlichen und zum Teil sich gegenseitig ausschließenden Gesetzen, Verträgen und Regelungen festgelegt sind. So gibt es im Bundesland Nordrhein-Westfalen neben den Bestimmungen der Rundfunkstaatsverträge und der höchstrichterlichen

Urteile noch ein Landespressegesetz, ein Mediengesetz und ein WDR-Gesetz. Hinzu kommen natürlich die allgemeinen Rechtsgrundsätze aus dem Zivil- und dem Strafrecht, die greifen, wenn ein Journalist im Rahmen seiner Recherche illegal Informationen beschafft oder einem anderen wirtschaftlichen Schaden zufügt. Wo schon Juristen Probleme haben, den Durchblick zu bewahren, wird es für den juristischen Laien schnell undurchdringlich. Das folgende Kapitel will darum für Nichtjuristen etwas Licht ins Paragrafendickicht bringen. Denn Rechtssicherheit ist eine wesentliche Arbeitsbedingung für professionell betriebenen Journalismus, und die Kunst der Recherche dient nicht zuletzt auch dazu, diese Rechtssicherheit nach Möglichkeit herzustellen. Dabei kann an dieser Stelle ausschließlich auf die juristischen Implikationen der Recherche selbst eingegangen werden. Die juristischen Folgen etwa der Publikation von Rechercheergebnissen würde hier deutlich den Rahmen sprengen und ist an anderer Stelle ausführlich abgehandelt worden (vgl. z. B. ☝ Branahl 2009; Fechner 2009; Paschke 2009).

9.1 Wie weit Rechercheure zu weit gehen dürfen

Mitglied eines Rechtssystems zu sein, bedeutet, Träger von Rechten und Pflichten zu sein. Diese Rechte, die in Deutschland jeder hat, besitzt logischerweise auch der recherchierende Journalist. Daneben ist Journalismus aber ein Berufsstand, der vom Gesetzgeber und der Rechtspflege noch weitergehende, exklusive Rechte eingeräumt bekommen hat. Die Juristen Rudolf Gerhardt und Erich Steffen haben die Frage nach den besonderen Rechten von Journalisten auf die griffige Formel gebracht, »wie weit Journalisten zu weit gehen dürfen« (Gerhardt/Steffen 1996: 13). Aber wo besondere Rechte gelten, da herrschen auch besondere Pflichten. Zu den Rechten zählen für Journalisten die Auskunftsrechte sowie seine Schutzrechte beispielsweise gegenüber Gerichten oder der Polizei. Zu seinen Pflichten gehören insbesondere die, auch in den Landespressegesetzen formulierten, »Sorgfaltspflichten«. Worin die Sorgfalt genau besteht, ist nicht exakt definiert. Es ist ein bisschen so wie mit der Kehrwoche im Schwabenland: Was sauber ist, definieren die anderen.

Informations- und Pressefreiheit

Artikel 5 Grundgesetz

(1) Jeder hat das Recht, seine Meinung in Wort, Schrift und Bild frei zu äußern und zu verbreiten und sich aus allgemein zugänglichen Quellen ungehindert zu unterrichten. Die Pressefreiheit und die Freiheit der Berichterstattung durch Rundfunk und Film werden gewährleistet. Eine Zensur findet nicht statt.

In Artikel 5 Abs. 1 des Grundgesetzes heißt es: »*Jeder* hat das Recht, [...] sich aus allgemein zugänglichen Quellen ungehindert zu unterrichten«. Es handelt sich um ein Jedermanns-Recht: Der Grundgesetzartikel bezieht sich einerseits auf den normalen Staatsbürger, der nicht daran gehindert werden darf, sich am Bahnhofskiosk oder in der Buchhandlung seine bevorzugte Tageszeitung, ein Special-Interest-Magazin oder das neueste Mickymaus-Heftchen zu erwerben. Es bezieht sich andererseits aber auch im Speziellen auf Journalisten, die ebenfalls nicht daran gehindert werden dürfen, sich »aus allgemein zugänglichen Quellen ungehindert zu informieren«. Im Zusammenspiel mit der Presse-, Rundfunk- und Filmfreiheit aus dem gleichen Grundgesetzartikel ergibt das ein Recht auf Recherche. Wenn man so will, hat darum der Journalist ein doppeltes Recht auf Information, allgemein als Staatsbürger und im speziellen im Rahmen seiner Berufsausübung. Die besondere Rolle der Journalisten beruht darauf, dass die Staatsbürger sich vornehmlich aus den Medien und den journalistischen Publikationen informieren. Es sind also gerade die Journalisten, die für die Herstellung und Verbreitung der zitierten »allgemein zugänglichen Quellen« zuständig sind.

Informationsfreiheit ist Informationsbeschaffungsfreiheit.

In seinem berühmten SPIEGEL-Urteil (vgl. Kap. 3.3) hat das Bundesverfassungsgericht schon 1965 festgestellt, dass die Presse eine »öffentliche Aufgabe« ausübt, die für den Bestand und die Weiterentwicklung der freiheitlichen Demokratie unabdingbar ist:

> »Soll der Bürger politische Entscheidungen treffen, muss er umfassend informiert sein, aber auch die Meinungen kennen und gegeneinander abwägen können, die andere sich gebildet haben. Die Presse hält diese

ständige Diskussion in Gang; sie beschafft die Informationen, nimmt selbst dazu Stellung und wirkt damit als orientierende Kraft in der öffentlichen Auseinandersetzung. In ihr artikuliert sich die öffentliche Meinung; die Argumente klären sich in Rede und Gegenrede, gewinnen deutliche Konturen und erleichtern so dem Bürger Urteil und Entscheidung« (BVerfG 20, S. 162 ff., zit. n. Branahl 2009: 16).

Die Pressefreiheit hat eine individualrechtliche wie auch eine institutionelle Seite (Fechner 2009: 217). Individualrechtlich bedeutet, dass der Einzelne das Recht hat, seine journalistische oder publizistische Tätigkeit ohne staatliche Einflussnahme auszuüben. Institutionell bedeutet, dass neben den einzelnen Personen auch die Institutionen, also Verlage, Medienhäuser und Rundfunkanstalten, Träger der Pressefreiheit sind und damit ebenso unter den besonderen Schutz des Grundgesetzes fallen.

Pressefreiheit

Schon der Begriff deutet darauf hin, dass der dahintersteckende Sachverhalt etwas mit dem Druckgewerbe zu tun haben muss. Solange die Kunst des Schreibens und der Buchherstellung in der Hand einer kleinen Elite war, konnte man ziemlich sicher sein, dass nur äußerst selten Mindermeinungen zur Veröffentlichung kamen. Das änderte sich mit Gutenbergs Erfindung und den schnell aufkommenden Flugschriften, Tagesblättern und Volksbüchern. Staat und Kirche reagierten auf diese neue Publizität allergisch und mit Verboten: Die Zensur wurde erfunden. Allerdings kannte auch schon die Antike, das frühe Christentum und der Islam Buchvernichtungen und Schriftverbote, allerdings nicht in systematischer Hinsicht. Der »Index Librorum Prohibitorum«, also das Verzeichnis der Verbotenen Bücher der römischen Inquisition, erschien erstmals 1559 und wurde erst 1966 von der katholischen Kirche abgeschafft. Das erste Land, das faktisch Pressefreiheit schuf, war England. Dort wurde im Jahr 1695 auf Betreiben der Schriftsteller und Philosophen John Milton und John Locke das staatliche Zensurstatut nicht verlängert. In den neugegründeten USA wurde mit dem »First Amendment«, also dem ersten Verfassungszusatz, der Presse die Freiheit von staatlicher Einflussnahme garantiert. (»Der Kongress wird kein Gesetz erlassen [...], das die Freiheit der Rede [...] oder die der Presse einschränkt.«) Frankreich führte mit der Revolution 1789 die Pressefreiheit ein. In Deutschland wurde sie erst 1874 mit dem Reichspressegesetz nominell eingeführt, aber beispielsweise durch die Sozialistengesetze oder in der Weimarer Republik durch das »Gesetz zur Bewahrung der Jugend vor Schund- und Schmutzschriften« wieder erheblich eingeschränkt. Auch die Bundesrepublik Deutschland kennt ein »Gesetz über die Verbreitung jugendgefährdender Schriften«, das schon häufiger für staatliche Einflussnahme auf eine freie Publizistik herhalten musste. In den 1970er-Jahren kam es zu einer ganzen Reihe staatlicher Verbote von Druckerzeugnissen vor allem aus dem politisch linken und studentischen Milieu, so z. B. rund um den sogenannten »Mescalero-Nachruf«, der in der Studentenzeitung GÖTTINGER NACHRICHTEN erschienen war (vgl. zur Geschichte der Zensur Plachta 2006: vor allem S. 120 ff.). Problematisch am Begriff der Pressefreiheit ist gerade die explizite Bezugnahme auf die Drucktechnik. Sie führt nämlich dazu, dass Juristen darüber nachdenken, ob die »elektronische Presse« überhaupt unter das Grundrecht fällt (Fechner 2009: 218 f.; Paschke 2009: 61). Die Schweiz ist hier etwas fortschrittlicher und hat in ihrer Bundesverfassung statt der Pressedie *Medienfreiheit* installiert. Demnach gelten die Freiheitsrechte nicht nur für Presse, Radio und Fernsehen, sondern auch für die »anderen Formen der öffentlichen fernmeldetechnischen Verbreitungen von Darbietungen und Informationen« (Art. 17 Abs. 1 der Schweizer Bundesverfassung).

Die Pressefreiheit schützt den Einzelnen nur vor staatlicher Bevormundung oder Zensur, nicht aber vor Einflussnahme Dritter. Das führte zu dem viel zitierten Bonmot von Paul Sethe, einem der Gründer der FRANKFURTER ALLGEMEINEN ZEITUNG: »Pressefreiheit ist die Freiheit von 200 reichen Leuten, ihre Meinung zu verbreiten« (zit. n. Tödter 2013: 120). Sethe zielte damit auf die fehlende »innere Pressefreiheit« ab. Trotz Redaktionsstatuten und Mitbestimmungsrechten schränken Verleger und Medienmanager die Meinungsfreiheit ihrer Mitarbeiter nach wie vor unter Verweis auf »Blattlinien« und »Tendenzschutz« stark ein. Neben diesem vor allem ökonomischen Druck (Entlassungsdrohung etc.) gibt es auch in vorgeblich freiheitlichen und demokratischen Gesellschaften immer wieder Versuche staatlicher Einflussnahme auf die freie Berichterstattung: Erinnert sei nur an die »embedded journalists« während des zweiten Irakkriegs, die nach einem Wort Alan Knights erheblich zur »Hollywoodisierung« des Journalismus beigetragen haben (⫞ Knight 2003). Die Pressefreiheit ist darum kein einmal erreichtes Bestandsrecht, sondern ein jeden Tag aufs Neue zu erkämpfender Anspruch, der Berufsverbände, Interessenvertretungen und jeden einzelnen Journalisten und Rechercheur fordert. Die Nichtregierungsorganisation »Freedomhouse«, die während des Zweiten Weltkriegs unter anderem von Eleanor Roosevelt gegründet wurde, ver-

231

öffentlicht jedes Jahr ihren Bericht über die Pressefreiheit (Press Freedom Survey). Der 3. Mai ist von der UNESCO zum Welttag der Pressefreiheit ernannt worden, an dem auch daran erinnert wird, dass Pressefreiheit immer auch Informations- und Recherchefreiheit darstellt.

Die Wahrnehmung der »öffentlichen Aufgabe« des Journalismus umfasst den kompletten Herstellungsprozess »von der Beschaffung der Information bis zur Verbreitung der Nachrichten und Meinungen« (BVerfG, zit. n. ⌐ Branahl 2009: 16). Also unterliegen alle Tätigkeiten von der Recherche bis zur praktischen Herstellung oder Verbreitung des Presseprodukts, auch etwa die Buchhaltung oder die Anzeigenakquise, der Pressefreiheit und sind entsprechend vor staatlicher Einflussnahme geschützt. Problematisch ist allerdings, dass diese Rechte erst einmal explizit nur für die »Vertreter des Rundfunks und der Presse« gelten, und damit sind regelmäßig nur hauptberuflich Angestellte bei Zeitungen, Zeitschriften und Rundfunksendern gemeint. Die eigentliche journalistische Kernerarbeit und damit insbesondere die Recherche wird aber häufig von freien Mitarbeitern gemacht (Weischenberg u. a. 2006a: 350). Journalismus ist in Deutschland ein freier Beruf. Das hat auch mit den Erfahrungen in der NS-Zeit zu tun, in der nur publizieren durfte, wer Mitglied der Reichspressekammer war – eine subtile Form der Zensur durch Ausschluss. Darum darf sich in Deutschland jeder Journalist nennen, auch wenn er den Beruf nicht gelernt oder studiert hat und auch wenn er nicht seinen Lebensunterhalt damit verdient oder Mitglied in einem der Berufsverbände ist. Um seine Informations- und Auskunftsrechte in Anspruch nehmen zu können, müssen solche freien Recherchejournalisten ihre Anspruchsberechtigung nachweisen. Die »festen Freien«, also solche Journalisten, die regelmäßig und meist arbeitnehmerähnlich für eine bestimmte Redaktion arbeiten, gelten per se als Vertreter der Presse oder des Rundfunks. Ähnlich verhält es sich mit den Besitzern des »offiziellen« Presseausweises, den die Berufsverbände nach Prüfung vergeben. Wer aber wirklich »frei« arbeitet, muss sich häufig erst legitimieren, etwa durch ein Schreiben der Redaktion, für die man gerade konkret tätig ist, oder durch Arbeitsproben.

Die Presse- und Informationsfreiheit gilt im Übrigen nicht nur für Publikationen, die sich in seriöser Weise mit Politik und Gesellschaft auseinandersetzen, sondern auch für die Klatschpresse, politische Kampfpostillen, für Flug- und Anzeigenblätter, für Broschüren, Plakate oder Werkszeitungen. Andernfalls müsste ja eine Instanz existieren, die die

»politisch-kulturell hochstehenden« oder »sachlich berichtenden« Medien von den anderen unterscheidet, und schon das wäre wieder ein unter Umständen herber Eingriff in die Pressefreiheit (Branahl 2009: 17).

Auskunftsrechte nach den Landespressegesetzen

§ 4 (1) Landespressegesetz NRW

Die Behörden sind verpflichtet, den Vertretern der Presse die der Erfüllung ihrer öffentlichen Aufgabe dienenden Auskünfte zu erteilen.

Der *Informationsanspruch*, den beispielhaft das Landespressegesetz (LPG) von Nordrhein-Westfalen formuliert, besteht so oder ähnlich in allen Pressegesetzen der deutschen Länder (der Einfachheit halber bezieht sich alles Folgende immer auf die NRW-Fassung). Das LPG räumt Journalisten und Medienvertretern weitgehende Rechte bei der Informationsbeschaffung in Behörden und öffentlichen Stellen ein. Diese gesetzliche Verpflichtung führte dazu, dass Ämter und Behörden in Deutschland mit die ersten waren, die professionelle Pressestellen eingeführt haben und damit nicht unerheblich zur »Public Relationierung« der Gesellschaft beigetragen haben (Jarren/Donges 2006: 239 ff.). Denn es besteht kein Anspruch auf Auskunft durch einen bestimmten Behördenmitarbeiter oder den Dienststellenleiter, weswegen die Aufgabe zumeist an Pressesprecher delegiert wird. Auch die Form der Auskunft obliegt der Behörde, solange sie sachgerecht ist. Auskunft kann also mündlich oder schriftlich, durch Akteneinsicht oder durch das Kopieren von Akten und Unterlagen erfolgen. Ein Journalist hat aber kein Recht auf eine bestimmte Form der Auskunft. So kann z. B. ein Fernseh- oder Radiojournalist nicht eine Stellungnahme in Form eines O-Tons verlangen (Branahl 2009: 21).

Bei der Auskunftspflicht von Behörden gilt der *Grundsatz der Gleichbehandlung*. Vertreter des einen Medienhauses dürfen also bei der Information nicht gegenüber Vertretern eines anderen Mediums bevorzugt werden. Zum Beispiel hat das Oberverwaltungsgericht Bremen dem dortigen Finanzgericht untersagt, die zur Veröffentlichung bestimmten Entscheidungen dieses Gerichts lediglich einer einzigen Fachzeitschrift zu überlassen, deren »Hauptschriftleiter« auch noch ausgerechnet der Präsident dieses Gerichts war. Wenn eine Behörde regelmäßig Informationen versendet, z. B. einen Newsletter, so müssen alle Medien gleichermaßen

Zugang dazu haben. Ähnliches gilt für Pressekonferenzen, Besichtigungen oder Pressereisen. Sollte bei solchen Veranstaltungen das Platzangebot begrenzt sein, muss es für die Auswahl der zugelassenen Pressevertreter sachliche Gründe geben.

 Behörden dürfen nicht willkürlich Pressevertreter von Veranstaltungen wie Pressekonferenzen etc. ausschließen.

Entsprechend war es nicht nur unangemessen, sondern auch rechtlich fragwürdig, dass Bundesverteidigungsministerin Ursula von der Leyen (CDU) bei einer Truppenbesichtigung am Horn von Afrika im April 2014 keinen einzigen Vertreter einer Nachrichtenagentur oder einer überregionalen Zeitung eingeladen hatte, dafür aber, wie ein mitgereister Boulevardreporter der b.z. zu berichten wusste, »[z]wei Reporter von Tageszeitungen, zwei Fernsehteams und viele, viele Frauenmagazine, EMMA, TINA, BRIGITTE & Co.« (🕮 Lier 2014). Eine »mediale Wohlfühl-Entourage« nannte das SPIEGEL ONLINE. Ein eklatanter Verstoß gegen die Presse- und Informationsfreiheit, wäre anzufügen.

Der NSU-Prozess und die Presseplätze

Bundesweit für großes Aufsehen sorgte die Platzvergabe auf der Pressetribüne des Münchener Oberlandesgerichts anlässlich des NSU-Prozesses. Hier musste wegen eines ungeschickten Verfahrens bei der Platzvergabe sogar der Prozessbeginn um einen Monat von April auf Mai 2013 verschoben werden. Die fünfzig verfügbaren Presseplätze wurden im sogenannten Windhundverfahren vergeben, Motto: Wer zuerst kommt, malt zuerst. Das führte dazu, dass keine Vertreter türkischer und fast keine anderer internationaler Medien den Prozess hätten verfolgen können, obwohl acht von zehn Opfern der neonazistischen Mordserie türkischer Herkunft waren. Auch die Übertragung des Verfahrens per Video in einen anderen Gerichtssaal oder die Verlegung des Prozesses in einen größeren Raum lehnte die Kammer ab. Eine türkische Tageszeitung stellte daraufhin Eilantrag beim Bundesverfassungsgericht gegen die Platzvergabe, dem auch stattgegeben wurde. Die Verfassungsrichter stellten fest, dass das Münchener Gericht eine angemessene Zahl von Plätzen an Vertreter ausländischer Medien, vor allem solchen mit Bezug zu den Herkunftsländern der Mordopfer, zur Verfügung stellen muss. Es kam hierauf zu einem neuen Akkreditierungsverfahren, bei dem die Presseplätze im Gerichtssaal in drei Gruppen aufgeteilt wurden: Fünf Plätze waren für Vertreter in- und ausländischer Nachrichtenagenturen reserviert, zehn Plätze für ausländische Medien und 35 Plätze für deutsche Medienvertreter. Im Nachhinein stellte sich übrigens heraus, dass dem Gericht bei der neuerlichen Auslosung auch eine schwerwiegende Panne unterlaufen war: Die E-Mail-Anmeldungen mehrerer Pressevertreter landeten im Spamordner und wurden darum nicht berücksichtigt. Merke: Bei der Wahrung der Medienfreiheit sollte ein Gericht auch selbst eine gewisse Medienkompetenz an den Tag legen.

Auskunftspflichtig sind nicht nur Behörden im engeren Sinne, sondern auch private Firmen, soweit sie in öffentlichem Besitz sind oder öffentliche Aufgaben übernehmen. Der Bonner Jurastudent und Journalist Marvin Oppong hat in einem jahrelangen Rechtsstreit gegen den WESTDEUTSCHEN RUNDFUNK durchgesetzt, bestimmte Informationen über die Tätigkeit seiner Rundfunkratsmitglieder zu erhalten. Der WDR war dagegen davon ausgegangen, keine »informationspflichtige Stelle« zu sein, und hatte ausgerechnet die Rundfunkfreiheit ins Spiel gebracht, um alles, was im Tätigkeitsbereich des öffentlich-rechtlichen Senders spielt, zur Geheimsache zu erklären. Doch das sahen die Gerichte bis hinauf zum Bundesverwaltungsgericht anders: Demnach lässt sich eine klare Trennung zwischen geschützter Programmtätigkeit und den »Verwaltungsaufgaben« des Senders ziehen, für die eine Offenlegungspflicht bestehe (⌂ Billig 2012).

Grenzen der Auskunftspflicht

Behörden können nach § 4 LPG die Auskunft verweigern, wenn
1. durch sie die sachgemäße Durchführung eines schwebenden Verfahrens vereitelt, erschwert, verzögert oder gefährdet werden könnte oder
2. Vorschriften über die Geheimhaltung entgegenstehen oder
3. ein überwiegendes öffentliches oder ein schutzwürdiges privates Interesse verletzt würde oder
4. deren Umfang das zumutbare Maß überschreitet.

Diese Beurteilung obliegt nicht dem Ermessen der Behörde, sondern es muss im Einzelfall geprüft werden, ob die Erteilung der Auskunft nicht doch durch ein »höherrangiges Informationsinteresse der Öffentlichkeit« geboten ist (Branahl 2009: 24).

235

Häufig hört man die Formulierung, Informationen könnten aufgrund eines »schwebenden Verfahrens« nicht gegeben werden. Doch dabei handelt es sich oft um reine Ausflucht. Tatsächlich besteht ja in der Regel das öffentliche Interesse an Verwaltungshandeln oder Gerichtsverfahren gerade wegen seiner Aktualität. Nur *vor* Beendigung eines Verfahrens kann die öffentliche Meinung noch eine positive Wirkung *auf* das Verfahren erreichen. Sind die Vorgänge abgeschlossen und die Entscheidungen getroffen, ist das Interesse der Öffentlichkeit schnell erlahmt. Darum muss festgestellt werden, dass in Wahrheit bei Weitem nicht jeder laufende Verwaltungsvorgang sofort ein »schwebendes Verfahren« bildet. Vielmehr darf die Auskunft nur verweigert werden, wenn durch die Information die »sachgerechte Durchführung« erschwert, verzögert, gefährdet oder gar vereitelt würde (Eichhoff 2010: 180).

Allgemeine Anordnungen, die einer Behörde Auskünfte an die Presse verbieten, sind laut den Landespressegesetzen unzulässig. Nachrichtensperren sind also gesetzlich verboten. Das gilt sowohl für allgemeine Nachrichtensperren wie auch für solche, die nur über bestimmte Medien verhängt werden. Auch rechte, linke oder fundamentalistische Kampfblätter dürfen also nicht vom Informationsfluss ausgeschlossen werden. Es gibt aber eine Ausnahme von dieser Regel: Eine totale Nachrichtensperre über einen abgegrenzten Tatsachenkomplex ist dann gerechtfertigt, wenn schwerwiegende Gründe dies verlangen (Starck 2002: 459). Während des »Deutschen Herbsts« 1977 verhängte beispielsweise die Bundesrepublik Deutschland eine Nachrichtensperre, um das Leben des RAF-Entführungsopfers Hanns Martin Schleyer zu schützen (Gehrhardt 1978: 349).

Auskunftsanspruch hin oder her: Auch behördliche Pressestellen sind häufig eher Informationsverweigerer als Informationsgewährer. Gerade bei tagesaktuellen Recherchen ist es ein beliebtes Mittel behördlicher Desinformation, die Auskunft so lange hinauszuzögern, bis sie hinfällig geworden ist. Hier gilt es, langen Atem zu haben. Denn in solchen Fällen hilft nur der Rechtsweg. Verweigern Behörden die Auskunft, kann der Journalist vor dem örtlichen Verwaltungsgericht dagegen klagen.

 Wer sein Informationsrecht durchsetzen will, dem steht der Rechtsweg offen.

Solche Verfahren können sich über Monate oder sogar Jahre hinziehen. Es kann darum angezeigt sein, eine einstweilige Anordnung zu beantragen, um die Information zu erzwingen. Selbst solche »Eilentscheidungen« können mehrere Monate in Anspruch nehmen und kommen darum häufig für die aktuelle Berichterstattung viel zu spät. Die alternative TAGESZEITUNG hatte z. B. im Jahr 2008 auf Auskunft geklagt, wer die Sponsoren des Sommerfests von Berlins Regierendem Bürgermeister Klaus Wowereit waren. Erst vier Jahre später erhielt man Antwort: Danach hatte der Bürgermeister gelogen, als er behauptet hatte, für seine Party seien keine Steuergelder geflossen. Denn der größte Sponsor war die landeseigene Stadtreinigung mit Reinigungskosten in Höhe von 14.900 Euro (⌁ Heiser 2012: 3).

Verweigert statt einer Behörde eine Staatsanwaltschaft die Auskunft, so kann ein Journalist normalerweise vor dem Landgericht klagen, in dessen Bezirk die Staatsanwaltschaft ihren Sitz hat. Über die Auskunftspflicht eines Gerichts entscheidet das zuständige Oberlandesgericht.

Klagemöglichkeiten bei Auskunftsverweigerung

Behörde → Verwaltungsgericht

Staatsanwaltschaft → Landgericht

Gericht → Oberlandesgericht

Zu den Auskunftsrechten nach den Landespressegesetzen zählt auch die Einsicht in die amtlichen Register und behördlichen Verzeichnisse (s. o.).

Ins *Handelsregister* nimmt man Einsicht beim örtlichen Registergericht. Seit 2007 steht auch ein länderübergreifendes Portal (www.handelsregister.de) zur Verfügung. Die Einsicht bei Gericht ist in der Regel kostenlos, während die Abfrage über das Internet 4,50 Euro pro Abruf kostet. Im Handelsregister findet man grundlegend Angaben über Einzelunternehmer, Personenhandelsgesellschaften (OHG, KG), Kapitalgesellschaften (GmbH, AG) sowie Versicherungsvereine auf Gegenseitigkeit. Hier erfährt man nicht nur Namen und Rechtsform, sondern auch Angaben über die Eigentümer, persönlich haftende Gesellschafter, Grund- (AG) oder Stammkapital (GmbH), Geschäftsführer, Orte der Niederlassungen und gegebenenfalls auch Informationen über Insolvenzen oder Liquidationen.

Das *Grundbuch* ist ein Verzeichnis, in das nur Einsicht erhält, wer ein berechtigtes Interesse nachweisen kann. Hintergrund ist, dass durch die Grundbucheinsicht für jedermann die Vermögens- und Schuldenverhältnisse (Hypotheken) sichtbar werden. Allerdings ist die Entscheidung, was ein »berechtigtes Interesse« ist, von der Grundbuchordnung (GBO) weitgehend dem Grundbuchamt überlassen. Ein solches berechtigtes Interesse ist aber nach allgemeiner Rechtsprechung beim durch die Medien vertretenen öffentlichen Informationsinteresse gegeben. Leider hat sich das jedoch noch nicht bei allen Grundbuchämtern herumgesprochen. Das Grundbuch wird in aller Regel beim örtlichen Amtsgericht geführt. Nationale Bedeutung erhielt die Klage dreier Medienhäuser auf Grundbucheinsicht im Fall des ehemaligen Bundespräsidenten Christian Wulff, die erst bis zum Bundesgerichtshof und schließlich zum Rücktritt des Präsidenten führte (vgl. Kap. 4.3). Der Grundbuchauszug enthält Angaben über Größe und Art eines Grundstücks, Eigentumsverhältnisse und die Art des Eigentumserwerbs (Kauf, Erbe oder Schenkung). Auch die Belastungen, die auf einem Grundstück ruhen (Grundschulden, Hypotheken) sind ersichtlich. Die Grundakte, die zu jedem Grundstück geführt wird, beinhaltet außerdem die Verträge, auf denen ein Eigentümerwechsel basiert. Hieraus ist beispielsweise der Kaufpreis zu ersehen. Achtung: Inwieweit die durch die Grundschulden gesicherten Verbindlichkeiten noch bestehen, ist aus den Grundbuchangaben nicht ersichtlich (Potjans 2008: 21). Die Einsichtnahme ins Grundbuch ist kostenlos. Ein digitaler Auszug ist online erhältlich und kostet zwischen acht und 50 Euro (beispielsweise über die Website des NRW-Justizministeriums www.justiz.nrw.de).

Für Schiffe und Flugzeuge gibt es eigene Register. Sie funktionieren ähnlich wie das Grundbuch. Das *Schiffsregister* wird von dem Amtsgericht geführt, in dessen Bezirk sich der Heimathafen des Schiffs befindet. Das *Luftfahrzeugregister* ist das Verzeichnis aller zivilen Luftfahrzeuge in Deutschland und wird beim Luftfahrtbundesamt geführt.

Auch das *Vereinsregister* wird beim Amtsgericht geführt. Im Vereinsregister können sich alle Vereine eintragen lassen, die keine Gewinnerzielungsabsicht haben (Idealvereine). Erst durch den Eintrag wird ein Verein rechtsfähig (eingetragener Verein, e. V.). Hier sind die Vereinssatzung sowie die Mitglieder des Vereinsvorstands einsehbar. Entgegen der weitverbreiteten Mär (die z. B. auch ⊕ Heiser 2012: 8 kolportiert) werden die Protokolle von Mitgliederversammlungen nicht hinterlegt. Diese sind für das Vereinsregister nur interessant, wenn die Satzung oder der Vorstand sich geändert hat.

Auskünfte nach dem Umweltinformationsgesetz

Das Umweltinformationsgesetz (UIG), das 1994 in Kraft trat, war der Vorläufer des Informationsfreiheitsgesetzes. Der Deutsche Bundestag hat dieses Gesetz nicht ganz freiwillig erlassen, sondern aufgrund einer EU-Richtlinie über den freien Zugang zu Umweltinformationen. Das Gesetz musste auch nach herber Kritik des Europäischen Gerichtshofs in zentralen Punkten novelliert werden. Die Juristen Wilhelm Mecklenburg und Benno Pöppelmann stellen dazu fest:

>»Gerade die Erfahrungen mit dem Umweltinformationsgesetz zeigen, dass deutsche Amtswalter den Besitzstand des Amtsgeheimnisses nicht freiwillig aufgeben« (Mecklenburg/Pöppelmann 2007: 16).

Auskünfte nach dem UIG kann »jedermann« erhalten. Man muss sich also weder als Journalist besonders ausweisen, noch ein besonderes öffentliches Interesse nachweisen. Informationspflichtig sind nicht nur Umweltbehörden, sondern alle Behörden, soweit sie mit Umweltfragen zu tun haben. Dafür wurde 2003 das UIG neuerlich geändert und gilt seitdem nur noch für Bundesbehörden. Die Bundesländer haben die Umweltinformationsrichtlinie der EU entweder in eigenen Landesgesetzen umgesetzt oder in die entsprechenden Informationsfreiheitsgesetze des Landes integriert. Da das UIG ein Jedermannsrecht formuliert, können z. B. auch Bürgerinitiativen oder Nicht-Regierungsorganisationen mit seiner Hilfe an Umweltinformationen kommen. Als in der Nähe von Hannover eine Giftmüllverbrennungsanlage gebaut wurde, fanden interessierte Bürger mittels eines UIG-Antrags heraus, dass der Müllofen mit je vier Millionen Mark vom Landesökofonds und der Bundesstiftung Umwelt bezuschusst worden war. Dagegen erhoben die Bürger Beschwerde bei der EU-Wettbewerbskommission in Brüssel, die mangels ökologischer Förderungswürdigkeit auf Rückzahlung der Gelder entschied (✐ Redelfs 2002).

Vorteil des Jedermannsrechts für Journalisten ist, dass sie sich bei ihren Recherchen nicht als Journalisten zu erkennen geben müssen.

Die Auskünfte nach dem UIG sind nicht kostenlos. Vielmehr können die Behörden »angemessene« Gebühren verlangen. Trotz gegenteiliger Gerichtsurteile wird an der Gebührenschraube immer noch gerne gedreht, um missliebige Recherchen zu be- oder verhindern. Als ein Umweltverband wegen einer Flussvertiefung der Ems beim Wasser- und Schifffahrtsamt Emden nach Strömungsmessungen fragte, bot die Behörde die Daten brav an – 4.300 Seiten zu 50 Cent pro Kopie (ebd.). Grundsätzlich müssen die Gebühren aber so bemessen sein, dass der Informationsanspruch wirksam wahrgenommen werden kann. Bundesbehörden nehmen erfahrungsgemäß für eine geringe Anzahl von Schwarz-Weiß-Kopien nichts. Für eine größere Zahl an Kopien werden zwischen 125 und 500 Euro fällig. Ähnlich verhält es sich in den meisten Bundesländern. Zusätzlicher Aufwand muss aber auch zusätzlich bezahlt werden: Müssen z. B. Textstellen in Kopien geschwärzt werden, so kann diese Aufwand zwischen 500 und 1.000 Euro kosten. In Thüringen und Berlin muss schon für einfache schriftliche Auskünfte gezahlt werden. In Berlin sind dies mindestens 10,23 Euro (Reich 2008: 33).

Auskünfte nach dem Verbraucherinformationsgesetz

Das Verbraucherinformationsgesetz (VIG) trat nach viel parlamentarischem Hin und Her im Jahr 2008 in Kraft. Ausgangspunkt für den Gesetzgebungsprozess waren die vielen Lebensmittelskandale der Vergangenheit (»Gammelfleisch«). Durch das VIG sollen Verbraucher freien Zugang zu Informationen über Erzeugnisse im Sinne des Lebensmittel- und Futtermittelgesetzbuches sowie über Verbraucherprodukte, die unter das Produktsicherheitsgesetz fallen, erhalten. Auskunftpflichtig sind alle Bundes- und Landesbehörden, zu deren Aufgaben die Überwachung des Verkehrs mit Lebensmitteln, Futtermitteln, Kosmetika und Bedarfsgegenständen zählt, sowie Privatpersonen oder Unternehmen, die öffentliche Aufgaben in diesem Bereich übernehmen und dabei von einer Behörde kontrolliert werden. Kommunale Behörden allerdings, z. B. die Gesundheitsämter, sind aber nur auskunftpflichtig, wenn ein gesondertes Landesgesetz dies entsprechend regelt. Auch das VIG formuliert ein Jedermannsrecht. Ein Journalist muss sich also bei seiner Recherche weder zu erkennen geben, noch ein besonderes öffentliches Interesse an der Thematik nachweisen. Das schützt aber nicht davor, dass ein Betroffener von den Recherchen erfährt. Denn eine Behörde hat »Dritten, deren Belange durch den Antrag auf Informationszugang betroffen sind«, die Möglichkeit der Stellungnahme einzuräumen.

Das VIG sieht vor, dass bei Warnungen oder dem Rückruf von Produkten auch der Name des Herstellers genannt wird, auch wenn das Verwaltungsverfahren noch nicht abgeschlossen ist (z. B. wenn man noch auf die Gegenprobe eines zweiten Labors wartet). Zuvor war für öffentliche Warnungen die Europäische Kommission mit ihrem Rapid Alert System for Food and Feed (RASFF) zuständig, allerdings ohne Namensnennung. Bei der Publikation solcher Warnungen sollten Journalisten aber große Sorgfalt walten lassen, denn es kam in der Vergangenheit schon mehrfach zu behördlich verursachten Falschmeldungen, etwa in Sachen »Birkel« oder »Coppenrath & Wiese«.

> **Tipp: Bundesamt für Verbraucherschutz und Lebensmittelsicherheit**
>
> Das Bundesamt für Verbraucherschutz und Lebensmittelsicherheit (BVL) nimmt vielfältige Aufgaben im Bereich der Lebensmittelsicherheit wahr. Es verfolgt das Ziel, Risiken transparenter zu kommunizieren und sie zu managen, bevor aus ihnen Krisen entstehen. Die Website mit einer Vielzahl an Informationen und Datenbanken findet sich unter
>
> http://www.bvl.bund.de/DE/Home/homepage_node.html

Nach § 7 VIG kann die Behörde ab einem bestimmten Verwaltungsaufwand kostendeckende Gebühren geltend machen. Nur bei Informationen über Rechtsverstöße entfallen die Gebühren. Journalisten werden also in allen anderen Fällen im Zweifel ihre Auskunftsbegehren nach dem Landespressegesetz stellen, sofern die Preisgabe der Tätigkeit als Journalist die Recherche nicht gefährdet. Die Form der Auskunft liegt im Ermessen der Behörde. Ein Journalist hat also kein Recht auf Akteneinsicht.

Zweifel an der Wirksamkeit des VIG kommen aber nicht nur wegen der möglicherweise sehr hohen Gebühren auf. Es gibt darüber hinaus weitgehende Informationsbeschränkungen zum Schutz der Vertraulichkeit von Behördenberatungen. Die Redaktion des Fernsehmagazins REPORT MAINZ hat kurz nach Inkrafttreten des VIG versucht, beim niedersächsischen Verbraucherschutzministerium in Sachen »Gammelfleisch-Skandal« Informationen über die »beanstandeten Lebensmittel, die Namen und Adressen der Hersteller, sowie den Grund, warum die Proben beanstandet wurden«, zu erhalten (⌖ Anthes 2008). Doch eine Auskunft erhielt die SWR-Redaktion nicht, da es sich um »wettbewerbsrelevante Informationen« handele. Selbst als die Rechercheure einen amtlichen Bescheid erhielten, dass ihnen »ein Anspruch auf die begehrten Informationen zusteht«, tat sich nichts. Fazit von REPORT: »Namen sollen also genannt werden, aber wenn es ernst wird, dann eben doch nicht. Schlupflöcher zum Schutz der Fleischbetriebe. Und zu guter Letzt können die dann auch noch gegen die Herausgabe der Daten klagen« (ebd.).

Die Informationsfreiheitsgesetze

Das *Informationsfreiheitsgesetz* (IFG) soll in Deutschland Informationsfreiheit herstellen und gilt seit dem Jahr 2006. Die Bundesrepublik Deutschland ist damit international die Nachhut, was den Paradigmenwechsel vom »Amtsgeheimnis« zur offenen Informationsgesellschaft und zum voraussetzungslosen Informationszugang angeht (vgl. Kap. 5.1). In Schweden besteht ein solcher freier Informationszugang schon seit 1766. Im US-Staat Wisconsin existiert seit 1849 eine solche Regelung. Für Bundesbehörden in den USA gilt seit 1966 der *Freedom of Information Act*. In Frankreich gibt es seit 1978, in Großbritannien auf kommunaler Ebene seit 1985 solche Regelungen (Mecklenburg/Pöppelmann 2007: 16). Nachdem 2004 trotz eines anderslautenden Koalitionsbeschlusses der Gesetzgebungsprozess erneut zu scheitern drohte, entschied sich eine Ad-hoc-Gruppe aus Journalisten- und Bürgerrechtsorganisationen (dju, DJV, Humanistische Union, Netzwerk Recherche, Transparency International), einen eigenen Gesetzentwurf vorzulegen. In der Folge waren Mitglieder dieser Gruppe am weiteren Verfahren beteiligt, so dass das IFG schließlich am 1. Januar 2006 in Kraft treten konnte. Seitdem gilt der Grundsatz, dass die Gewährung von Zugang zu behördlichen Informationen die Regel ist und die Verwehrung des Zugangs die Ausnahme. Doch das Gesetz kann nur ein Anfang bei der Herstellung von Informationsfreiheit sein. Zu zahlreich sind die Ausnahmen und zu unklar die Zugriffsmöglichkeiten für Bürger und Journalisten:

> »Entstanden ist so ein Gesetz, dass sich durch gleichzeitig wuchtige und stellenweise unscharfe Ausnahmebestimmungen ebenso auszeichnet wie dadurch, dass die Verfahrensrechte des Information suchenden Bürgers spartanisch gehalten sind« (ebd.: 17).

Neben den gesetzlichen Ausnahmebestimmungen legen die Beamten der hohen Bundesbehörden offenbar eine große Kreativität an den Tag, um insbesondere Anfragen von Journalisten nach dem IFG zu behindern. Eine ressortübergreifende Arbeitsgruppe im Bundesinnenministerium trifft sich zweimal im Jahr zu Abstimmungsfragen. Interne Papiere aus dem Kreis sind der ZEIT-Redaktion zugespielt worden. In einem Protokoll heißt es: »In Einzelfällen stellt sich die Frage, ob ein Antrag im Hinblick auf einen unverhältnismäßigen Bearbeitungsaufwand zurückgewiesen werden kann.« Freilich steht im Gesetz kein Wort davon, dass Anträge nach dem IFG keine Arbeit machen dürfen. Noch drastischer formuliert ein Protokoll aus dem Jahr 2011, in dem offen zur Behinderung von Journalisten bei Ausübung ihrer öffentlichen Aufgabe aufgerufen wird: »Wenn ein IFG-Antrag eines Journalisten vorliegt, sind alle einschlägigen Ausnahmegründe [...]) zu prüfen.« Denn auch davon, dass bestimmte Berufsgruppen besonders geprüft werden sollen, ist im IFG nicht die Rede (alle Zitate nach ⌐ Biermann/Kotynek 2013).

Ausnahmebestimmungen des IFG

Ein Informationsanspruch besteht unter anderem dann nicht, wenn

1. das Bekanntwerden der Information nachteilige Auswirkungen haben kann auf
   a) internationale Beziehungen,
   b) militärische Belange der Bundeswehr,
   c) Belange der inneren oder äußeren Sicherheit,
   d) Kontrollaufgaben der Finanz-, Wettbewerbs- und Regulierungsbehörden,
   e) Angelegenheiten der externen Finanzkontrolle,
   f) Maßnahmen zum Schutz vor unerlaubtem Außenwirtschaftsverkehr,
   g) die Durchführung eines laufenden Gerichtsverfahrens oder die Durchführung von Ermittlungen;
2. die notwendige Vertraulichkeit internationaler Verhandlungen beeinträchtigt wird;
3. die Information der Geheimhaltungspflicht unterliegt;
4. das Bekanntwerden der Information die fiskalischen Interessen des Bundes beeinträchtigt.

Außerdem sind die Nachrichtendienste grundsätzlich nicht nach dem IFG auskunftspflichtig.

Das IFG gilt nur für den Bund, aber nicht alle Bundesländer haben eigene Informationsfreiheitsgesetze erlassen. Bisher fehlen Landesgesetze noch in Bayern, Baden-Württemberg, Niedersachsen, Sachsen und Hessen. Die unterschiedlichen Landesgesetze unterscheiden sich zum Teil deutlich in der Frage, welche Ausnahmeregeln gelten. Vor der Anfrage sollte man also genau prüfen, aus welchem Bundesland man Informationen benötigt und ob man genau dort auch einen Anspruch auf Information hat.

Trotz all dieser Einschränkungen sprechen einige Gründe dafür, bei journalistischen Recherchen Anfragen nach dem IFG zu stellen:

1. Das IFG ist ein Jedermannsrecht, ein Journalist muss sich also gegenüber einer Behörde nicht zu erkennen geben, wenn er Informationen möchte.
2. Anders als bei Anfragen nach den Landespressegesetzen kann der Journalist über die Form der Auskunft bestimmen, also z. B. Akteneinsicht verlangen.
3. Der Antragsteller hat Anspruch darauf, die Informationen »unverzüglich« zu erhalten, der Informationszugang hat spätestens innerhalb einer Frist von einem Monat zu erfolgen; eine Ablehnung des Informationsantrags muss innerhalb von zwei Wochen beschieden werden.
4. Im Falle der Ablehnung hat der Antragsteller das Recht, sich an den Beauftragten für die Informationsfreiheit zu wenden, der in Personalunion der Bundes- oder Landesdatenschutzbeauftragte ist.

Tipp: »Frag den Staat«

»Frag den Staat« ist ein Projekt des Open Knowledge Foundation Deutschland e. V., das dabei behilflich sein will, Anfragen nach dem IFG zu stellen. Gleichzeitig werden auf der Website Fragen und Antworten transparent dokumentiert: Was gab es zu Angela Merkels 60. Geburtstag auf Staatskosten zu essen? Warum und zu welchem Preis schaltet die Bundesagentur für Arbeit Werbung auf RTL2? Welche Fehler machte der Staat 2006 bei Berechnungen zur Langzeitsicherheit des Atommüllendlagers Morsleben? Auf der Website von »Frag den Staat« ist auch zu erfahren, welche Anfragen unbeantwortet blieben und welche etwa aus Kostengründen zurückgezogen wurden:

www.fragdenstaat.de

Abschreckend können die unter Umständen hohen Gebühren sein. Zwar dürfen für »einfache Auskünfte« keine Gebühren eingefordert werden und das Gesetz bestimmt, dass die Gebühren so bemessen sein müssen, dass der Informationszugang »wirksam in Anspruch genommen werden kann«. Das hindert Behörden aber nicht daran, manchmal Mondpreise für ihren Verwaltungsaufwand zu verlangen. Die Journalisten des WAZ-Rechercheteams, die die Zielvereinbarungen des Bundesinnenministeriums mit dem Deutschen Olympischen Sportbund recherchiert hatten, sollten für die Auskünfte aus dem Ministerium 15.000 Euro berappen: Die Beamten hatten die Anfrage in lauter einzelne Anträge mit jeweils eigenen Kostenbescheiden aufgeteilt (vgl. Kap. 8.2).

Das fehlende Presseauskunftsgesetz

Im Jahr 2010 bat ein BILD-Reporter den Bundesnachrichtendienst um Auskunft über Mitarbeiter des BND mit NS-Hintergrund. Der Nachrichtendienst verschleppte die Auskunft, der Reporter reichte Untätigkeitsklage ein. Denn bislang war herrschende Praxis, dass die Bundesbehörden Journalisten gegenüber auch Auskunft zu geben hatten und dass dafür das Landespressegesetz galt, in dessen Bereich die Bundeshauptstadt lag, also Berlin. Doch das Bundesverwaltungsgericht wies die Klage im Februar 2013 überraschend als unbegründet ab: Die Landespressegesetze begründeten keine Auskunftsansprüche der Presse gegen Bundesbehörden. Wegen der großen Bedeutung der Pressefreiheit ergebe sich zwar ein Auskunftsanspruch der Presse auch direkt aus dem Grundgesetz. Aber mit Verweis auf Artikel 5 GG lasse sich nur ein »Minimalstandard« begründen. Weitergehende Auskunftsansprüche müsse der Bundesgesetzgeber regeln. Was also nottut, ist ein Presseauskunftsgesetz, das auch Bundesbehörden zur Information verpflichtet. Doch eine entsprechende Petition des Bonner Journalisten Helmut Lorscheid und der Berufsverbände scheiterte an der hohen Hürde von 50.000 nötigen Unterschriften. Nur gut 4.000 Unterzeichner hatten sich gefunden, die mehr als einen »Minimalstandard« an Informationsfreiheit wünschen.

Wie man Anfragen stellt und was sie kosten

Grundsätzlich bedarf ein journalistischer Wunsch nach Informationen nicht einer bestimmten Form. Für einen ersten Überblick oder eine Themenrecherche reicht ein zwangloser Anruf bei einer Pressestelle oder eine formlose E-Mail normalerweise aus. Erst wenn auf diese Weise die benötigten Informationen nicht beschafft werden können, ist es angeraten, förmlicher zu werden. Dabei macht die präzise Vorbereitung eines behördlichen Auskunftsbegehrens die Recherche deutlich effektiver und führt schneller zum Erfolg. Wer präzise nach konkreten Informationen fragen kann, der macht Beamten Ausflüchte, Umwege und Verzögerungen schwerer.

Es empfiehlt sich ein gestaffeltes Vorgehen: Zwar sehen die meisten Behörden für Presseanfragen die hauseigene Pressestelle vor. Das bedeutet aber nicht, dass ein Journalist sich bei der Recherche stets zuerst an diese

Checkliste: Behördeninformationen

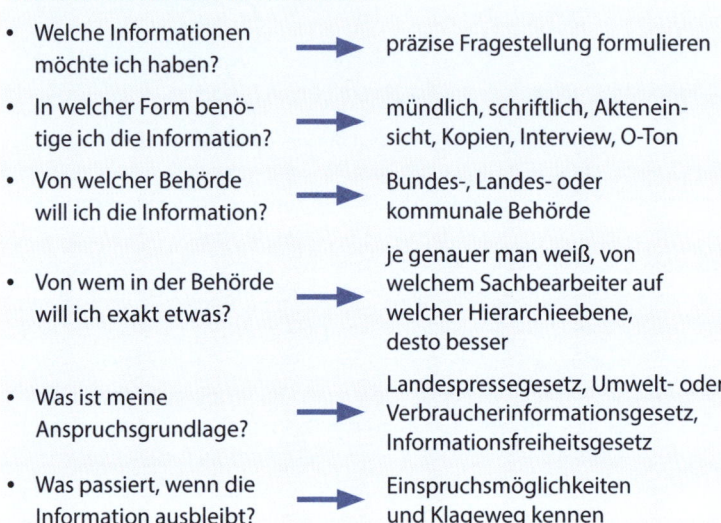

- Welche Informationen
  möchte ich haben? ➤ präzise Fragestellung formulieren

- In welcher Form benö-
  tige ich die Information? ➤ mündlich, schriftlich, Akteneinsicht, Kopien, Interview, O-Ton

- Von welcher Behörde
  will ich die Information? ➤ Bundes-, Landes- oder
  kommunale Behörde

- Von wem in der Behörde
  will ich exakt etwas? ➤ je genauer man weiß, von
  welchem Sachbearbeiter auf
  welcher Hierarchieebene,
  desto besser

- Was ist meine
  Anspruchsgrundlage? ➤ Landespressegesetz, Umwelt- oder
  Verbraucherinformationsgesetz,
  Informationsfreiheitsgesetz

- Was passiert, wenn die
  Information ausbleibt? ➤ Einspruchsmöglichkeiten
  und Klageweg kennen

wenden *muss*. Es ist darum durchaus vorteilhaft, zu versuchen, zuerst den entsprechenden Sachbearbeiter zu erreichen, da man davon ausgehen kann, dass der am tiefsten in der Materie steckt. Verweigert der die entsprechende Auskunft, kann man immer noch die Pressestelle kontaktieren. Ähnliches gilt bei Interviewanfragen oder dem Wunsch nach Auskunft im O-Ton: Hier sollte man sich grundsätzlich erst an den Behördenleiter wenden. Beim Pressesprecher landet man noch früh genug.

Ein gestaffeltes Vorgehen empfiehlt sich auch bei den Anspruchsgrundlagen für die gewünschten Informationen. Bei einer ersten Anfrage ist es meistens wenig sinnvoll, sich direkt auf die rechtlichen Grundlagen für das Informationsbegehren zu stützen. Das könnte die Gegenseite als sehr schroff empfinden und aus diesem Grund aus einer »Friendly Source« zu einer »Unfriendly Source« werden. Erst wenn das Gegenüber sich als Informationsverweigerer erweist, kann der Rechercheur mit dem Gesetzblatt winken und explizit auf seine Auskunftsrechte hinweisen. Hierbei werden in aller Regel die Landespressegesetze die erste Wahl sein, da sie weitgehende Auskunftsansprüche bereitstellen und die Informationen meistens kostenlos erteilt werden. Wenn aber spezielle Fragestellungen konkrete Auskunftsformen benötigen oder die Identität als Journalist für die Recherche hinderlich ist, kann auf die anderen gesetzlichen Auskunftsrechte ausgewichen werden.

Ab Schritt zwei, also dem Auskunftsbegehren auf Grundlage eines gesetzlichen Anspruches, sollten Anfragen schriftlich eingereicht werden: Vorteil ist, dass Recherche und Kommunikation dokumentiert sind, was bei möglichen rechtlichen Auseinandersetzungen äußerst hilfreich ist. Wichtig bei schriftlicher Kommunikation ist, der Gegenseite eine Frist zu setzen, bis zu der sie zu antworten hat. Um sich auf den journalistischen Auskunftsanspruch berufen zu können, sollte der Rechercheur sich als Mitarbeiter der Medien zu erkennen geben. Häufig ist die presserechtliche Legitimation die Grundvoraussetzung, um überhaupt Auskunft zu erhalten. Erfahrungsgemäß erhalten Mitarbeiter der großen überregionalen Blätter oder der nationalen Fernsehsender eher und schneller Auskunft. Aber auch hier gilt, dass die Informationsansprüche unabhängig vom Medium bestehen und der Gleichheitsgrundsatz gilt (Kappen 2008: 24 ff.). Ein Wort noch zu den Kosten von Rechercheanfragen: Neben den bereits erwähnten Gebühren können bestimmte Anfragen noch einmal extra zu Buche schlagen. Aber zuerst die gute Nachricht: Viele Informationen sind tatsächlich gratis zu haben.

• Der Zugang zu öffentlichen politischen Versammlungen oder Demonstrationen ist kostenlos. Dagegen steht es privaten Veranstaltern, beispielsweise von Konzerten oder Sportveranstaltungen, frei, nach dem Gleichbehandlungsgrundsatz von Journalisten das gleiche Eintrittsgeld zu verlangen wie von normalen Besuchern. Es hat sich allerdings eingebürgert, Journalisten zur Unterstützung ihrer öffentlichen Aufgabe gegen Vorlage des Presseausweises oder Akkreditierung den Eintritt kostenlos zu gewähren (zumal die meisten Veranstalter ein vitales Interesse an Berichterstattung haben).

• Die Anrufung des Datenschutzbeauftragten ist kostenlos.

• Bei Rechtsstreitigkeiten fallen die üblichen Gerichts- und Anwaltskosten an. Gewinnt man die Auseinandersetzung, muss in aller Regel die gegnerische Partei alle Kosten übernehmen.

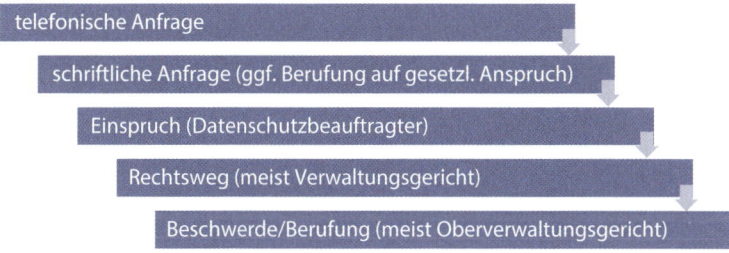

Durchsetzung von Informationsansprüchen

• Die Akteneinsicht in der Stasi-Unterlagen-Behörde kostet für Journalisten 76,69 Euro. Für Duplikate ohne vorherige Einsichtnahme zahlen Journalisten dasselbe, mit Einsichtnahme aber 38,35 Euro. Geld
sparen kann, wer einen Historiker im Bekanntenkreis hat oder gar
selbst einer ist: Die müssen nämlich nur zwischen 5,11 Euro und
10,23 Euro bezahlen.

Information	Kosten (in Euro)
Auskunft nach den Landespressegesetzen	0,00
Register und Verzeichnisse	
Einsichtnahme bei der Behörde in Grundbuch, Handels-, Unternehmens- und Vereinsregister	0,00
Auszug aus Grundbuch, Handels-, Unternehmens- und Vereinsregister, in Papierform (unbeglaubigt)	10,00
Auszug aus Grundbuch, Handels-, Unternehmens- und Vereinsregister, in Papierform (beglaubigt)	18,00
Auszug aus Handels-, Unternehmens- und Vereinsregister, per E-Mail geschickt (unbeglaubigt)	5,00
Onlineabruf pro Registerblatt oder Dokument (Handels-, Unternehmens- und Vereinsregister)	4,50
Onlineabruf Grundbuchauszug	8,00
Auskunft nach dem IFG (Bund)	
einfache mündliche und schriftliche Auskünfte, bei wenigen Kopien	0,00
Ablehnung eines Antrags	0,00
Kopien	15,00 bis 125,00
Kopien bei hohem Aufwand	30,00 bis 500,00
schriftliche Auskunft plus Abschriften	30,00 bis 250,00
schriftliche Auskunft plus Abschriften, bei hohem Aufwand	60,00 bis 500,00
Kopie DIN A4, in Schwarz-Weiß	0,10
Kopie DIN A3, in Schwarz-Weiß	0,15
Kopie DIN A4, in Farbe	5,00

Information	Kosten (in Euro)
Kopie DIN A3, in Farbe	7,50
abgefilmte Akte, pro Seite	0,25
UIG (Bund)	
Einsichtnahme vor Ort	0,00
einfache mündliche und schriftliche Auskünfte, bei wenigen Kopien	0,00
Ablehnung eines Antrags	0,00
höhere Anzahl Kopien	bis 125,00
höhere Anzahl Kopien, bei hohem Aufwand	bis 500,00
schriftliche Auskunft plus Duplikate	Bis 250,00
Stasi-Unterlagen	
Akteneinsicht (für Journalisten)	76,69
Duplikate mit vorheriger Einsichtnahme (für Journalisten)	38,35
Duplikate ohne vorherige Einsichtnahme (für Journalisten)	76,69
Abgefilmte Akte, pro Seite	0,26
Unterstützung des Bundesbeauftragten für Datenschutz und Informationsfreiheit	0,00

Auskünfte und ihr Kosten (Reich 2008: 34 f. und Eigenrecherche)

9.2 Pflichten und Grenzen der Recherche

Bis hierher war nur von Auskunftsbegehren gegenüber Behörden und Beamten die Rede. Das hat einen einfachen Grund: Anders als Behörden sind private Firmen Journalisten in keiner Weise zur Auskunft verpflichtet. In der Privatwirtschaft sind auch die Firmeninterna eben Privatsache. Das konnte in der Vergangenheit so weit führen, dass besonders kostensensitive und informationsrestriktive Firmen gar nicht erst eine Pressestelle vorhielten. Die Discounterkette Aldi Süd etwa hat erst seit 2007 eine Presse-

249

stelle, bei Aldi Nord gar hat die erste Pressesprecherin im Jahr 2014 die Arbeit aufgenommen (🖰 Amerland 2014)! Für Firmen und Privatpersonen gilt auch nicht der Gleichbehandlungsgrundsatz: Wenn ein Unternehmen eine Pressekonferenz veranstaltet, kann es selbst entscheiden, wen es dazu einlädt und wen nicht.

Die Informationsverweigerung, die Journalisten oftmals aus Wirtschaftsunternehmen, aber zunehmend auch aus Verbänden, Parteien und von Personen des öffentlichen Lebens entgegentritt, verführt manchen Rechercheur dazu, die Informationsfreiheit besonders frei auszulegen und zu versuchen, sich Informationen, die die Gegenseite nicht freiwillig herausrückt, auf andere Art zu beschaffen – also wirklich zu weit zu gehen. Dabei hat sich der recherchierende Journalist allerdings eine Reihe von strafrechtlichen und zivilrechtlichen Konsequenzen zu vergegenwärtigen, um nicht in große und sogar existenzielle Schwierigkeiten zu geraten.

Grenzen der Recherche

Allgemein gilt: Die Recherchefreiheit stößt an ihre Grenzen, wo berechtigte Interessen Einzelner oder der Allgemeinheit der Informationsbeschaffung entgegenstehen (Branahl 2009: 15). Hier muss jedes Mal zwischen dem Grundrecht auf Informations- und Pressefreiheit und unter Umständen höherwertigen anderweitigen Rechten Dritter abgewogen werden. So dürfen Journalisten z. B. polizeiliche Absperrungen nicht überschreiten, wenn damit Spuren einer Straftat oder eines Unfalls gesichert werden oder der Zugang für Rettungsdienste freigehalten werden sollen.

Strafrechtliche Konsequenzen

Einer der gravierendsten Eingriffe, den ein Journalist auf der Suche nach Informationen begehen kann, ist der Hausfriedensbruch. Nach § 123 Strafgesetzbuch (StGB) macht sich strafbar, wer in die Wohnung, in die Geschäftsräume oder in das »befriedete Besitztum« (also z. B. den Garten) eines anderen eindringt oder wer sich, wenn er unbefugt darin verweilt, auch auf Aufforderung nicht entfernt. Auch Bildaufnahmen dürfen auf diese Weise nicht hergestellt werden. Nach § 201a StGB verletzt ein Journalist den höchstpersönlichen Lebensbereich einer Person, wenn er Fotos oder Videos von ihr in der Wohnung oder in einem gegen Einblicke besonders geschützten Raum anfertigt, besonders wenn dabei die Intimsphäre verletzt wird. Zur Intimsphäre zählt unstreitig alles, was mit Krankheit, Tod, Sexualität und Nacktheit zu tun hat. Auf diese Weise entstandene Aufnahmen dürfen auch nicht verbreitet werden (Solmecke 2014: 1). Interessante Urteile hierzu fällten allerdings mehrere Oberlandesgerichte. Tierschützer der Organisation Animal Rights Watch waren z. B. in »Freddy's Hühnerhof« eingedrungen, um durch Film- und Fotoaufnahmen die Bedingungen der Massentierhaltung zu dokumentieren und öffentlich zu machen. Die Richter urteilten jedoch, dass Filmmaterial, mit dem tierschutzwidrige Zustände dokumentiert werden, nicht schon deshalb unzulässig oder unverwertbar ist, weil es auf rechtswidrige Weise (z. B. durch Hausfriedensbruch oder Verletzung vertraglicher Treuepflichten) erstellt wurde (z. B. OLG Hamm OLGR 2004: 345; ⌂ Albert Schweitzer-Stiftung 2010).

Heftig umstritten sind auch die Fotoaufnahmen, die ein Mitarbeiter der Zeitung DIE HARKE im Februar 2014 bei der Durchsuchung der Wohnung des ehemaligen Bundestagsabgeordneten Sebastian Edathy angefertigt hat. Edathy war in den Verdacht geraten, kinderpornografisches Material gekauft zu haben. Der Reporter der Nienburger Regionalzeitung DIE HARKE hatte von der Durchsuchung Wind bekommen, hatte das Grundstück von Edathy betreten, kletterte auf eine Balustrade und fotografierte durch ein Fenster in die Wohnung. Der verdächtige Edathy selbst war auf den Aufnahmen nicht zu sehen, sondern nur ein Ermittler von hinten sowie das Interieur samt einiger Männerakte an den Wänden. Der Deutsche Journalisten-Verband hält das Vorgehen des Reporters für rechtens. Bei einer Person, die als Politiker ständig im »politischen Meinungskampf« stehe, sei das öffentliche Informationsinteresse gegeben und eine Berichterstattung geboten. Auch die Persönlichkeitsrechte Edathys seien nicht verletzt worden, da er selbst ja auf den Fotos gar nicht erscheine und Sachen keine Bildrechte hätten (⌂ Hirschler 2014). Hiergegen wurden gewichtige Einwände erhoben: Zwar gebe es die sogenannte Panoramafreiheit. Nach § 59 Urheberrechtsgesetz dürfen Häuser und Wohnungen aus der Passantenperspektive von öffentlichem Straßenland aus fotografiert werden. Doch habe der HARKE-Reporter dieses Recht weit überschritten, indem er ins Grundstück eingedrungen sei (Hausfriedensbruch) und von erhöhtem Standpunkt aus in die Wohnung geknipst hätte. Dass auf den Fotos der Durchsuchung Männerakte zu sehen gewesen seien, könne zur Vorverurteilung Edathys beitragen und sei deswegen nicht rechtens (⌂ Rheker 2014). Ähnliche Vorwürfe wurden auch gegen die Firma GOOGLE erhoben, als sie für ihren neuen Dienst GOOGLE STREETVIEW mit Kameraautos durch Deutschland kurvte und mit den (erhöhten) Kameras in Vorgärten und Erdgeschosswohnungen fotografierte, die normalerweise vom Straßenrand aus gar nicht einsehbar gewesen wären.

Drohnenjournalismus

Drohnen, die auch UAV (Unpiloted Aerial Vehicles) oder AUS (Unmanned Aircraft Systems) genannt werden, sind unbemannte Luftfahrzeuge. Zu unrühmlicher Bekanntheit sind sie gekommen, weil sie im Afghanistankrieg vom US-amerikanischen Militär für Mordanschläge benutzt wurden. Eine zivile Nutzung allerdings gibt es im Journalismus. An fernlenkbaren Quadro- oder Oktokoptern lassen sich heute recht einfach Action Cams oder kleine HD-Cams anbringen, um auf diese Weise kostengünstig Luftaufnahmen anzufertigen. Auch in der journalistischen Recherche kann das ein nützliches Werkzeug sein. Anfang 2012 schickten beispielsweise Reporter der australischen TV-Sendung »60 Minutes« eine Kameradrohne über ein Flüchtlingslager auf Christmas Island, weil ihnen zuvor der Zutritt verwehrt worden war. Grundsätzlich gibt es Gerichtsurteile, denenzufolge Luftaufnahmen von »gewöhnlichen«, nicht architektur-/ urheberrechtlich besonderen Häusern zulässig seien, solange keine besonderen persönlichen Gegenstände zu sehen seien. Allerdings muss man sich in Deutschland seit einer Änderung des Luftverkehrsgesetzes im Jahr 2012 den Einsatz eines Cam-Kopters behördlich genehmigen lassen. In einigen Bundesländern wird diese Genehmigung für bis zu zwei Jahre erteilt. In Stadtstaaten wie Berlin allerdings muss man sich jeden Flug einzeln genehmigen lassen, innerhalb des S-Bahn-Rings ist gar eine Sondererlaubnis notwendig und innerhalb der Bannmeile der Einsatz gänzlich untersagt (vgl. ⌁ Krempl 2014).

In Schwierigkeiten können Journalisten auch durch den 2007 ins Strafgesetzbuch aufgenommenen Straftatbestand der »Nachstellung« bekommen (§ 238 StGB). Das als »Stalking« bekannt gewordene Delikt war eigentlich ins Gesetz aufgenommen worden, um Frauen vor ihren zudringlichen Ex-Ehemännern oder Prominente vor durchgeknallten Fans zu schützen. Aber auch Journalisten können sich seit der Strafrechtsnovellierung von 2007 nicht mehr problemlos der Person annähern, an der sie interessiert sind. Eine zu dichte, wiederholte Annäherung, die in den persönlichen Lebensbereich eingreift und die »Handlungs- und Entschließungsfreiheit des Betroffenen beeinträchtigen«, kann strafrechtliche Konsequenzen nach sich ziehen. Unter einer Annäherung im Sinne des Gesetzes sind auch bloße physische Annäherungen zu verstehen oder der Versuch, mit dem Betroffenen z. B. via E-Mail in Kontakt zu treten. Geklärt ist jedoch bis heute nicht, inwieweit Journalisten durch ihre gesonderte Stellung in der Gesellschaft und im Lichte des Art. 5 Abs. 1 Satz 2 GG möglicherweise befugt sind, derartige Maßnahmen vorzunehmen (Solmecke 2014: 1). Da fühlte sich etwa ein Berliner Jurist von einem Blogger belästigt, und zwar durch eine E-Mail, eine Weihnachtskarte und Veröffentlichungen auf einer Website, die sich kritisch mit der Arbeit von Gerichten und Anwälten im Presserecht auseinandersetzt. Der Jurist verlangte nicht nur ein Kontaktverbot, sondern buchstäblich einen Maulkorb: Dem Blogger sollte verboten werden, weiter kritisch zu berichten. Tatsächlich erreichte er eine einstweilige Verfügung beim Landgericht Berlin. Dem Blogger wurde untersagt, sich dem Anwalt bis auf weniger als 50 Meter zu nähern, in irgendeiner Form Kontakt zu ihm aufzunehmen und »unzutreffende Behauptungen« auf Webseiten kundzutun. Im Hauptverfahren kippte dann aber das Amtsgericht Charlottenburg die Verfügung. Meinte das Landgericht noch, auch durch Veröffentlichungen könne man jemandem nachstellen, beschied das Amtsgericht: Belästigende Kommunikation müsse sich direkt an den Verfolgten richten. Veröffentlichungen, und seien sie noch so kritisch, richteten sich aber an die Allgemeinheit. Weihnachtskarte und E-Mail aber seien im konkreten Fall nicht als hartnäckige Belästigung zu bewerten. Eine Berufung war aus formalen Gründen erfolglos (⌁ MEDIUM MAGAZIN 2010).

Journalisten müssen selbstverständlich bei ihren Recherchen das Briefgeheimnis nach § 202 StGB wahren.

Relevanter ist jedoch womöglich das 2007 ins Strafrecht aufgenommene Verbot des Ausspähens von Daten (§ 202 a StGB). Das Informationsinteresse des Journalisten berechtigt diesen nicht, in geschützte Datenverarbeitungssysteme einzubrechen, also etwa ein Firmennetzwerk zu hacken. Er darf allerdings die rechtswidrig gewonnenen Dateien durch Dritte nutzen. Ein Veröffentlichungsverbot ist jedoch auch dann noch denkbar, wenn durch die Veröffentlichung Persönlichkeitsrechte verletzt werden.

Verdeckte Recherchen

Verdeckte Recherchen sind, entgegen einem auch unter Journalisten weitverbreiteten Vorurteil, gesetzlich nicht verboten. Es gibt keine gesetzliche Regelung, die es jemandem gebieten würde, sich immer und überall mit seinem Klarnamen zu erkennen zu geben (das gilt übrigens auch in sozia-

253

len Netzwerken wie FACEBOOK). Berührt sind hier eher ethische als juristische Fragen. Der Pressekodex des deutschen Presserats etwa schreibt in seinen Richtlinien:

> »Journalisten geben sich grundsätzlich zu erkennen. Unwahre Angaben des recherchierenden Journalisten über seine Identität und darüber, welches Organ er vertritt, sind grundsätzlich mit dem Ansehen und der Funktion der Presse nicht vereinbar« (Pressekodex, Ziffer 4, Richtlinie 4.1).

Es gibt allerdings Storys, die anders als verdeckt praktisch nicht zu recherchieren sind: Dazu zählen Geschichten aus dem kriminellen Milieu ebenso wie Recherchen über die Machenschaften von Wirtschaftsunternehmen, die sich als hartnäckige Informationsverweigerer herausstellen. Die Industriereportagen eines Günter Wallraff oder die Rollenrecherchen eines Gerhard Kromschröder, der sich in den 1980er-Jahren in die Nazi-Szene eingeschlichen hat oder mit rechten Rockern durch die Lande fuhr, zählen zu den Glanzstücken des deutschen Journalismus. Darum gesteht auch der Presserat zu, dass »verdeckte Recherche im Einzelfall gerechtfertigt« seien, wenn damit Informationen von besonderem öffentlichen Interesse beschafft werden, die »auf andere Weise nicht zugänglich« seien (ebd.). Allerdings kann auch bei erlaubten und manchmal gebotenen verdeckten Recherchen der Journalist in einen juristischen Graubereich geraten, der ihn im Zweifel in Konflikt mit dem Strafgesetzbuch führt:

- Die Herstellung und Benutzung einer gefälschten Urkunde ist strafbar (§ 267 StGB). Das gilt aber nur für amtliche Dokumente: Sich mit einem gefälschten Personalausweis in eine Firma einzuschleichen, ist eine Straftat, sich dagegen Visitenkarten mit falschem Namen machen zu lassen nicht.
- Hausfriedensbruch kann auch vorliegen, wenn sich ein Journalist durch Täuschung Zugang zu einer Privatwohnung verschafft (§ 123 StGB).
- Journalisten dürfen sich auch im Zuge ihrer (verdeckten) Recherchen nicht an Straftaten beteiligen. Ebenso wenig dürfen sie andere zu Straftaten anstiften (§ 26 StGB) oder sie gar dabei unterstützen (»Beihilfe«, § 27 StGB). Kamerateams dürfen z. B. gewaltbereite Demonstranten nicht auffordern, mit Pflastersteinen zu werfen, um dies ins Bild zu rücken.

 Journalisten haben keine Rechtspflicht, strafbares Verhalten eines Informanten anzuzeigen.

254

Zur Anzeige sind Journalisten nur verpflichtet, wenn die Ausführung einer schweren Straftat durch die Anzeige noch verhindert werden kann. Straftaten, die angezeigt werden müssen, sind die Vorbereitung eines Angriffskrieges oder Völkermordes, Mord und Totschlag, Menschenraub, Raub und räuberische Erpressung, gemeingefährliche Verbrechen wie Brandstiftung oder das Herbeiführen von Sprengstoffexplosionen sowie Geldfälschung (Branahl 2009: 60).

Marienhof-Skandal

Die ARD hat garantierte Einnahmen in Milliardenhöhe. Gleichzeitig nimmt sie zusätzlich im Vorabendprogramm Geld durch Werbung ein. In dieser Zeitschiene laufen Serien wie »Marienhof«. Doch die Werbeerlöse reichten offenbar nicht aus: Über Jahre konnten Interessenten über eine Münchener Unternehmensberatung Schleichwerbung im Marienhof kaufen. Nach einem Tipp war Volker Lilienthal von EPD MEDIEN mittels einer verdeckten Recherche dem Skandal auf die Spur gekommen. Lilienthal täuschte vor, Managementberater zu sein, der für einen Kunden »innovative Werbeformen« suchte. Die Schleichwerbeagentur spielte bei einem persönlichen Treffen denn auch direkt Videobeispiele aus Marienhof vor und behauptete sogar, auch Product-Placement in den ARD-»Tagesthemen« lancieren zu können. Der Journalist sichtete anschließend 500 Folgen Marienhof und entdeckte Szenen, die wie Verkaufsgespräche für Badelotionen, Patenschaften für Kinder in Entwicklungsländern und für Teppichböden anmuten. Besonders auffällig das Reisebüro mit dem ovalen, pinken Logo samt Palmen: »Das erinnerte fatal an das Corporate Design von L'TUR.«
Die Gegenseite war derweil nicht untätig und ließ Lilienthal per einstweiliger Verfügung verbieten, die Rechercheergebnisse zu verwenden. Erst in zweiter Instanz gewann der Journalist: Das Oberlandesgericht München stellte fest, dass selbst ein heimlich aufgenommenes Video veröffentlicht werden dürfe, da ein öffentliches Interesse bestehe, den Skandal aufzuklären. Product-Placement gab es nicht nur im Marienhof, sondern auch in der ARD-Serie »In Aller Freundschaft« sowie in der ZDF-Serie »Sabine«. Nicht nur Logos und Symbole der Werbekunden wurden ins Bild gerückt, es wurden sogar die Drehbücher umgeschrieben, sogenanntes Verbal Placement, um die Kunden auch wortwörtlich zu bewerben. Einer der Schauspieler meldete sich darum nach der Veröffentlichung bei Lilienthal: »Gut, dass Sie das publiziert haben, jetzt wissen wir endlich, warum wir all die Jahre diese blödsinnigen Dialoge sprechen mussten« (Bons 2009: 108 ff.).

Ein besonders schützenswertes Gut ist die Vertraulichkeit des Wortes. Ein Journalist darf nicht heimlich im nicht-öffentlichen Raum getätigte Äußerungen aufnehmen und anschließend veröffentlichen oder Dritten zugänglich machen (§ 201 StGB). Strafbar ist in diesem Zusammenhang auch, Telefongespräche mitzuschneiden oder abzuhören. Das ist auch der Grund, warum in vielen Fernsehbeiträgen die O-Töne von Antagonisten nachträglich sinngemäß von Rundfunksprechern nachgesprochen werden. Die Vertraulichkeit des Wortes wird rechtlich auch deutlich höher bewertet als ein Bild. Nach § 22 des Kunsturhebergesetzes (KUG) dürfen Fotos nur mit Einwilligung des Abgebildeten veröffentlicht werden. Die Fotoaufnahme selbst kann der Abgebildete aber erst einmal nicht verhindern. Beim gesprochenen Wort dagegen ist schon die Aufnahme selbst verboten und strafbar. Journalisten sollten also auch keine Bänder oder digitalen Medien mit heimlich aufgenommenen Gesprächen in ihren Büros oder zuhause aufheben.

Zivilrechtliche Konsequenzen

Zivilrechtliche Verstöße, also solche gegen die Bestimmungen des Bürgerlichen Gesetzbuches (BGB), sind zwar nicht strafbewehrt, können aber dennoch teuer werden, weil unter Umständen die Gegenseite Ansprüche auf Schadenersatz hat oder der Streitwert so hoch bemessen ist, dass bereits die Kosten des Gerichtsverfahrens eine erhebliche finanzielle Belastung darstellen. Beispielsweise ist eine Tonaufnahme im öffentlichen Raum zwar nicht strafbar, aber man benötigt dennoch die Einwilligung des Sprechenden.

Auch Verletzungen des allgemeinen Persönlichkeitsrechts durch Journalisten sind in der Regel nicht gerechtfertigt. Zum Beispiel darf ein Journalist nicht ein Grundstück planmäßig beobachten und überwachen. Dies beeinträchtigt nämlich in zu hohem Maße das Recht auf informationelle Selbstbestimmung des Betroffenen. In wenigen Ausnahmefällen kann eine solche Maßnahme jedoch durch ein außergewöhnlich hohes Informationsinteresse gerechtfertigt sein.

Zivilrechtlich problematisch ist die Geltung von Verträgen, die ein Journalist etwa bei der einer verdeckten Recherche geschlossen hat. Wenn sich also ein Journalist als Mitarbeiter einstellen lässt, um an Informationen über die betreffende Firma zu kommen, handelt es sich um eine Täuschung. Da Täuschung sittenwidrig ist, kann der Arbeitgeber das Arbeitsverhältnis anfechten.

Auch die Veröffentlichung falscher Tatsachenbehauptungen kann erhebliche zivilrechtliche Folgen haben. Kommt nämlich durch die Veröffentlichung jemand zu Schaden, ist der Journalist beziehungsweise sein Medium nicht nur zur Berichtigung verpflichtet, sondern auch schadenersatzpflichtig. Das teuerste Interview aller Zeiten war entsprechend das, das der ehemalige Deutsche-Bank-Chef Rolf Breuer der Nachrichtenagentur BLOOMBERG gegeben hatte. Dort hatte der Banker anno 2002 über den Konzern von Medienmogul Leo Kirch gesagt: »Was alles man darüber lesen und hören kann, ist ja, dass der Finanzsektor nicht bereit ist, auf unveränderter Basis noch weitere Fremd- oder gar Eigenmittel zur Verfügung zu stellen«. Kurz darauf ging Kirchs Unternehmen Pleite. Da es sich um eine wörtliche Äußerung in einem Interview handelte, verklagten die Kirch-Erben die Deutsche Bank und nicht den Sender und erhielten 2014 eine Entschädigung von mehr als 775 Millionen Euro. Der Fernsehsender BLOOMBERG hatte Glück, dass es sich um ein Gespräch und nicht um einen redaktionellen Beitrag handelte. Merke: Fragen kostet nichts. Antworten schon.

9.3   Journalistische Sorgfaltspflicht

Journalisten haben nicht nur die Pflicht, bei ihren Recherchen Straftaten zu meiden und andere nicht zu schädigen. Sie sind auch explizit nach den Landespressegesetzen zur journalistischen Sorgfalt verpflichtet:

> »Die Presse hat alle Nachrichten vor ihrer Verbreitung mit der nach den Umständen gebotenen Sorgfalt auf Inhalt, Herkunft und Wahrheit zu prüfen. Die Verpflichtung, Druckwerke von strafbarem Inhalt freizuhalten (§ 21 Abs. 2), bleibt unberührt« (§ 6 LPG NRW).

Diese gesetzliche Sorgfaltspflicht enthält einen für Journalisten unschätzbaren Vorteil: Kann er nämlich nachweisen, dass er sorgfältig recherchiert hat, entgeht er einem Schuldvorwurf, kann also nicht mehr wegen der Verbreitung falscher Tatsachenbehauptungen belangt werden. Was heißt aber »Sorgfalt« im Sinne des Gesetzes?

Hier ist zwischen Eigenberichten über selbst recherchierte Vorfälle einerseits und Meldungen, die sich auf seriöse Quellen stützen, andererseits zu unterscheiden. Wenn es sich um Eigenberichte handelt, muss der Journalist *alle verfügbaren Quellen* ausschöpfen, um sich Gewissheit über

257

seine Behauptungen zu verschaffen. Das häufig kolportierte »Zwei-Quellen-Prinzip« ist also im juristischen Sinne nicht ausreichend. Zur Ausschöpfung aller Quellen zählt auch die *Rückfrage beim Betroffenen*. Von dieser Pflicht ist der Journalist nur entbunden, wenn ein Informationsinteresse der Öffentlichkeit an einer sofortigen Verbreitung der Meldung besteht, das dem Schutzinteresse des Betroffenen vorgeht, oder die Rückfrage beim Betroffenen der Redaktion nicht zugemutet werden kann (Branahl 2009: 64). Wenn beispielsweise ein Journalist ein massives Fehlverhalten eines Ministerpräsidenten kurz vor den Landtagswahlen recherchiert wie einst DER SPIEGEL im Falle Uwe Barschels im »Waterkantgate«, dann darf auch ohne Rückfrage publiziert werden.

 Ohne weitere Recherchen dürfen Medien Inhalte verbreiten, wenn sie aus anerkannten seriösen Quellen stammen.

Zu diesen privilegierten Quellen zählen die renommierten Presseagenturen wie DPA, REUTERS oder AP, aber auch die Pressemitteilungen von Behörden, Parlamenten, Gerichten oder Staatsanwaltschaften.

Besonders große Sorgfalt ist an den Tag zu legen, wenn ein Journalist Verdächtigungen ausspricht. *Verdachtsberichterstattung* ist häufig die Abwesenheit von Recherchejournalismus, denn es wird nicht über Tatsachen berichtet, die zuvor sorgfältig recherchiert wurden, sondern es werden Vermutungen geäußert oder zitiert. Das kann zu Story-basierter Recherche ohne Story führen: Veröffentlicht wird eine Hypothese, keine Recherche. Dennoch kann ein großes öffentliches Interesse daran bestehen, im Besonderen natürlich bei der Berichterstattung über Strafverfahren. Wichtig ist hierbei, nicht völlig ungeprüft Behauptungen zu übernehmen, auch und gerade nicht solche der Staatsanwaltschaft, um sich nicht zum Erfüllungsgehilfen der Strafverfolgungsbehörden zu machen. Die Gefahr besteht einerseits in einer öffentlichen medialen Vorverurteilung, andererseits aber möglicherweise auch einer »Vorfreisprechung«. Beides kann erheblichen Einfluss auf den Ausgang von juristischen Verfahren haben. So finden sich häufig in Prozessakten Ausschnitte aus der Presseberichterstattung, auf die dann Gerichte und Staatsanwaltschaften ihre Anklage- und Spruchpraxis gründen (Hamm 2003: 26 f.). Zu einer Vorverurteilung durch die Medien kann es schon durch den typischen und häufig schlampigen Gebrauch juristischer Termini in der journalistischen Berichterstattung kommen. Wenn ein Beschuldigter im oft unsäglichen TAGESSCHAU-Idiom als »mutmaßlicher Terrorist« bezeichnet wird, dann wird er unter der überwiegenden Zahl der Zuschauer einfach als »Terrorist« gelten, während das in der

Alltagssprache ungebräuchliche Wort »mutmaßlich« unter den Tisch fällt oder falsch verstanden wird. Die weltgrößte Nachrichtenagentur REUTERS verzichtet z. B. schon seit den 1960er-Jahren auf den Begriff »Terrorist«, da er nicht objektiv und unabhängig zu gebrauchen sei (Beermann 2004: 124 f.). Auch andere juristische Begriffe werden im Journalismus häufig sinnenstellend verwendet und tragen so nicht zur Information, sondern zu Desinformation der Öffentlichkeit bei:

> »Es fällt schon auf, welche Fehler bei der Verwendung von Fachbegriffen in Berichten über rechtlich relevante Sachverhalte »durchgehen«. Ein Fußballreporter, der ›Abseits‹ mit ›Eckball‹ verwechseln würde, wäre am nächsten Tag entlassen. Aber die Verwechslung von ›Strafbefehl‹ und ›Haftbefehl‹, von ›Revision‹ und ›Berufung‹ oder von ›angeklagt‹ und ›beschuldigt‹ bleibt offenbar folgenlos« (Hamm 2003: 19).

Die gesetzliche Unschuldsvermutung gilt zwar erst einmal nur vor Gericht und ist für die journalistische Berichterstattung nicht dekretiert. Allerdings sieht auch der Pressekodex vor, dass journalistische Berichterstattung frei von Vorurteilen geschieht und die Unschuldsvermutung beachtet wird (Pressekodex Ziffer 13, Richtlinie 13.1).

Checkliste: Verdachtsberichterstattung

- Es sollte ein besonders großes *öffentliches Interesse* bestehen, beispielsweise weil es um ein besonderes schweres Delikt oder eine Person des Zeitgeschehens involviert ist.
- *Identifizierung* sollte vermieden werden, besonders wenn sie keine Relevanz haben: Wird ein Unternehmen verdächtigt, sollte nicht ein konkreter Mitarbeiter benannt werden. Kinder und Jugendliche dürfen praktisch nie mit Namen und Bild erwähnt werden.
- Ein Verdacht sollte nie aufgrund von »Hörensagen« geäußert werden, sondern auf *Eigenrecherche* beruhen. Insbesondere sollte die (Ermittlungs-)Behörde angerufen werden und der Betroffene gehört werden.
- Es müssen auch die *entlastenden Argumente* erwogen werden.
- Es darf nicht durch *suggestive Titel oder Formulierungen* der Eindruck erweckt werden, ein Betroffener sei schuldig und nur die Tatumstände seien noch zu klären.
- Wenn sich ein Verdacht als unbegründet herausstellt, sollte die *Berichterstattung korrigiert* werden. Das gilt auch fürs Archiv und Onlinedatenbanken der veröffentlichten Beiträge.

- Ein *Disclaimer* kann möglicherweise helfen, wenn aufgrund der Aktualität nicht alle Umstände recherchiert werden können. Man kann z. B. anfügen: »Wir weisen darauf hin, dass im Ermittlungsverfahren die Unschuldsvermutung gilt und die Eröffnung eines Verfahrens nicht bedeutet, dass der (strafrechtliche) Vorwurf tatsächlich zutrifft« (👆 Schwenke 2013).

Kommt es trotz sorgfältiger Recherche zu einem Rechtsstreit, ist der Journalist in der Pflicht, seine Sorgfalt auch zu beweisen. Daraus ergibt sich, wenn nicht die Pflicht, dann doch die dringende Notwendigkeit, ein *Rechercheprotokoll* zu führen (s. o.). Ein großes Problem kann der Informantenschutz beim Nachweis sorgfältiger Recherche darstellen. Die Informationen einer solchen Quelle fallen vor Gericht praktisch aus, wenn ihre Identität geheim bleiben muss. War eine zweite Person beim Gespräch mit dem Informanten zugegen, könnte diese als Zeuge fungieren und die Inhalte bestätigen. Allerdings könnte es sich dabei um einen schwachen Zeugen handeln, wenn das Gericht nicht in der Lage ist, sich selbst von der Glaubwürdigkeit des Informanten zu überzeugen.

9.4 Zeugnisverweigerungsrecht

Journalisten haben nicht nur besondere Rechte bei der Gewinnung von Informationen und besondere Pflichten im Umgang mit diesen Informationen. Sie haben auch das Recht, ihre Recherchen und ihre Informanten zu schützen. Anders wäre an viele Informationen gar nicht heranzukommen, da Privatunternehmen keine Auskunftspflicht gegenüber den Medien haben und Journalisten häufig nur über Informanten auf dem Laufenden gehalten werden können. Während jeder Staatsbürger verpflichtet ist, der Ladung eines Gerichts, einer Staatsanwaltschaft oder eines parlamentarischen Untersuchungsausschusses zu folgen und eine Aussage zu machen, sind die Träger des Redaktionsgeheimnisses davon entbunden. Sie haben, ähnlich wie Ärzte, Geistliche, Rechtsanwälte oder Beamte, ein *Zeugnisverweigerungsrecht* (§ 53 StPO).

 Vor Gericht müssen Journalisten weder Auskünfte zur Person eines Informanten geben, noch zum Inhalt der konkreten Informationen etwas sagen.

Die Auskünfte zur Person des Informanten beziehen sich nicht nur auf den Namen, sondern auch auf alle sonstigen Angaben, die zu seiner Ermittlung führen könnten (vgl. hierzu und zum folgenden Branahl 2009: 41 f.). Geschützt sind aber nur Informanten, die Informationen für den redaktionellen Teil einer Publikation liefern. Das sogenannte *Chiffre-Geheimnis*, also die Anonymität von Anzeigenkunden, ist vom Zeugnisverweigerungsrecht nicht betroffen. Schon Aussagen darüber, ob ein Journalist überhaupt Informationen erhalten hat, muss er vor Gericht nicht tätigen.

Informantenschutz

Zu den geschützten Informanten zählen:
- die Verfasser von Beiträgen für den redaktionellen Teil einer Publikation oder von Unterlagen für die Erstellung solcher Beiträge,
- die Einsender fremder Beiträge oder Unterlagen,
- Gewährsleute, also Informanten, die nicht schon ausformulierte Beiträge, aber das »Rohmaterial« dafür bieten.

Es wird bei der Person des Informanten juristisch nicht zwischen Außenstehenden und Redaktionsmitgliedern unterschieden. Auch der Redakteur oder freie Mitarbeiter als anonymer Verfasser eines redaktionellen Beitrags kann also wie ein Informant geschützt werden und muss nicht preisgegeben werden.

Strafverfolgungsbehörden sind zwar verpflichtet, Gegenstände, die als Beweismittel in einem Strafverfahren dienen können, sicherzustellen. Handelt es sich aber um Schriftstücke, Ton-, Bild- oder Datenträger, die unter das publizistische Zeugnisverweigerungsrecht fallen, ist die Beschlagnahme nach § 97 Absatz 5 der Strafprozessordnung (StPO) unzulässig. Selbstrecherchiertes Material, das der Aufklärung eines Verbrechens, bestimmter Staatsschutzdelikte, Straftaten gegen die sexuelle Selbstbestimmung oder Geldwäsche dient, unterliegt nicht dem Beschlagnahmeverbot. Es muss aber ein konkreter Tatverdacht vorliegen und der Grundsatz der Verhältnismäßigkeit gewahrt bleiben. Das Beschlagnahmerecht gilt auch dann nicht, wenn der Journalist im Verdacht steht, in die Straftat verstrickt zu sein, und zwar in Form der Beteiligung an der Straftat, der Begünstigung oder der Hehlerei. Beispielsweise ist das Bekennerschreiben einer terroristischen Vereinigung durch eine Straftat hervorgebracht und unterliegt darum nicht dem Beschlagnahmeverbot.

Die Cicero-Affäre

Wenn man sich mit dem »gefährlichsten Mann der Welt« beschäftigt, darf man sich vielleicht nicht wundern, wenn es Ärger gibt. In der April-Ausgabe des Magazins CICERO war im Jahr 2005 ein Artikel über den jordanischen Terroristen Abu Musab az-Zarqawi unter eben jener Überschrift zu lesen. Die Recherche basierte unter anderem auf einem Auswertungsbericht des Bundeskriminalamts (BKA), der mit »VS vertraulich« gekennzeichnet war. »VS« steht für »Verschlusssache«. Fünf Monate später durchsuchten Beamte der Staatsanwaltschaft Potsdam, des brandenburgischen Landeskriminalamts sowie des BKA die CICERO-Redaktionsräume und die Wohn- und Arbeitsräume des Autors jenes Artikels und beschlagnahmten Recherchematerial. Dem Autor sowie dem CICERO-Chefredakteur wurden Beihilfe zum Geheimnisverrat vorgeworfen. Mit der Durchsuchung, die vom damaligen Bundesinnenminister Otto Schily (SPD) ausdrücklich gebilligt worden sein soll, wollten die Ermittler hauptsächlich die undichte Stelle im BKA ausfindig machen. CICERO klagte gegen diese Maßnahmen durch alle Instanzen und landete schließlich vor dem Bundesverfassungsgericht. Das entschied im Februar 2007, dass sowohl die Durchsuchung wie auch die Beschlagnahme ein Verstoß gegen die Pressefreiheit und damit verfassungswidrig gewesen seien. Die Durchsuchung habe nämlich gar nicht dem Nachweis der Beihilfe zum Geheimnisverrat gedient, sondern ausschließlich der Aufdeckung einer undichten Stelle im BKA. Der einzige Hinweis auf den Geheimnisverrat sei nämlich die Veröffentlichung im Magazin CICERO gewesen, »diese aber war bekannt und bedurfte als solche keiner weiteren Ermittlung«. Für die Beibringung des mutmaßlichen Informanten könne die Redaktion sich aber auf den Informantenschutz berufen (AZ: 1 BVR 538/06 – NJW 2007, 1117).

Im Nachgang zum CICERO-Urteil hat der Deutsche Bundestag mit dem »Gesetz zur Stärkung der Pressefreiheit« vom 25. Juni 2012 den § 353 b des Strafgesetzbuchs dahingehend geändert, dass Journalisten künftig nicht mehr wegen »Beihilfe zum Geheimnisverrat« strafrechtlich verfolgt werden können. Journalistenverbände sehen die Gesetzesänderung dennoch kritisch, da weitergehende Vorschläge, nämlich Journalisten ähnlich wie Rechtsanwälte, Geistliche oder Abgeordnete als Träger von Berufsgeheimnissen anzuerkennen, nicht realisiert wurden (⌁ Haß 2012).

Literatur & Links

Ein Standardwerk zu allen juristischen Fragen, die Journalisten sich stellen können, ist:
⌐ Udo Branahl (2009): *Medienrecht. Eine Einführung.* 6., überarb. Aufl. Wiesbaden.

Einen etwas journalistischeren Blick auf die juristischen Belange von Journalisten werden R. Gerhardt und E. Steffen, auch wenn das Werk nicht mehr taufrisch ist:
Rudolf Gerhardt/Erich Steffen (1996): *Kleiner Knigge des Presserechts. Wie weit Journalisten zu weit gehen dürfen.* Frankfurt/Main.

Zu guter Letzt

Das »Project Censored«, das an der sozialwissenschaftlichen Fakultät der Sonoma State University in Kalifornien betreut wird, beobachtet alternative und unabhängige Medien und wählt jedes Jahr eine Liste mit 25 Nachrichten, die weitgehend »übersehen« wurden, über die nur unzureichend berichtet wurde oder die einer »Selbstzensur« durch die Hauptnachrichtensender unterlagen. Motto: »The news that didn't make the news« (www.projectcensored.org).

In Deutschland verfolgt die »Initiative Nachrichtenaufklärung« ähnliche Ziele und veröffentlicht jedes Jahr eine Liste mit den zehn am meisten unterdrückten Nachrichten in deutschen Medien (www.nachrichtenaufklaerung.de).

10 Ein Rechercheblick nach vorn

Was man in diesem Kapitel lernt

Was das Rollenverständnis von recherchierenden Journalisten ist + wie man journalistische Qualität herstellen kann + woran Recherchen scheitern + wie eine Recherche-Ethik aussehen könnte + was Recherchekultur ist

10.1 Das Waterloo der deutschen Presse

Die Sächsische Schweiz ist berühmt für ihre atemberaubende Landschaft, ihre lieblichen Städtchen und ihre spektakulären Naturdenkmäler. Eines dieser Städtchen geriet allerdings im Jahr 2000 heftig ins Gerede und löste einen weltweiten Medienskandal aus, der im Nachhinein nur als Skandal der Medien bezeichnet werden kann. Jürgen Busche, damaliger Chefredakteur der BADISCHEN ZEITUNG, bezeichnete Sebnitz gar »als das Waterloo der deutschen Presse« (BADISCHE ZEITUNG vom 01.12.2000). Was war geschehen?

Am 13. Juni 1997 ertrinkt der sechsjährige Joseph Kantelberg-Abdullah, Sohn einer deutschen Mutter und eines irakischen Vaters, im Sebnitzer Freibad. Angeregt durch ein kriminologisches Gutachten und Behauptungen der Mutter des Jungen stößt drei Jahre später die BILD auf den Fall und hievt ihn auf die Titelseite: »Neonazis ertränken Kind«. Im dazugehörigen Beitrag heißt es: »Keiner half. Und eine ganze Stadt hat es totgeschwiegen«. Große Teile der deutschen Medien springen auf den Zug auf, den BILD in Gang gesetzt hat: »Badeunfall erweist sich als rassistischer Mord«, titelt die TAZ. Die SÜDDEUTSCHE schreibt: »Ein Kind, ertränkt wie eine Katze«. Die FRANKFURTER ALLGEMEINE ZEITUNG, die TAGESSCHAU, die SAT.1-Gesprächsrunde »Talk Im Turm« – alle schließen sich der Berichterstattung an. Die Story passte aber auch zu gut ins vorgefasste Bild: Im vorangegangenen Jahr hatte es, wieder, zahlreihe rechtsradikale Übergriffe gegeben. In Düsseldorf war kurz zuvor ein Anschlag auf die Synagoge verübt worden. Und Ostdeutschland galt vor allem in westdeutschen Medien ohnehin als Hort vagabundierender Neonazi-Banden, die »national befreite Zonen« errichteten und Migranten und Andersdenkende schikanierten. Gerade die Sächsische Schweiz mit der Schlägertruppe Skinheads Sächsische Schweiz (SSS) hatte überregional traurige Berühmtheit erlangt. Da mochte man die Geschichte anscheinend einfach glauben.

Glauben heißt allerdings nicht wissen beziehungsweise nicht recherchiert haben. Und so war das, was viele Zeitungen und Sendungen der BILD nachgeplappert hatten, ohne vor Ort gewesen zu sein, sich gründlich die Akten angesehen zu haben oder mit den Betroffenen gesprochen zu haben, vor allem ein Recherche-GAU. Denn wie sich nach drei ärztlichen Gutachten herausstellte, hatte der tragisch verstorbene Junge einen angeborenen Herzfehler, den die traumatisierte Mutter bei ihren Anschuldigungen verschwiegen hatte und der das Kind in Wahrheit im Bad ums Leben gebracht hat. In ihrem Leid hatte die Frau offenbar eine Art »Verfolgungswahn« entwickelt (Koch 2012: 31). Der Medienwissenschaftler Rainer Jogschies hat die Medienverfehlungen im Fall Sebnitz untersucht und kommt zu dem Schluss, dass die Recherchedefizite weiter Teile auch des sogenannten Qualitätsjournalismus mit einem irritierten Rollenverständnis der Journalisten zusammenhängen (Jogschies 2001: 107). Wie sieht der recherchierende Journalist sich eigentlich selbst, worin sieht er seine (gesellschaftliche) Aufgabe? Danach ist in kritischer Perspektive zu fragen. Der Fall Sebnitz kann aber auch als Beispiel für gescheiterte Recherchen herhalten (Monheim 2012: 7). Es wäre zu fragen, ob in Recherchepannen, -fehlern oder ihrem letztendlichen Scheitern Muster zu erkennen sind. Dann nämlich hätten solche Muster durchaus eine prognostische Kraft und könnten für zukünftige Rechercheprojekte eine gewisse Handlungsrelevanz erhalten. Schließlich wirft der Fall Sebnitz die Frage nach der journalistischen oder Recherche-Ethik als Unterfunktion der Medienethik auf. Was darf und was muss ein recherchierender Journalist tun und was sollte er unbedingt vermeiden?

10.2 Rollenbilder von Recherche-Journalisten

Das Forschungsinstitut Trendence hat im Jahr 2012 eine Umfrage unter 10.000 Schülern zu ihren Wunscharbeitgebern angestellt. Beliebtester Arbeitgeber war demnach die Polizei mit 10,6 Prozent der Nennungen, dicht gefolgt von der ProSiebenSat.1 Media AG mit 9,2 Prozent (🖰 Hannen 2012). Das Umfrageergebnis darf als Beleg für die anhaltende Beliebtheit von Medienberufen unter Jugendlichen und Berufsanfängern gelten. Dahinter steckt, auch, ein bestimmtes Rollenverständnis von Medienschaffenden und im engeren Sinne von Journalisten, die gerade in ihrem Wirken vor der Kamera häufig Rollenbilder prägen. Entgegen den Unkenrufen von Berufsprestigeskalen, wie beispielsweise das Institut für Demoskopie Allensbach sie regelmäßig veröffentlicht (⌁ Institut für Demoskopie Allensbach 2013), scheint der Journalistenberuf für Jugendliche und junge Erwachsene nach wie vor »sexy« zu sein. Die Besonderheit am *Rollenbild von Journalisten* ist seine Selbstbezüglichkeit: Journalisten in ihrer Rolle als Publizisten und Medienleute haben einen nicht unerheblichen Einfluss darauf, wie die öffentlich vermittelte Auffassung von ihrem Beruf aussieht. Speziell das gesellschaftliche Role Model von Journalisten hängt also in hohem Maße vom journalistischen *Selbstbild* ab (⌁ Meier/Weichert 2012: 91). Dieses Bild lässt sich in der Art und Weise erkennen, wie Journalisten über Journalisten reden und schreiben, beispielsweise bei ihren häufigen Auftritten in Fernseh-Talkshows. Auch der Medienjournalismus als eigenständiges Ressort spiegelt in starkem Maße dieses Selbstbild wider. Ein Übriges tun die Mediendienste und Watchblogs, die es heute im Internet gibt. Schließlich geben kommunikationswissenschaftliche Befragungen zum Journalistenstand Auskunft über das Selbstverständnis.

Der typische »Talkshow-Journalist«, der nicht nur im deutschen Fernsehen die politischen Gesprächsrunden bevölkert, sondern beispielsweise gerne auch in den US-amerikanischen Sonntagvormittags-Talks auftritt, trägt vielleicht nicht so sehr zur Selbstbeobachtung der Gesellschaft, sondern zur Selbstbespiegelung des Journalistenberufs bei. Danach scheint der typische Journalist ein meinungsstarker und gesellschaftskritischer Akteur, der seine fundierten Äußerungen insbesondere auf journalistischen Recherchen fußen lässt. Doch die empirischen Befunde der Journalismusforschung können dieses Bild nicht bestätigen. Demnach sieht ein überwiegender Teil, nämlich 89 Prozent der deutschen Journalisten seine Hauptaufgabe darin, möglichst neutral zu sein und präzise Informationen zu übermitteln. Acht von zehn Journalisten (79 Prozent) wollen komplexe Sachverhalte vermitteln, und jeweils drei Viertel (74 Prozent) betrachten es als ihre Aufgabe, Informationen möglichst schnell zu vermitteln sowie die Realität so abzubilden, wie sie ist (vgl. hierzu und zum Folgenden ⌁ Behmer u. a. 2011). Dieses Selbstverständnis gilt übrigens auch für Journalisten, die für Ressorts und Medien mit überwiegend unterhaltsamen Inhalten arbeiten. Darüber, dass zur Informationsgewinnung Recherche und eine dazugehörige Methodik vonnöten sind, gibt es keine explizite Selbstreflexion. Im Gegenteil werden typische Recherchemethoden von deutschen Journalisten gerade auch im internationalen Vergleich eher gering geschätzt (vgl. Kap. 3.3). Damit korrespondieren die Zahlen zum kritischen Potenzial des Journalismus: Nur 29 Prozent der befragten Journalisten sehen ihre Aufgabe darin, sich für Benachteiligte einzusetzen. Als *Watchdog*, also als Kontrolleur von Politik, Wirtschaft und Gesellschaft, sehen sich lediglich 24 Prozent. Und gerade mal 14 Prozent der Journalisten haben den Selbstanspruch, die politische Agenda zu beeinflussen.

Man kann durchaus einen Zusammenhang sehen zwischen dem minderausgeprägten kritischen Bewusstsein von Journalisten und der mangelnden Recherchebereitschaft. Recherchejournalismus zu fördern, hieße dann auch, sein kritisches Potenzial nach vorne zu stellen, mit allen Implikationen, die das für Medienhäuser und (öffentlich-rechtliche) Rundfunkanstalten hat, insbesondere in Sachen »innere Pressefreiheit«.

Michael Haller unterscheidet bei der Frage nach journalistischen Rollenbildern die Rollenkompetenz und die Sachkompetenz von Recherchejournalisten. Zur Sachkompetenz zählt dabei nicht nur handwerkliches Know-how und Fachwissen, sondern auch das Wissen um die Bedürfnisse der Kommunikationspartner, also der Leser oder Zuschauer, und um die Anforderungen des betreffenden Mediums.

Checkliste: Sachkompetenz

Journalistische Sachkompetenz bedeutet konkret,

- dass der Journalist vor Beginn einer Recherche die für sein Publikum wichtigsten Fragestellungen erfasst,
- dass er sich in die Lage des vom Thema der Recherche Betroffenen versetzt,
- dass er die für die Medienkommunikation zu komplizierten Exkurse weglässt und
- dass er mit seiner Sprache die Leserschaft zwar fordert, sie aber nicht unter- oder überfordert (Haller 2008: 321).

Zur Rollenkompetenz zählt Haller Neugier, Skepsis, Selbstkritik, Unabhängigkeit von Interessen und Distanz. Es liegt auf der Hand, dass Recherchen schwierig werden oder sogar scheitern können, wenn diese Kompetenzen nicht vorhanden sind oder miteinander in Konflikt geraten. Und damit sind wir beim nächsten Thema, nämlich dem Scheitern von Recherchen.

10.3 Woran Recherchen scheitern

Recherche kann »als Grundlage journalistischer Qualität« angesehen werden (Welker 2012: 45). Der Qualitätsbegriff, wie er in der deutschen Journalistik spätestens seit den 1980er-Jahren diskutiert wird, ist aber selbst ein schillernder. Schon seit Ahasver Fritsch Anno Domini 1676 oder Christian Weise 1685 die »neuen Zeytungen« einer scharfen Kritik unterzogen, schwingt die Frage nach der besonderen beziehungsweise der fehlenden Güte journalistischer Publikationen in der Diskussion um Presse und Journalismus immer mit – man denke nur an die Invektiven, die die Philosophen Theodor W. Adorno oder Stefan Anders dem frühen Fernsehen entgegengeschleudert haben (Kurth 1944: 33 ff.; Arnold 2009: 25). Andererseits wird bis heute danach gefragt, ob der Journalismus überhaupt »strukturell qualitätsfähig« sei (Altmeppen 2003: 116) und ob es sich nicht vielmehr um einen »Kampfbegriff« handle, bei dem selbsterklärte »Qualitätsmedien« sich gegen missliebige Konkurrenz abzugrenzen versuchen (Bicher 2012: 52). Schließlich muss man feststellen, dass der Begriff Qualität ein Homonym ist, sich hinter dem einen Wort also zwei unterschiedliche Begriffe verbergen: Abgeleitet vom lateinischen Wort »qualitas« bedeutet Qualität im einen Sinne ganz neutral »Eigenschaft«. In dieser Bedeutung sprechen wir beispielsweise von Produktqualitäten und meinen damit schlicht die zugesicherten Merkmale einer Ware. Im anderen Sinne meint Qualität »von besonderer Güte« und ist nur in dieser Verwendung ein normativer Begriff (Grimm 1864: Bd. 13, Sp. 2308 f.; Ruß-Mohl 2008: 327). Beschreibt der erste Qualitätsbegriff die *Mindeststandards*, so definiert der zweite Qualitätsbegriff die *Höchststandards*. Zwar stehen diese beiden unterschiedlichen Qualitätsbegriffe in einem gewissen Zusammenhang, der aber ein negativer ist: Wenn einem Produkt eine zugesicherte Eigenschaft fehlt, lässt sich schwerlich von einem Produkt besonderer Güte sprechen. Viele Verwirrungen in den Diskussionen um journalistische Qualität rühren auch daher, dass diese beiden Bedeutungsebenen durcheinander gebracht werden.

Der Journalismusforscher Stephan Ruß-Mohl hat einen Kriterienkatalog für journalistische Qualität in einem recht bekannt gewordenen »magischen Vieleck« dargestellt (Ruß-Mohl 1994: 96). Recherche taucht in diesem Vieleck nicht als eigener Oberbegriff auf, sondern findet sich lediglich unter das Kriterium der Originalität subsumiert. Allerdings geht auch Ruß-Mohl an dieser Stelle nicht explizit darauf ein, ob er den sachlichen oder den normativen Qualitätsbegriff meint. Er lässt also offen, ob Recherche zu den Mindeststandards von Journalismus zählt oder ob Recherche die

269

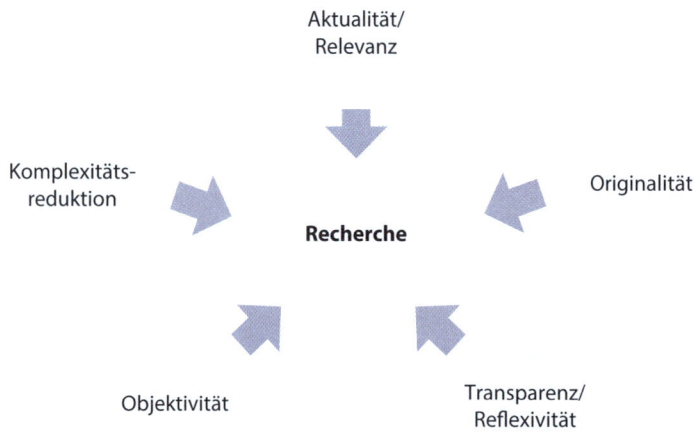

Magisches Recherche-Vieleck (frei nach Ruß-Mohl 1994: 96)

Höchststandards mitdefiniert. Das Besondere, nämlich das »Magische« am Modell der magischen Vielecke, das aus der Volkswirtschaftslehre entliehen ist, besteht darin, dass die einzelnen Begriffe inkongruent sind, das heißt, dass sie sich gegenseitig ausschließen können. Stellen wir den Recherche-Begriff ins Zentrum journalistischer Qualitätsbemühungen, können praktisch alle anderen Qualitätskriterien sich als inkompatibel erweisen.

Wenn man die Spannungsverhältnisse zwischen der Recherche und den anderen Qualitätskriterien genauer betrachtet, ergeben sich zahlreiche Szenarien, an denen Recherchen scheitern können:

• *Aktualität contra Recherche:* Tagesaktualität und Echtzeitjournalismus, wie er sich in Live-Tickern ausdrückt, erschwert nicht nur, sondern verhindert oft geradezu seriöse Informationsgewinnung. Jene Journalistenregel, Richtigkeit gehe vor Schnelligkeit, wird im Medienalltag allzu oft außer Acht gelassen.

• *Originalität contra Recherche:* Der Wunsch nach Originalität kann den Journalisten dazu verleiten, von der Faktualität in die Fiktionalität abzurutschen. Recherche aber ist immer faktisch: Ein erfundener Sachverhalt ist kein Sachverhalt.

• *Transparenz contra Recherche:* Recherchen, gerade solche investigativer Art, verbieten häufig Transparenz, beispielsweise weil Quellenschutz vorgeht.

270

- *Objektivität contra Recherche:* Viele Recherchen bauen auf der teilnehmenden Beobachtung und dem anwaltlichen Impetus des Journalisten auf. Objektivität, so es sie überhaupt gibt, kann hier die Einnahme einer Position und damit die sachgerechte Präsentation einer Recherche verhindern.
- *Komplexitätsreduktion contra Recherche:* Manche Sachverhalte sind komplex und verwehren sich vereinfachender Darstellung. Komplexität zu reduzieren, kann bedeuten, auf Rechercheergebnisse zu verzichten und Daten zu unterschlagen.

Die Radiojournalistin Katinka Schröder hat sich mit der Frage auseinandergesetzt, warum Recherchen scheitern können, und hat einen kleinen Kriterienkatalog entwickelt, um das zu verhindern (Schröder, K. 2012: 47 ff.). Ihr selbst war eine Recherche zu Public-Private-Partnership entglitten, bei der sie herausarbeiten wollte, wie Kommunen mit privaten Investoren zusammenarbeiten. Ihr erster Fehler war, sich vorschnell speziellen Expertenmeinungen anzuschließen, ohne Gegenstimmen einzuholen. Ihr zweiter Fehler war, zu viele Fallbeispiele zu sammeln. Denn auf diese Weise blieb viel kostbare Recherchezeit buchstäblich auf der Straße, um die verschiedenen Orte anzufahren. Schließlich merkte die Journalistin – dritter Fehler –, dass ihr das Thema über den Kopf wuchs: Sie musste die Haushaltspläne von Kommunen studieren, Bücher zum Thema lesen, und das alles für einen knappen Hörfunkbeitrag. Als sie dann endlich anfing, mit Betroffenen selbst zu sprechen, wurde die Story noch unübersichtlicher. Katinka Schröder war versucht, sich dem ironischen Diktum eines britischen Kollegen anzuschließen: »Stay away from the countryside, stay away from the facts.« Stattdessen stellte die Hörfunkjournalistin einen kleinen Kriterienkatalog auf, um das Scheitern von Recherchen zu verhindern:

Checkliste: Wie Recherchen nicht scheitern

- Zu Beginn der Recherche Thema definieren und über wichtige Begriffe informieren, um Experten auf Augenhöhe zu begegnen.
- Fallbeispiele möglichst in der Nähe des eigenen Wohnorts bzw. der Redaktion suchen.
- Frühzeitig mit Betroffenen sprechen und ihr Wort gegen das der Experten abwägen.

10.4 Skizzen einer Recherche-Ethik

Neben dem berechtigten berufspraktischen Wunsch nach Handlungsorientierung, bei dem die Frage nach dem richtigen Rechercheverhalten mit der Erzielung des besten Rechercheergebnisses korrespondiert, stellen sich bei der journalistischen Recherche auch übergeordnete Fragen, die den Bereich des Ethischen berühren. Es kann durchaus problematisiert werden – und dies ist auch geschehen –, ob es eine eigene »Medienethik« überhaupt gibt. Kritiker verweisen darauf, dass im Medienkontext ein allgemeines Prinzip wie die Achtung der Menschenwürde als Handlungsleitfaden vollauf genügen würde (Funiok 2011: 19 f.). Aber selbst wenn dem so wäre, ließe sich allein daraus die Recherche betreffend eine weitere Maxime ableiten:

 Nicht alles, was recherchiert werden kann, darf auch recherchiert werden.

Insbesondere Recherchen, die ins Privat- oder gar Intimleben von Personen eindringen, sind unter ethischen Gesichtspunkten problematisch. Gerade Boulevardmedien wie BILD oder BUNTE verfolgen mit der Publikation solcher intimer Recherchen nicht die Information über gesellschaftlich relevante Sachverhalte, sondern allein Auflagen- und damit Gewinnmaximierung. Haller nennt das »Vermarktungsjournalismus« (Haller 2008: 140). Man kann an dieser Stelle einwenden, dass auch sogenannte Qualitätsblätter wie die SÜDDEUTSCHE oder das Nachrichtenmagazin DER SPIEGEL Wirtschaftsunternehmen sind, die ein ökonomisches Interesse an der Veröffentlichung geheimer Informationen haben. Der Unterschied zwischen diesen Publikationsformen ist aber gerade der, dass im zweiten Fall neben den wirtschaftlichen Zielen auch die gesellschaftliche Relevanz gegeben ist.

Das Nachdenken über die Funktion von Recherche und Publikation führt einen recht schnell zu einem Katalog von Fragen, die über die juristischen Implikationen von Recherchen hinausgehen und den ethischen Rahmen abstecken, innerhalb dessen die Publikation von Rechercheergebnissen in ethischer Hinsicht gerechtfertigt erscheint beziehungsweise problematisch werden kann:

Checkliste: Recherche-Ethik

- Bringe ich durch meine Recherchen Gesundheit oder Leben anderer in Gefahr?
- Können meine Recherchen die wirtschaftliche Existenz anderer gefährden?
- Befördere ich durch meine Recherchen Straftaten?
- Haben meine Recherchen einen gesellschaftlich relevanten Informationswert oder geht es nur um »Sensationsmache«?

Was die gesellschaftliche Relevanz von Themen und Recherchen angeht, wäre medienethisch auch die Rolle der Presse als »vierte Gewalt« zu hinterfragen: Ausgerechnet die Institution, die als »Sturmgeschütz der Demokratie« fungieren soll, ist schließlich demokratisch in keiner Weise legitimiert. Und eine solche Legitimation wäre vermutlich auch nicht wünschenswert, würde es doch bedeuten, dass die Rezipienten sich ihre Journalisten und Medien wählen müssten und dürften – denn im Umkehrschluss könnte das die Frage aufwerfen: Wer nicht gewählt würde, dürfte der auch nicht mehr als Journalist arbeiten? Zu welchen Qualitätseinbußen Formen des Plebiszits über Medieninhalte führen kann, das führen viele Fernsehprogramme (und beileibe nicht nur die privaten) jeden Tag vor Augen. Nein, auch Formen »direkter Leser-/Zuschauer-Demokratie« im Journalismus würden voraussichtlich nicht zur Demokratisierung von Medien und Gesellschaft beitragen.

Maßnahmen des aktiven Qualitätsmanagements in Verlagen und Sendern können andererseits mittelbar zur Unterstützung der Informations- und Recherchefreiheit beitragen: Redaktionelle Transparenz durch Leseranwälte, Leserbeiräte, Sprechstunden, Kommentarspalten und Leser-/Zuschauer-Anbindung unterstreichen nicht nur die Glaubwürdigkeit von Medien, sondern betten sie in den gesellschaftlichen Kontext ein, sofern solche Maßnahmen mehr sind als Feigenblätter des Marketings. Eine besondere Verpflichtung zur Transparenz hätten hier die öffentlich-rechtlichen Rundfunkanstalten, die nicht nur aufgrund ihres Finanzierungsmodells durch einen allgemeinen Rundfunkbeitrag, sondern auch per Gesetz der Öffentlichkeit in besonderem Maße verpflichtet sind. Die häufig überforderten und inkompetenten Rundfunkräte, deren Zusammensetzung vor allem Parteienproporz und der korporativen Verfasstheit der Bundesrepublik Deutschland in der Gründungsphase der Sender entspricht,

273

müssten ersetzt werden durch Zuschauerparlamente als Aufsichts- und Beratungsgremien, um auch hier Recherchefreiheit und innere Pressefreiheit in der Zukunft zu garantieren.

Scheckbuchjournalismus

Eine berufsethisch heikle Frage ist auch, ob Journalisten für Informationen bezahlen dürfen. Seit publik wurde, dass DER SPIEGEL Anfang der 1980er-Jahre für Geschäftsunterlagen des »Neue Heimat«-Geschäftsführers 80.000 DM gezahlt hatte, wird unter Journalisten heftig diskutiert, ob Informationen auch etwas wert sein dürfen. In Befragungen von Journalisten wird der Scheckbuchjournalismus deutlich abgelehnt (Karmasin 2005: 176). Im Alltag allerdings kann man davon ausgehen, dass es sich um eine häufig ausgeübte Praxis handelt. Während der deutsche Pressekodex sich hierzu ausschweigt, findet der Schweizer Presserat deutliche Worte: »Die Bezahlung der Information von Personen ausserhalb des Journalistenberufs ist grundsätzlich nicht zulässig«. Wie alle ethischen Fragen wirft auch die nach der Bezahlung von Informanten ein Dilemma auf: Was nämlich, wenn eine gesellschaftliche relevante Information schlicht nur durch Bezahlung zu erlangen ist? Dass Information eine Ware ist, weiß niemand besser als der Journalist, denn er finanziert seinen Lebensunterhalt damit, Informationen zu verkaufen. Warum soll dem Informanten nicht recht sein, was dem Journalisten billig ist? Die Antwort auf diese Frage muss wohl, wie bei den meisten ethischen Dilemmata, für jeden Einzelfall gegeben werden.

Beim Nachdenken über den Zusammenhang von Recherche, journalistischer Qualität und Ethik schließt sich der Kreis zu den eingangs dieses Buches angestellten Überlegungen: Recherche als Kunst füllt eine Lücke, die handwerkliche Fähigkeiten, juristische Rahmenbedingungen und die normative Kraft der zu recherchierenden Fakten allein nicht abdecken können. Zugrunde liegt dem vielleicht jener Kunstbegriff, den Theodor W. Adorno formulierte, als er die »formale Kategorie des Widerstands« als wesentlich für jedes Kunstwerk definierte (Adorno 1992: 81). Es ist ein Widerstand, der sich nicht als »vierte Gewalt« sieht, sondern gegen Gewalt- und Machtansprüche allgemein wendet und sie immer wieder infrage stellt. Das Fragenstellen und das Infragestellen verbinden sich in der journalistischen Recherche und machen gerade dadurch die gesellschaftliche Funktion des Journalismus aus. Wie das Adorno'sche Kunstwerk kann die Recherche zugleich »als autonom und als *fait social*« gelten (ebd., 16) und damit zu den konstituierenden Grundlagen unserer Gesellschaft und Kultur gezählt werden. In diesem Sinne spricht auch Manfred Redelfs von der Notwendigkeit einer »Recherchekultur« (⌁ Redelfs 2003: 208), und man darf vielleicht daraus den, wenn auch etwas pathetisch klingenden, Rückschluss ziehen, dass nur eine Nation, in der recherchiert wird, sich als Kulturnation verstehen darf. Also, an die Recherche!

Literatur & Links

Die ethischen Berufsgrundsätze sind im Pressekodex des Deutschen Presserats formuliert. Darin finden sich auch explizit Richtlinien zur Recherche. Der Pressekodex ist zu finden unter:
http://www.presserat.de/pressekodex/pressekodex/

Die Erklärung der Pflichten und Rechte der Journalistinnen und Journalisten des Schweizer Presserats finden sich hier:
http://presserat.ch/code_d.htm

Der Ehrenkodex für die österreichische Presse findet sich hier:
http://www.presserat.at/

Zu guter Letzt

Es gibt im deutschen Sprachraum mittlerweile zahlreiche Recherchestipendien. Hintergrund ist, dass Rechercheförderung eine Maßnahme der journalistischen Qualitätssicherung ist, wenn Verlage und Medienhäuser sich aufwändige Recherchen nicht mehr selbst leisten wollen. Stipendien gibt es etwa von der Otto Brenner Stiftung, dem Netzwerk Recherche e.V., dem Reporter-Forum, der Agentur Zeitspiegel, der Deutschen Post, der E.ON Ruhrgas AG, der Robert Bosch Stiftung und anderen.

Bildnachweis

Abkürzungen: public domain (pd);
Creative Commons (CC)

S. 25:   www.churnalism.com; Screenshot vom 13.09.2013
S. 27:   AP
S. 45:   Wiener Arbeiterzeitung 1902 (pd)
S. 48:   Time Magazine vom 3. März 1923; William Oberhardt (pd)
S. 98:   VPK/Bluewater; Screenshot von bildblog.de vom 29.12.2013
S. 116 li.: Bradley Manning; Wikipedia (pd)
S. 116 re.: Julian Assange; Foto: Espen Mo; Wikipedia (CC)
S. 135:   Mindmap gestaltet von Hektor Haarkötter
S. 137:   Screenshot mit freundlicher Genehmigung
            der Stern-Redaktion
S. 147:   Screenshot vom 18.10.2013
S. 155:   Screenshot vom 18.10.2013
S. 158:   Screenshot vom 23.07.2014
S. 159:   Screenshot vom 18.10.2013
S. 161:   Screenshot vom 31.05.2012
S. 165:   Screenshot vom 31.05.2012
S. 171:   Screenshot vom 31.05.2012
S. 172:   Screenshot vom 31.05.2012
S. 173:   Screenshot vom 22.12.2014
S. 174:   Screenshot von Marcus Lindemann
            mit freundlicher Genehmigung
S. 180:   Screenshot vom 18.01.2014
S. 181:   Screenshot vom 18.01.2014
S. 183 o.: Screenshot vom 18.01.2014
S. 183 u.: Screenshot vom 18.01.2014
S. 184:   Screenshot vom 25.07.2014
S. 185:   Screenshot vom 21.01.2014
S. 186:   Screenshot vom 21.01.2014
S. 192 o.: Screenshot vom 21.01.2014
S. 192 u.: Screenshot vom 21.01.2014
S. 193:   Screenshot vom 18.01.2014

S. 194:   Screenshot vom 22.01.2014
S. 195:   Screenshot vom 22.01.2014
S. 197:   Screenshot vom 22.01.2014
S. 198:   Screenshot vom 22.01.2014
S. 202 o.: Screenshot vom 23.01.2014
S. 202 u.: Screenshot vom 23.01.2014
S. 206:   mit freundlicher Genehmigung der Zeit-Redaktion
S. 221:   Laura Poitras; Wikipedia (CC)
S. 222:   Screenshot vom 06.06.2014

Literatur

Die im Text mit den ⌖-Zeichen versehenen Literaturangaben sind Onlinequellen und befinden sich auf der Website zum Buch www.kunstderrecherche.de.

Adamek, Sascha (2011): *Die Facebook-Falle. Wie das soziale Netzwerk unser Leben verkauft.* München.

Adamek, Sascha/Kim Otto (2008): *Der gekaufte Staat. Wie Konzernvertreter in deutschen Ministerien sich ihre Gesetze selbst schreiben.* Köln.

Adorno, Theodor W. (1992): *Ästhetische Theorie.* 11. Aufl., Frankfurt/Main.

Altheide, David L./Robert P. Snow (1991): *Media Worlds In The Postjournalism Era.* New York.

Altmeppen, K.-D. (2003): »Ist der Journalismus strukturell qualitätsfähig?« In: Hans-Jürgen Bucher & Klaus-Dieter Altmeppen (Hgg.) (2003): *Qualität im Journalismus. Grundlagen – Dimensionen- Praxismodelle.* Opladen S. 113–129.

Aristoteles (1982): *Poetik.* Griechisch/Deutsch. Hg.: Manfred Fuhrmann. Stuttgart.

Arnold, Klaus (2008): »Qualität im Journalismus – ein integratives Konzept«. In: *Publizistik,* H. 4/2008, S. 488–508.

— (2009): *Qualitätsjournalismus. Die Zeitung und ihr Publikum.* Konstanz.

Arthur, Anthony (2006): *Radical innocent: Upton Sinclair.* New York.

Barnickel, Nils/Jens Klessmann (2012): »Open Data – Am Beispiel von Informationen des öffentlichen Sektors«. In: Ulrich Herb (Hg.): *Open Initiatives: Offenheit in der digitalen Welt und Wissenschaft.* Saarbrücken, S. 127–158.

Batelle, John (2005): *Die Suche. Geschäftsleben und Kultur im Banne von Google & Co.* Übers: Egbert Neumüller, Kulmbach.

Baumert, Andreas (1999): *Recherchegespräche. Das Interview in der Informationsbeschaffung.* Reutlingen.

Becker, Konrad/Felix Stalder (Hgg.)(2010): *Deep Search. Politik des Suchens jenseits von Google.* Bonn.

Beck, Klaus (2010): *Kommunikationswissenschaft.* 2., überarb. Aufl., Konstanz.

Beermann, Thorsten (2004): *Der Begriff »Terrorismus« in deutschen Printmedien: eine empirische Studie.* Münster.

Bentele, Günter/Birte Fähnrich (2010): »Personalisierung als sozialer Mechanismus in Medien und gesellschaftlichen Organisationen«. In: Mark Eisenegger/Stefan Wehmeier (Hg.): *Personalisierung der Organisationskommunikation.* Wiesbaden, S. 51–75.

Bentele, Günter/Tobias Liebert/Stefan Seeling (1997): »Von der Determination zur Intereffikation. Ein integriertes Modell zum Verhältnis von Public Relations und Journalismus«. In: Günter Bentele/Michael Haller (Hrsg.): *Aktuelle Entstehung von Öffentlichkeit. Akteure-Strukturen-Veränderungen.* Konstanz, S. 225–250.

Bicher, N. (2012). »Qualitätsjournalismus? – Eine Polemik«. In: *Neue Gesellschaft/Frankfurter Hefte,* H. 10/2012, S. 52–55.

Bissinger, Manfred (1984): *Hitlers Sternstunde. Kujau, Heidemann und die Millionen.* Bramsche.

Blöbaum, Bernd (1992): »Schmutzaufwirbler. Demokratie, Öffentlichkeit, Journalismus und Recherche«. In: *medium,* H. 9/1992, S. 35–38.

Bönisch, Julia (2006): *Meinungsführer oder Populärmedium? Das journalistische Profil von Spiegel Online.* Berlin.

Bons, Katharina (2009): »Monatelanges Rechercheverbot nach verdeckter Stippvisite«. In: Netzwerk Recherche (Hg.): *Undercover. Reporter im versteckten Einsatz.* NR-Werkstatt 14. Hamburg, S. 108–132.

Boynton, Robert (2005): *The New New Journalism: Conversations with America's Best Nonfiction Writers on Their Craft.* New York.

Branahl, Udo (2009): *Medienrecht: Eine Einführung.* 6., überarb. Aufl., Wiesbaden.

Brants, Kees/Peter Neijens (1998): »The Infotainment of Politics«. In: *Political Communication,* S. 149–164

Brawand, Leo (1987): *Die Spiegel-Story. Wie alles anfing.* Düsseldorf/Wien/New York.

Brinkley, Alan (2010): *The Publisher: Henry Luce and His American Century.* New York.

Buzan Tony/Barry Buzan (2002): *Das Mind-Map-Buch. Die beste Methode zur Steigerung ihres geistigen Potentials.* 5. Aufl., Heidelberg.

Carrier, Martin (2011): *Wissenschaftstheorie zur Einführung.* 3. erg. Aufl., Hamburg.

Campbell, Joseph (2011): *Der Heros in tausend Gestalten.* Übers.: Karl Koehne. Frankfurt/Main.

Cook, Fred J. (1972): *The Muckrakers*. Garden City, NY.

Dehm, Ursula (1984): *Fernsehunterhaltung. Zeitvertreib, Flucht oder Zwang? Eine sozialpsychologische Studie zum Fernseh-Erleben*. Mainz.

De Solla Price, Derek J. (1974): *Little Science, Big Science. Von der Studierstube zur Großforschung*. Frankfurt am Main.

Dörner, Andreas (2001): *Politainment. Politik in der medialen Erlebnisgesellschaft*. Frankfurt.

Doerry, Martin und Hauke Janssen (Hgg.)(2013): *Die Spiegel-Affäre: Ein Skandal und seine Folgen*. München.

Dominikowski, Thomas (2004): »Massenmedien und Massenkrieg. Historische Annäherungen an eine unfriedliche Symbiose«. In: Martin Löffelholz (Hg.): *Krieg als Medienereignis II. Krisenkommunikation im 21. Jahrhundert*. Wiesbaden, S. 59–80.

Donsbach, Wolfgang/Katrin Büttner (2005): »Boulevardisierungstrend in deutschen Fernsehnachrichten. Darstellungsmerkmale der Politikberichterstattung vor den Bundestagswahlen 1983, 1990 und 1998«. In: *Publizistik*, H. 1/2005, S. 21–38.

Eichhoff, Julia (2010): *Investigativer Journalismus aus verfassungsrechtlicher Sicht*. Tübingen.

Ellwein, Christian (2002): *Suche im Internet für Industrie und Wissenschaft*. München 2002.

Fechner, Frank (2009): *Medienrecht. Lehrbuch des gesamten Medienrechts unter besonderer Berücksichtigung von Presse, Rundfunk und Multimedia*. 10. Aufl., Tübingen.

Field, Syd (1997): *Das Handbuch zum Drehbuch. Übungen und Anleitungen zu einem guten Drehbuch*. 9. Aufl., Frankfurt/Main.

Freytag, Gustav (1863): *Die Technik des Dramas*. Leipzig.

Früh, Werner (2014): »Narration und Storytelling«. In: ders. und Felix Frey (Hg.): *Narration und Storytelling. Theorie und Empirische Befunde*. Köln (= Rh. Unterhaltungsforschung; 10).

Funiok, Rüdiger (2011): *Medienethik. Verantwortung in der Mediengesellschaft*. 2. Aufl., Stuttgart.

Galtung, Johan und Mari Holmboe Ruge (1965): »The Structure of Foreign News. The Presentation of the Congo, Cuba and Cyprus Crisis in Four Norwegian Newspapers«. In: *Journal of Peace Research, H.* 2/1965, S. 64–91.

Gehrhardt, Erwin (1978): »Nachrichtensperre und Auskunftspflicht der Behörden«. In: *Media Perspektiven*, H. 5/1978, S. 347–354.

Gerhardt, Rudolf und Erich Steffen (1996): *Kleiner Knigge des Presserechts. Wie weit Journalisten zu weit gehen dürfen*. Frankfurt/Main.

Karmasin, Matthias (2005): *Journalismus: Beruf ohne Moral? Von der Berufung zur Profession*. Wien.

Kepplinger, Hans Mathias (2011): *Journalismus als Beruf*. Wiesbaden.

— (2009): Publizistische Konflikte und Skandale. Wiesbaden.

Kiefer, Philip (2010): *Die ultimative Google-Bibel*. Düsseldorf.

Kilgenstein, J. (2011): *Ist Google böse? Was die Suchmaschine über Sie weiß und wie Sie sich wehren können*. Rostock.

Klaus, Elisabeth und Margret Lünenborg (2002): »Journalismus: Fakten, die unterhalten – Fiktionen, die Wirklichkeiten schaffen«. In: Irene Neverla, Elke Grittmann und Monika Pater (Hgg.): *Grundlagentexte zur Journalistik*. Konstanz, S. 100–113.

Knobloch, Jörn (2011): »Politiknetzwerke und das Geheimnis. Die Legitimation der Nicht-Öffentlichkeit in der Demokratie«. In: *Zeitschrift für Politikwissenschaft*, H. 1/2011, S. 5–32.

Koch, Klaus (2012): »Recherche in der Medizin. Wenn Experten ausgedient haben«. In: Netzwerk Recherche (Hg.): *Recherche reloaded. Was Journalisten von anderen Rechercheberufen lernen können*. Berlin, S. 45–51.

Koch, Sebastian (2012): »Der kollektive Irrtum. Wie Sebnitz zum Recherche-GAU wurde«. In: Netzwerk Recherche (Hg.): *Tunnelblick. Woran Recherchen scheitern können*. Berlin, S. 29–38.

Koelbl, Herlinde (2001): *Die Meute. Macht und Ohnmacht der Medien*. München (Knesebeck).

Ladeur, Karl-Heinz (2013): »Der hybride Charakter. Das Fernsehen im multimedialen Netzwerk der Netzwerke«. In: Hachmeister/Anschlag (2013: 33–44).

Lampert, Marie/Rolf Wespe (2011): *Storytelling für Journalisten*. Konstanz.

Langenbucher, Wolfgang (1985): »Brauchen wir übermorgen noch Journalismus?« In: Institute für Publizistik- und Kommunikationswissenschaften der Universitäten Wien und Salzburg und Österreichische Gesellschaft für Publizistik- und Kommunikationswissenschaft (Hg.): *Österreichisches Jahrbuch für Kommunikationswissenschaft*. Wien u. a., S. 203–211.

Laux, Johann (2013): »Ein kleines Nebenjob?« In: *Die Zeit* vom 19.12.2013, S. 24.

Le Grand, Sylvie (1994): »Über den aktuellen Gebrauch des Terminus ›Dissident‹ in Deutschland anhand der Analyse eines SPIEGEL SPEZIAL-Heftes«. In: Hans Jürgen Heringer/Gunhild Samson/Michel Kauffmann/Wolfgang Bader (Hgg.): *Tendenzen der deutschen Gegenwartssprache*. Paris und Tübingen, S. 233–244.

Leyendecker, Hans (2012): »Nichts ist so lehrreich wie der Misserfolg«. In: Netzwerk Recherche (Hg.): *Tunnelblick. Woran Recherchen scheitern können*. Berlin, S. 9–12.

Lippmann, Walter (2008): *Public Opinion*. New York (Erstveröffentlichung: 1922).

Lits, Marc (2008): *Du récit au récit médiatique*. Bruxelles.

Lobet-Maris, Claire (2010): »Vom Vertrauen zur Spurenauswertung. Eine neue Sicht der Technikfolgenabschätzung«. In: Becker/Stalder (2010: 85–97).

Lovink, Geert (2010): »Die Gesellschaft der Suche. Fragen oder Googeln«. In: Becker/Stadler (2010: 53–63).

Ludwig, Johannes (2007): *Investigativer Journalismus*. 2. Aufl., Konstanz.

MacDougall, Curtis Daniel/Robert Delaware Reid (1987): *Interpretative Reporting*. 9. Aufl., New York.

Machill, Marcel/Markus Beiler/Martin Zenker (2008): *Journalistische Recherche im Internet. Bestandsaufnahme journalistischer Arbeitsweisen in Zeitungen, Hörfunk, Fernsehen und Online*. Düsseldorf/Berlin.

Maier, Michaela und Joachim Marschall (2010): »Forschungsdesigns und empirische Befunde der Schlüsselstudien zur Nachrichtenwerttheorie«. In: Dies., Karin Stengel und Joachim Marschall (Hg.): *Nachrichtenwerttheorie*. Baden-Baden, S. 73–96.

Manovich, Lev (2010): »Auf den Spuren der globalen digitalen Kulturen. Kulturanalytik für Anfänger«. In: Becker/Stalder (2010: 221–236).

Martin, Christopher S. (2008):*How the American Muckraking Movement (1895— 1915) Contributed to the Public Awareness and Affected Change in the Areas of Food, Drugs, and Monopoly.* Dominguez Hills.

Martínez, Matías (2009): »Erzählen im Journalismus«. In: ders. und Christian Klein: *Wirklichkeitserzählungen. Felder, Formen und Funkionen nicht-literarischen Erzählens*. Stuttgart/Weimar, S. 179–191.

Martínez, Matias/Michael Scheffel (1999): *Einführung in die Erzähltheorie*. München.

McManus, John H. (1994): *Market driven journalism: let the citizen beware?* Thousand Oaks/Calif.

McKee, Robert (2011): *Story. Die Prinzipien des Drehbuchschreibens*. Dt. von Eva Brückner-Tuckwiller und Josef Zobel. 7. Aufl., Berlin/Köln.

Mecklenburg, Wilhelm/Benno H. Pöppelmann (2007): *Informationsfreiheitsgesetz: Gesetztexte, Kommentierungen, Fallbeispiele, Erläuterungen*. Bonn.

Meier, Christian und Stephan Weichert (2012): *Medien. Basiswissen für die Medienpraxis.* Köln.

Meier, Klaus (2007): *Journalistik.* Konstanz.

Meyen, Michael (2004): *Mediennutzung: Mediaforschung, Medienfunktionen, Nutzungsmuster.* Stuttgart.

Meyer, Philip (2002): *Precision Journalism. A Reporter's Introduction to Social Science Methods.* 4. Aufl., Lanham.

Monheim, Gert (2012): »Vorwort«. In: Netzwerk Recherche (Hg.): *Tunnelblick. Woran Recherchen scheitern können.* Berlin, S. 7–8.

Morawski, Thomas/Martin Weiss (2007): *Trainingsbuch Fernsehreportage. Reporterglück und wie man es macht – Regeln, Tipps und Tricks.* Wiesbaden.

Müller-Dofel, Mario (2009): *Interviews führen. Ein Handbuch für Ausbildung und Praxis.* Berlin.

Neuberger, Christoph (2005): »Das Ende des ›Gatekeeper‹-Zeitalters«. In: Kai Lehmann/Michael Schetsche (Hgg.): *Die Google-Gesellschaft: Vom digitalen Wandel des Wissens.* Bielefeld, S. 205–213.

Nietzsche, Friedrich (1997): *Werke.* Band II. Hg.: Karl Schlechta. Darmstadt.

Oswald, Bernd (2011): »Der Weg zum Gatewatching«. In: *Medium-Magazin*, 3/2011, S. 31.

Pätzold, Ulrich (1981): »Recherche«. In: Kurt Koszyk/Hugo Pruys: *Handbuch der Massenkommunikation.* München.

Pariser, Eli (2012): *Filter Bubble: Wie wir im Internet entmündigt werden.* Übers.: Ursula Held, München.

Paschke, Marian (2009): *Presserecht.* 3., überarb. Aufl., Berlin und Heidelberg.

Postman, Neil (1985): *Wir amüsieren uns zu Tode: Urteilsbildung im Zeitalter der Unterhaltungsindustrie.* Frankfurt/Main.

Preger, Sven (2004): *Mangelware Recherche.* Münster.

Protess, David L. (1991): *The Journalism of Outrage: Investigative Reporting and Agenda Building in America.* New York.

Pöttker, Horst (2003): »Nachrichten und ihre kommunikative Qualität. Die ›Umgekehrte Pyramide‹ – Ursprung und Durchsetzung eines journalistischen Standards«. In: *Publizistik. Vierteljahreshefte für Kommunikationsforschung*, 48. Jg., Heft 4/2003, S. 414–426.

Potjans, Mareike (2008): »Welche Informationsansprüche gibt es? Ein Überblick«. In: Branahl (2008: S. 11–29)

Redelfs, Manfred (1996): *Investigative Reporting in den USA. Strukturen eines Journalismus der Machtkontrolle.* Opladen.

— (2003): »Recherche mit Hindernissen: Investigativer Journalismus in Deutschland und den USA«. In: Wolfgang R. Langenbucher (Hg.): *Die Kommunikationsfreiheit der Gesellschaft. Die demokratischen Funktionen eines Grundrechts.* Wiesbaden (= Publizistik Sonderheft; 4).

Reich, Katja (2008): »Was kostet die Information?« In: Branahl (2008: 30–35).

Renger, Rudi: »Populärer Journalismus«. In: Andreas Hepp/Rainer Winter (Hg.): *Kultur – Medien – Macht. Cultural Studies und Medienanalyse.* 3., überarb. u. erw. Auflage. Wiesbaden, S. 269–284.

Revaz, Françoise (1997): »Le récit dans la presse écrite«. In: *Pratiques* 94, S. 19-33.

Revaz, Françoise, Raphaël Baroni und Stéphanie Pahud (2007): »Classer les ›récits‹ médiatiques: entre narrations ponctuelles et narrations sérielles«. In: Aboubakr Chraïbi (Hg.): *Classer les récits : théories et pratiques.* Paris, S. 59-82.

Rinsdorf, Lars/Falk Wellmann (2010): »Das Recherche-Protokoll – mehr als eine lästige Pflicht«. In: Thomas Leif (Hg.): *Trainingshandbuch Recherche. Informationsbeschaffung professionell.* 2. Aufl., Wiesbaden, S. 132–140.

Robinson, W. Sidney (2013): *Muckraker: The Scandalous Life and Times of W. T. Stead: Britain's First* Investigative Journalist. London.

Röben, Bärbel (2013): *Medienethik und die »Anderen«: Multiperspektivität als neue Schlüsselkompetenz.* Wiesbaden.

Rogers, Richard (2010): »Die Vergoogelung und das Dienst-gegen-Profil-Modell«. In: Becker/Stalder (2010: 193–206).

Rosenbach, Marcel und Holger Stark (2014): *Der NSA Komplex. Edward Snowden und der Weg in die totale Überwachung.* München.

Russell, Bertrand (1912/13): »On the Notion of Cause«. In: *Proceedings of the Aristotelian Society,* 13, S. 1–26.

Russ-Mohl, Stephan (1994): *Der I-Faktor. Qualitätssicherung im amerikanischen Journalismus. Modell für Europa?* Zürich.

— (2008): »Qualität«. In: Lutz Hachmeister (Hg.). *Grundlagen der Medienpolitik. Ein Handbuch.* München, S. 327–332.

Saxer, Ulrich (1976): »Recherche als journalistischer Auftrag und Prüfstein«. In: *Fernsehen und Bildung,* H. 3/1976, S. 224–250.

Scheeren, William O. (2012): *The Hidden Web: A Sourcebook.* Santa Barbara.

Scheiter, Barbara (2009): *Themen finden.* Konstanz.

Schmidt, Oliver (2013): *Public Relations und Journalismus: Wie die Öffentlichkeitsarbeit die Medienberichterstattung beeinflusst.* Hamburg.

Schneider, Wolf/Paul-Josef Raue (1998): *Handbuch des Journalismus*. Reinbek.

Schröder, Katinka (2012): »Öffentlich-rechtliche Recherchefalle«. In: Netzwerk Recherche (Hg.): *Tunnelblick. Woran Recherchen scheitern können*. Berlin, S. 47–49.

Schwind, Hans-Dieter (2011): *Kriminologie. Eine praxisorientierte Einführung mit Beispielen*. 21. Aufl., Heidelberg u. a.

Sims, Norman (2007): *True Stories: A Century of Literary Journalism*. Evanston.

Sheridan Burns, Lynette (2013): *Understanding Journalism*. 2. Aufl., Los Angeles u. a.

Sherman, Chris und Gary Price (2001): *The Invisible Web: Uncovering Information Sources Search Engines Can't See*. Medford.

Solmecke, Christian (2014): *Mögliche strafrechtliche Haftung bei der Recherche*. Manuskript. Köln.

Starck, Christian (2002): *Freiheit und Institutionen*. Tübingen.

Stead, William Thomas (1885): *The Maiden-Tribute of modern Babylon: the report of the „Pall Mall Gazettes« secret commission*. London.

Thiele, Christian (2013): *Interviews führen*. 2. Aufl., Konstanz.

Thomas, James (2014): *Script Analysis for Actors, Directors, and Designers*. 5. Aufl., London.

Tillack, Hans-Martin (2011): »Mit Minikamera«. In: *Stern*, H. 32/2011, S. 98.

Tödter, Markus (2013): *Affentheater, letzter Vorhang: Die nächsten Jahre entscheiden über die Zukunft der Menschheit*. Berlin.

Vaidhyanathan, Siva (2011): *The Googlization of Everything* (And Why We Should Worry). Berkeley.

Vanoost, Marie (2013): »Defining Narrative Journalism Through the Concept of Plot«. In: *Diegesis. Interdisziplinäres E-Journal für Erzählforschung/Inter-disciplinary E-Journal for Narrative Research*, H. 2/2013), S. 77–97.

v. Mises, Richard (1990): *Kleines Lehrbuch des Positivismus. Einführung in die empiristische Wissenschaftsauffassung*. Hg.: Friedrich Stadler, Frankfurt/Main.

v. Wright, Georg Henrik (2000): *Erklären und Verstehen*. Dt.: Günther Grewendorf und Georg Meggle. 4. Aufl., Berlin.

Wallraff, Günter (1977): *Der Aufmacher. Der Mann, der bei Bild Hans Esser war*. Köln.

— (1985): *Ganz unten*. Köln.

287

Weaver, David H./Randal A. Beam/Bonnie J. Brownlee/Paul S. Voakes/ G. Cleveland Wilhoit (2007): *The American Journalist in the 21st Century. U. S. News People at the Dawn of a New Millenium.* Mahwah/London.

Weber, Dietrich (1998): *Erzählliteratur. Schriftwerk – Kunstwerk – Erzählwerk.* Göttingen.

Weischenberg, Siegfried (1983): »Investigativer Journalismus und kapitalistischer Realismus. Zu den Strukturbedingungen eines anderen Paradigmas der Berichterstattung«. In: *Rundfunk und Fernsehen*, H. 3–4 1983, S. 349–369.

Weischenberg, Siegfried/Maja Malik/Armin Scholl (2006a): »Journalismus in Deutschland 2005«. In: *MediaPerspektiven*, H. 7/2006, S. 346–361

— (2006b): *Die Souffleure der Mediengesellschaft.* Konstanz.

Welker, Martin (2012): *Journalistische Recherche als kommunikatives Handeln. Journalisten zwischen Innovation, Rationalisierung und kommunikativer Vernunft.* Baden-Baden.

Westfall, Christ (2012): *The New Elevator Pitch. The Definitive Guide to Persuasive Communication in the Digital Age.* Dallas.

Whitaker, Richard u. a. (2010): *Die Enzyklopädie des Wetters und des Klimawandels.* Hamburg.

Wilke, J. (2004): »Die Tagespresse der 70er Jahre«. In: Werner Faulstich (Hg.): *Die Kultur der 70er Jahre.* München, S. 81–98.

Woodward, Bob (2005): *The Secret Man: The Story of Watergate's Deep Throat.* New York.

Ziegler, Manuel (2012): *Facebook, Twitter & Co. – Aber sicher!: Gefahrlos unterwegs in sozialen Netzwerken.* München.

Index

UVK:Weiterlesen

Praktischer Journalismus

Claudia Mast (Hg.)
ABC des Journalismus
Ein Handbuch
12., völlig überarbeitete Auflage
2012, 626 Seiten
75 s/w Abb., fester Einb.
ISBN 978-3-86764-289-7

Ernst Fricke
Recht für Journalisten
Presse – Rundfunk – Neue Medien
2., völlig überarbeitete Auflage
2010, 572 Seiten, fester Einb.
ISBN 978-3-86764-095-4

Jürg Häusermann
Journalistisches Texten
3., überarbeitete Auflage
2011, 262 Seiten
15 Abb. s/w, flex. Einb.
ISBN 978-3-86764-000-8

Christoph Fasel
Textsorten
2., überarbeitete Auflage
2013, 142 Seiten, flex. Einb.
ISBN 978-3-86764-437-2

Stefan Brunner
Redigieren
2011, 138 Seiten
20 s/w Abb., flex. Einb.
ISBN 978-3-86764-259-0

Klicken + Blättern

Leseprobe und Inhaltsverzeichnis unter

www.uvk.de

Erhältlich auch in Ihrer Buchhandlung.

Menschen Machen Medien

Medienpolitische ver.di-Zeitschrift **ver di**

„**M** Menschen Machen Medien"
ist die medienpolitische Zeitschrift der
Vereinigten Dienstleistungsgewerkschaft ver.di.

Informativ, kritisch, analytisch richtet sich die
Fachzeitschrift an Journalisten, Cutterinnen, Tontechniker,
Schauspielerinnen – an alle Beschäftigten –
Feste und Freie – in Verlagen, TV- und Radio-Sendern,
Kinos, bei Filmproduktionen, in Medienagenturen
und Internetfirmen, an freie Medienmacher im Netz,
an Studentinnen und Studenten der verschiedenen
Kommunikationsrichtungen.

M erscheint 2015 mit sechs Ausgaben in einer
Auflage von 50.000 Exemplaren.

Das Jahresabo kostet 36 Euro und ist exklusiv,
denn: **M** gibt es nicht am Kiosk!
Für Mitglieder der Medien-Fachgruppen im ver.di-Fachbereich 8
ist der Abo-Preis im Mitgliedsbeitrag erhalten.